W0041690

Constantin Gillies

Wie wir waren

Constantin Gillies hat den Aufstieg und Fall des deutschen Webwunders hautnah miterlebt. Als Korrespondent bei der *Welt* war er beim Aufbau der Beilage *WebWelt* beteiligt. Heute arbeitet er als freier Journalist unter anderem für die *Welt*, die *FAZ*, das *Handelsblatt* und die *Financial Times Deutschland*.

Constantin Gillies

Wie wir waren

*Die wilden Jahre
der Web-Generation*

WILEY-VCH GmbH & Co. KGaA

www.wiewirwaren.de

Bibliografische Information Der Deutschen Bibliothek
Die Deutsche Bibliothek verzeichnet diese Publikation in der Deutschen Nationalbibliografie; detaillierte bibliografische Daten sind im Internet über <http://dnb.ddb.de> abrufbar.

© 2003 WILEY-VCH Verlag GmbH & Co. KGaA, Weinheim

Alle Rechte, insbesondere die der Übersetzung in andere Sprachen, vorbehalten. Kein Teil dieses Buches darf ohne schriftliche Genehmigung des Verlages in irgendeiner Form – durch Fotokopie, Mikroverfilmung oder irgendein anderes Verfahren – reproduziert oder in eine von Maschinen, insbesondere von Datenverarbeitungsmaschinen, verwendbare Sprache übertragen oder übersetzt werden. Die Wiedergabe von Warenbezeichnungen, Handelsnamen oder sonstigen Kennzeichen in diesem Buch berechtigt nicht zu der Annahme, dass diese von jedermann frei benutzt werden dürfen. Vielmehr kann es sich auch dann um eingetragene Warenzeichen oder sonstige gesetzlich geschützte Kennzeichen handeln, wenn sie nicht eigens als solche markiert sind.

All rights reserved (including those of translation into other languages). No part of this book may be reproduced in any form – by photoprinting, microfilm, or any other means – nor transmitted or translated into a machine language without written permission from the publishers. Registered names, trademarks, etc. used in this book, even when not specifically marked as such, are not to be considered unprotected by law.

Gedruckt auf säurefreiem Papier.

Satz TypoDesign Hecker GmbH, Leimen
Druck und Bindung Ebner & Spiegel GmbH, Ulm
Umschlag init GmbH, Bielefeld,

Printed in the Federal Republic of Germany

ISBN 3-527-50066-9

Inhalt

5

intro

November 2002, Frankfurt-Eschborn, Hotel Merrint. Nieselregen
plätschert leise gegen die Fenster des Speisesaals. An den Dich-
tungsgummis mischt er sich mit Ruß, der vom nahen Nordwest-
kreuz herüberweht. In der Ferne donnern die Lastwagen über die
A66. Punkt 12, klack, die Türen zum Konferenzraum »Sachsen-
hausen« öffnen sich. Müde schlorrt eine Horde Anzugträger aus
dem fensterlosen Businessbunker. Seminarpause, gesetztes Mittagessen ist angesagt. Die Masse sortiert sich selbst. Mangels Wissen
über die Position des anderen teilt man sich nach Alter auf: Grauhaarfraktion da, alle unter 40 an den Kindertisch.

Abgekämpft sehen die hier sitzenden Mittdreißiger aus. Kein
Wunder: Sie haben vier Stunden »Grundlagen der ISO-9000-
Zertifizierung« hinter sich. Vier Stunden im Halbdunkel des
Videobeamers, ohne Tageslicht, mit augenaustrocknender Klima-
anlage. Einer der Referenten, ein echter PowerPoint-Jockey, feuerte
sogar mit zwei Laptops. Das schlaucht. Nur drei Jungmanager
haben sich für den Kindertisch entschieden, die restlichen Plätze
bleiben frei. Keiner hat Lust zu reden. Alle schmieren hektisch an
ihren Baguettescheibchen rum. Bloß beschäftigt aussehen, bloß
nicht hochgucken, sonst droht noch eine Kommunikationsattacke
à la »Wann sind Sie denn heute losgefahren?« Unausgesprochen
hängt der Ärger in der Luft: Mensch, warum gibt's hier kein
Büfett? Da hätte man nicht reden müssen.

Gang eins: Flädlesuppe. Beklemmende Stille. Ein großer Blon-
der mit dunkelblauem Anzug und schütterem Haar knickt ein:
»Und, was machen Sie?«, fragt er in die Runde. Sichtlich genervt
schaut der zweite Youngster hoch. Sein Business-Ornat sieht

räudig aus; der graue Dreiteiler ist verknittert, die Krawatte hängt schief. Er murmelt etwas von »Antriebstechnik«, »Mittelständler in Oberfranken« und schiebt resigniert hinterher »kennt man eh nich«. Dann wendet er sich wieder den Flädles zu. Der Typ neben ihm gibt sich ein bisschen mehr Mühe. »Wir machen IT-Outsourcing«, erklärt er, »für Genossenschaftsbanken, nichts Großes«. Wenigstens optisch fällt er aus dem Rahmen: dunkle Strubbelfrisur, brauner Anzug, passende braune Turnschuhe von Puma.

Schließlich muss Mister Smalltalk selbst ran. Er sei von der Soundso Umweltservice in Bottrop-Kirchhellen, »aber eigentlich bin ich Kölner«, schiebt er zusammenhanglos hinterher. Bevor es noch uninteressanter werden kann, kommt der Kellner: »Können wir noch eine Flasche Wasser bekommen«, unterbricht der Antriebstechniker. Dann wird endlich der Hauptgang aufgetischt. Erfreut darüber, nichts mehr sagen zu müssen, macht sich das Trio über seine Perlhuhnbrüstchen her.

So geht das hin bis zum Cappuccino und den obligatorischen Bahlsen *Selection*. Da für beides der Veranstalter zahlt, greifen alle gerne zu (auf Seminaren offenbart sich, dass Menschen eben doch Allesfresser sind). »Tschuldigung«, murmelt der Blonde und langt nach dem Milchkännchen quer über den Tisch. In diesem Moment blitzt sein Manschettenknopf unter dem blauen Spießersakko hervor: Ein weißes @-Zeichen auf schwarzem Emaille. Interessiert schaut der Turnschuhmann hin. Er nickt mit dem Kinn Richtung Manschettenknopf: »Haben Sie mal was mit Internet gemacht?« Auf einmal klingt er ehrlich interessiert. Mister Smalltalk druckst ein wenig rum, während er seinen Cappuccino mit Dosenmilch verlängert: »Ich hab mal bei so 'ner Webfirma gearbeitet«, murmelt er und lacht unsicher hinterher, »na ja, damals, in Köln«. Jetzt ist der Turnschuhmann endgültig wach. »Welche?«, schießt er quer über den Kindertisch. Der Blonde windet sich: Die kenne eh niemand und das sei ja auch schon so lange her, redet er sich raus. Auch der dritte Mann will es jetzt wissen: »Sagen Sie schon!« Na gut, es sei die Cyberportnet AG gewesen – schon lange pleite, gibt der Blonde halb laut zu. Plötzlich flippt der Rest des

Tisches aus. »Echt? Die haben wir früher *gehostet*«, sprudelt der
Turnschuh heraus, und der Antriebsmann begeistert sich: »Die
kannte damals doch jeder!« Er selbst sei nämlich bis 2001 bei einer
Online-Stellenbörse im Controlling gewesen, outet er sich.

Plötzlich explodiert der Kindertisch; die Youngster plappern
aufgeregt durcheinander. Ihre Augen leuchten, jeder versucht,
noch größere Vögel abzuschießen. Denn jetzt heißt das Spiel: Wer
kann die coolste New-Economy-Geschichte auffahren? Das »Sie«
ist wie selbstverständlich unter den Tisch gefallen. Du warst bei
der Jobnet24? Gibt's nicht! Mit der hatten wir doch damals eine
strategische Kooperation! Dann kennste doch bestimmt auch
den ...? Schnell kommt heraus: Mister Smalltalk, Turnschuh und
Antrieb gehörten allesamt zum rheinischen Net-Set, waren auf den
gleichen Partys, kennen die gleichen Leute und fanden sich gegenseitig schon immer ganz toll. Sogar gekündigt wurden sie zeitgleich.

Dagegen kommt die ISO 9000 einfach nicht an. Längst nachdem die Altherrenfraktion schon wieder Richtung »Sachsenhau-
sen« marschiert ist, sitzt das Trio noch am Tisch und schwelgt in
Netzwirtschafts-Nostalgie: »Und morgens kam der Mike dann rein
und sagte nur ›Alter, wir haben die zehn Millionen!‹«, erzählt der
Turnschuhträger begeistert und muss sichtlich schlucken. Die
anderen gucken wissend, nicken und blicken versonnen in die
Ferne. Ja, ja, die gute alte Zeit. »Kommt mir wie 'ne halbe Ewigkeit
vor«, seufzt der oberfränkische Antriebsmann, »dabei ist das ja erst
zwei Jahre her«. Tja, das sei wohl die Internetzeit, ist man sich
einig. Und der Blonde schiebt resigniert hinterher: »Ich hab schon
alles fast vergessen.«

So geht es vielen von uns. Die Internetzeit – das scheint schon
Jahrzehnte her zu sein. Der Boom, als der Dax noch ein Achttau-
sender war und für einen kurzen Moment alles möglich schien
– all das sind längst blasse Erinnerungen, die wir auf unserer
großen Lebensfestplatte irgendwo ganz hinten abgelegt und vergessen haben: Erst kam *Star Wars*, dann »Summer Games« auf
dem C64. Später kauften wir den ersten Anzug, hörten Spandau

Ballet, pogten auf der Abiparty. Anfang der Neunziger ging *Star Trek* in die *Next Generation*, wir machten Examen. Und irgendwann kam sie dann: die Internetzeit und der lange, heiße Sommer 1999. Mit Börsenreichtum, einem Hauch von Revolution und Party ohne Ende.

Doch so plötzlich, wie er kam, war der Rausch auch vorbei. Schon anderthalb Jahre später war der Hype vergessen und unser Traum beerdigt: Fast alle Start-ups hatten Pleite gemacht, die Börse crashte, die heißen Webpropheten trafen sich auf dem Arbeitsamt wieder. So sah die Lage 2001 aus. Wir dachten, die Sache sei gegessen. Eine Randnotiz. Weiter im Text.

Doch das war ein Irrtum. Je mehr Monate ins Land zogen, desto deutlicher merkten wir: Der Internetboom hat Spuren hinterlassen. Irgendetwas hat sich verändert, wir haben uns verändert. Wie tief sich die Hype-Zeit und ihr Zeitgeist in unsere Köpfe eingegraben hat, zeigt die Begeisterungsorgie von Mister Turnschuh, Mister Smalltalk und Mister Antrieb. Und derlei Nostalgierründchen sind längst kein Einzelfall mehr. Ob in koreafurnierten Bars der Metropolen, ob auf Partys zwischen *Habitat*-Möbeln oder in seelenlosen Kongressbunkern: Sobald mehr als drei halbwegs junge Menschen heute zusammensitzen, dauert es nicht lange, bis das große Schwärmen beginnt. Weißt du noch? Als wir zum ersten Mal *Quake* übers Netz gezockt haben? Als der Soundso seine erste Million im King-Kamehameha-Club begossen hat? Als unsere Intershop-Aktien durch die Decke gingen und mein alter Herr plötzlich auch mitzocken wollte? Wenn dann noch – je nach regionaler Ausprägung – Caipirinha, Reissdorf Kölsch oder Asahi-Bier dazukommt, kriegen die Twenty- und Thirtysomethings der angeblich so nihilistischen Alterskohorte X reihenweise feuchte Augen. Spätestens dann merken wir: Die Boomzeit hat uns mehr geprägt, als wir dachten. Und es stellt sich ein, was wir zeitlebens verabscheut hatten: ein Wir-Gefühl.

Von Wir-Geschichten hielten wir nämlich noch nie viel. Vielleicht liegt das daran, dass kaum eine Gruppe sich derart viele Wir-Label aufdrücken lassen musste wie wir: von Generation X, Y, Net,

Web bis Generation Atari und Matchbox. Benjamin von Stuckrad-Barre fasste unseren Abscheu gegenüber den selbst ernannten Jahrgangsprechern treffend zusammen: »Bücher über Generationen gehören eigentlich verboten.«

Zumal gerade die Internetgeneration eigentlich keine ist: Klar gehörte die Mehrheit des Net-Sets den Jahrgängen von 1965 bis 1975 an. Und natürlich war Jugendlichkeit die Eintrittskarte in die wilde Wirtschaft. Was aber oft vergessen wird: Viele Start-ups wurden auch von Menschen jenseits der 40 gegründet. Und auch die waren jugendlich – in *unserem* stark gedehnten Sinn. Mit der Jugendlichkeit haben wir nämlich so einen Tick. Unsere Generation leidet wie keine andere zuvor an einem kollektiven Peter-Pan-Syndrom – wir weigern uns, erwachsen zu werden. Wenn also hier von Jugend die Rede ist, dann ist das bitte im Sinne des US-Präsidenten George W. Bush zu verstehen. Der hatte eine Strafe wegen Trunkenheit am Steuer immer als »Jugendsünde« abgetan – obwohl »the W« zum Zeitpunkt des Missgriffs immerhin schon 30 Jahre alt war.

Bleibt die Frage, wer *wir* überhaupt waren. Experten schätzen, dass nur 50 000 Menschen in Deutschland direkt etwas mit dem Internetboom zu tun hatten: Start-up-Gründer, Webdesigner, Investoren, PR-Fachleute, Informatiker. Sie waren der harte Kern der Bewegung, das Net-Set, der digitale Hochadel. Und selbstverständlich drehen sich viele Geschichten auf den folgenden Seiten um diese Pioniere. Aber es sollen auch die Randfiguren der Internetgeschichte zu Wort kommen. Denn eigentlich waren *wir alle* Teil des großen Internetabenteuers: Wir waren Studenten, die in ihrer WG-Bude einen Weltkonzern planten und Hausfrauen, die Lycos-Aktien zeichneten. Wir waren Barrista im Coffee Shop und reichten dem Net-Set die Macchiatos für den nächsten 16-Stunden-Tag. Wir waren Napster-Tauscher. Wir waren Nemax-Aktionäre und n-tv-Junkies. Wir alle haben Geschichte geschrieben und selbst das Wort Geschichte verändert.

Denn Historie beginnt heutzutage vorletzte Woche. Das ist das Erbe der Webgeneration. Wofür früher Jahrzehnte nötig waren, das haben wir in Monaten geschafft. Millionendeals tüteten wir in Stunden ein. Börsengänge waren in Wochen statt in Monaten geritzt. Das neue Medium Internet holten wir achtmal schneller ins Haus als unser Großvater das Telefon. Während des Internetbooms wurden 15 Jahre Geschichte in fünf gepackt, hat Intel-Chef Andy Grove einmal gesagt. Und auf all das können wir stolz sein.

Auch wenn es schwer fällt. Denn geliebt werden die Wunderkinder von gestern nicht gerade. Internet, das war in den letzten Jahren etwas, womit niemand zu tun haben wollte. Es stand für abgehobene Visionäre, abgedrehte Geschäftsideen und abgefälschte Bilanzen. Mittlerweile hat sich der Wind gedreht: Mal was mit Internet gemacht zu haben – das ist heute wieder eine Auszeichnung. Und selbst wenn es nur ein Portal für Golfrasenpfleger war (authentisch).

Wie wir waren will diese Geschichte bewahren – nicht in einer pingeligen Chronik, sondern mit kleinen Geschichten aus einer Zeit, in der sich die ganze Nation in die Wirtschaft verliebt hatte. Und für diese Bilanz ist es allerhöchste Zeit. Denn das Vergessen hat schon begonnen: Milliardenunternehmen, die einmal das Börsengeschehen bestimmten, sind vom Erdboden verschwunden. Ehemalige Starunternehmer sind abgetaucht. Firmenbüros wurden ausgeräumt, Klingelschilder abgeschraubt. Produkte oder etwas, was man anfassen könnte, sind nicht übrig. Hier offenbart sich das Problem der digitalen Welt: Wenn ein Unternehmen nur noch aus Servern besteht, ist seine Geschichte weg, sobald die Festplatten formatiert wurden. Vom 1,5-Milliarden-Dollar Konzern Webvan etwa sind nur noch Logo-Kaffeetassen und Kugelschreiber übrig. Schon nach drei Jahren ist die Geschichte des Internetbooms ein Job für waschechte Archäologen, wie wir im Kapitel *crashkurs* sehen werden. Und fast so schnell wie die Server vergessen auch die Menschen: »Das krieg ich nicht mehr zusammen« war wohl die häufigste Antwort in den Interviews zu diesem Buch.

Es ist das Problem der ersten Generation – so nennen das Kunsthistoriker: Am meisten wird in den ersten 25 Jahren nach einer Revolution vergessen. Was danach überlebt, schafft den

Sprung in die Kategorie ›Historisch‹ und darf bleiben. Ein Beispiel sind die Gründerzeithäuser, in denen wir so gerne wohnen. 1870 hatte man sie während des Industriebooms erbaut, doch schon zur Jahrhundertwende wollten viele mit den Stuckmonstern nichts mehr zu tun haben. Sie galten als Reminiszenz an eine dekadente Ära und am liebsten hätten die Stadtplaner alles abgerissen. Das gleiche Schicksal erwartet die Relikte unserer Gründerzeit: Das Vergessen in den Köpfen und überformatierte Bits und Bytes drohen unsere Geschichte auszulöschen.

Als echte Computerfreaks, die wir ja mittlerweile alle sind, wissen wir, dass gegen das Vergessen nur eines hilft: Sicherheitskopien. So gesehen ist *Wie wir waren* die Sicherheitskopie eines Lebensgefühls. Das Lebensgefühl einer Generation, die es geschafft hat, das Gesetz des Überraschungseis auszuhebeln. Sie wissen schon: »Spiel, Spaß, Spannung – das geht nun wirklich nicht zusammen«.

In unserer Wirtschaftswelt *ging wirklich alles zusammen*: Spiel (Moorhuhn), Spaß (Boxster statt Golf fahren) und Spannung (Krieg ich noch Infineon-Aktien?). Kein Wunder also, dass in den Neunzigern nicht Pepsi, sondern das World Wide Web die »choice of a new generation« wurde. Und auch wenn heute rückblickend von Internetkids die Rede ist, muss man sagen: Die Web-Begeisterung hatte nicht nur die junge Generation, sondern alle gepackt. Der Internetboom war die erste Love Parade, bei der eine ganze Nation mitmarschierte.

»Darf ich noch mal, darf ich noch mal?«, haben wir früher unsere Eltern angebettelt, wenn es darum ging, auf der Achterbahn im Phantasialand eine weitere Runde fahren zu dürfen. Heute dürfen wir. *Wie wir waren* ist eine zweite Runde auf der großen Achterbahnfahrt durch die fantastische Welt der Internetjahre. Weil's so schön ist, einfach noch einmal: die bizarrsten Details, die aberwitzigsten Ideen, die groteskesten Anekdoten.

Im Großen und Ganzen folgen die Geschichten der großen Dotcom-Dramaturgie von Aufstieg, Boom und Fall. Die Story beginnt in *start* mit den bescheidenen Anfängen, als im Internet ein Sack Rohrzucker umfiel, Staus auf der Datenautobahn noch im Radio angesagt und Millionengeschäfte auf Wickeltischen ausgebrütet wurden.

Nächste Etappe: Die voll ausgebrochene *wildwirtschaft*, mit Berichten aus den berühmten Internet-Start-ups, den Krabbelstuben der jungen Wirtschaft, wo man Räuber und Gendarm spielt, das Tempo der Kickroller über die Karriere entscheidet und das Büro so groß ist wie drei Dixitoiletten. Wir sind dabei, wenn der ehemalige Sandkastenfreund plötzlich zum »Managing Director Europe« mutiert und lernen die Sprache der Gründer kennen, vom *non-disclosure agreement* bis zur *content delivery*.

Dann folgt ein Ausritt in die bunte Welt des Marketings, die sich streng nach Peter Schilling »völlig losgelöst« präsentiert. Da werden Gebäude gesprengt, Flugzeughangars in Schweden besichtigt und Porsches zertrümmert. Und all das nur, weil Vater im Aufsichtsrat sagt: »Junge, gib doch mehr Geld aus!« Wir erfahren von Geschäftsideen, die bis zum Gratissolarium samt Pornostar reichen und einem James-Bond-Plot alle Ehre machen würden.

In Kapitel 3 ist die Achterbahn ganz oben angekommen, und wir werfen einen Blick auf die völlig entrückte *nemax nation* – ein Volk, das den größten Karneval in der Geschichte des Kapitalismus feiert. Wir treffen ganz normale Menschen, die vor lauter Börsen- und Moorhuhnzockerei nicht mehr schlafen können. Auf schockierte 68er, die nicht checken, dass ihre Kids dem Kapital huldigen. Auf Weltuntergangs-Warmduscher, die für Y2K schon mal ihre Badewanne voll laufen lassen, auf die Fabulous Haffa Boys und andere Popstars. *Nemax nation* zeichnet das Psychogramm eines Volkes von Technikfreaks, das vom Reichtum wie von einer Krankheit befallen ist und aus dem Feiern gar nicht mehr rauskommt. »Das wird ... die Party des Jahrhunderts«, rappten Fettes Brot 1996 schon in weiser Voraussicht. Die *nemax nation* erbringt den Beweis – egal ob im After-Job-Club, beim First Tuesday oder auf der größten Party der Menschheitsgeschichte, die mit einer spektakulären Verhaftung endet.

Es folgt ein kleiner Looping durch die Medien, die uns den »Weg zur ersten Million« (*Bizz*) verheißen, und zum Abschluss lernen wir einen türkischen Schwimmlehrer kennen, der mit fünf Ausrufezeichen in wenigen Tagen zum Weltstar avanciert.

In *crashkurs* nimmt die Achterbahn ordentlich Fahrt auf, diesmal allerdings geht es abwärts. Wir müssen mit ansehen, wie Kanapees zu Laugenbrezeln mutieren und die neue M-Klasse gerade rechtzeitig zur Pleite geliefert wird. Frei nach Wilhelm Busch »www, wenn ich auf das Ende seh'«, zeigt sich die Internetwirtschaft während des Abstiegs von ihrer hässlichen Seite – mit Kündigungen per Anrufbeantworter und Meetings bei McDonald's. Schließlich treffen wir unsere Gründer wieder, während sie ihre Büros ausfegen oder im Krankenhaus verarztet werden.

Und was bleibt? Im Kapitel *schlusspunktde* ist die Achterbahn ausgerollt. Der Blick geht zurück: Was machen die Gründer? Wie verdauen die Youngster ihre Quarterlife Crisis? War alles umsonst? Was bleibt von unserem Internetboom übrig? So viel sei schon verraten: Von einem läppischen Börsencrash lassen wir uns nicht aufhalten.

Natürlich sind all diese Geschichten – um eine zu Boomzeiten beliebte Formulierung zu benutzen – »nur die Spitze des Eisbergs«. Es sind bruchstückhafte Randnotizen aus fünf Jahren journalistischer Arbeit, weder vollständig noch repräsentativ. Doch viel wichtiger als diese Quellen sind die Erinnerungen von Deutschlands feinstem *Dotcompost*, den Ehemaligen der Webwirtschaft. In zahllosen Interviews in Hamburg, Berlin, Frankfurt und Köln Anfang 2003 haben diese Pioniere ihre witzigen und schmerzlichen Erinnerungen offenbart (was zu schmerzlich oder strafrechtlich relevant ist, wurde vom Autor anonymisiert). Ohne diese Helden des Internetbooms hätte *wie wir waren* nicht entstehen können. Das ist für Euch. Also: Alles einsteigen, die Fahrt beginnt.

1.
start

Sie haben Post: QWERTYUIOP

20. Oktober 1969. Die Geburt des Netzes beginnt mit einem Telefonat und endet mit einem Absturz. Von digitalen Wundern keine Spur. Mit einem guten alten Fernsprecher sind Charley Kline und sein Kommilitone in San Francisco verbunden. Kline, Student an der Universität von Los Angeles, kauert im Rechenzentrum seiner Alma Mater vor dem Monitor. Um ihn herum ist es so laut, dass er in die Muschel schreien muss: »Ich gebe ein *L* ein!« Sein Gesprächspartner am Ende der Leitung bestätigt: »Ich sehe das *L* auf meinem Bildschirm.« Er sitzt im Rechenzentrum der Universität Stanford in der Nähe von San Francisco. Dass sie gerade im Begriff sind, Geschichte zu schreiben, ahnen die Studenten nicht (sonst hätte sich Kline wahrscheinlich gemerkt, wie sein Gesprächspartner am Ende der Leitung hieß). Die beiden Informatiker wollen nur mal ausprobieren, ob es möglich ist, über dieses neue Datennetz namens Arpanet wirklich zwei Computer zu verbinden. Als Nächstes sendet Los Angeles ein »O«. Ergeben sollen die Buchstaben das Wort »Login«, den Befehl zum Einwählen in den Stanford-Rechner. Doch so weit kommt es nicht. »Ich gebe ein *G* ein«, meldet Kline. Schweigen am Ende der Leitung, dann die etwas verschämte Meldung aus San Francisco: »Äh, unser Computer ist abgestürzt.« Irgendwann am Nachmittag des gleichen Tages gelingt der Datenaustausch dann doch noch, und das Netz ist geboren.

Zwei Jahre später folgt der nächste Meilenstein. Ein Computertechniker der Universität Cambridge verschickt die erste E-Mail.

Was genau er da getippt hat, weiß der Mann namens Ray Tomlinson heute nicht mehr. Wahrscheinlich war es folgende tief schürfende Botschaft: QWERTYUIOP – die erste Reihe der amerikanischen Computertastatur. Im Nachhinein versuchte sich Tomlinson noch den Mantel der Geschichte umzuwerfen, indem er behauptete, die Gettysburg Address – die berühmteste Ansprache der US-Geschichte, gehalten von Abraham Lincoln zur Schlacht in Gettysburg – zitiert zu haben. Beweisen konnte er das nicht. Jedenfalls hatte er den ersten elektronischen Brief verschickt. Wie lange es dauerte, bis die erste E-Mail von »Susi, blutjunge 18« kam, die »bisexuelle Neigungen hat und Dich gerne im Chat kennen lernen will«, kann nicht abschließend geklärt werden.

Tomlinson hat übrigens noch einen zweiten Grundstein der Netzkultur gelegt: Er verwendete als Erster das @ in seiner Adresse, »weil es in keinem Namen auftaucht«, seine lakonische Erklärung. Was er nicht ahnen konnte: 20 Jahre später sollte das @ fester Bestandteil jedes halbwegs zeitgeistigen Firmennamens werden. Historiker führen das *at* übrigens auf ein venezianisches Hohlmaß zurück; es stand im 14. Jahrhundert für eine Amphore. Bei der Umschreibung des neuen Zeichens der Zeit entwickelten die Cybernationen erstaunliche Kreativität. Was bei uns Klammeraffe genannt wird, heißt in Spanien übersetzt Mohnschnecke, in Israel Strudel – und in Finnland »Miukumauku«, für: zusammengerollt schlafende Katze.

Lustiges Detail: Da in der digitalen Steinzeit nur 23 Rechner ans Internet angeschlossen waren, konnte man durch einfaches Rumprobieren so ziemlich jeden Netzbürger erreichen. Das gängige Verfahren lief wie folgt ab: Man schickte einfach eine Mail an *Name@arpanet* – und fertig. Das ist ungefähr so, als würde man heutzutage einen Brief nur an »Peter Schmitz« adressieren, in der Hoffnung, die Post bringe den Umschlag schon irgendwie zum richtigen Peter Schmitz.

Von einem World Wide Web war das klapprige Datennetz damals noch weit entfernt. Anschluss ans Arpanet hatten nur einige wenige Universitäten und Forschungslabors. In der Öffentlichkeit hatte noch niemand Notiz von der neuen Technologie genommen. So blieb auch die Erfindung eines gewissen Scott Fahlmann am 19. September 1982 über lange Zeit unbemerkt. In einem Forum schrieb der Student »Ich schlage folgende Buchstabensequenz für einen Witz vor: :-) Lesen Sie es seitwärts.« Der Smiley war geboren. Fahlmann muss ein lustiger Zeitgenosse gewesen sein, jedenfalls merkte er im nächsten Satz an: »Vielleicht ist es auch einfacher, alles zu markieren, was kein Witz ist, dann mit einem :-(.« Erst im September 2002 entdeckten Hobby-Internetarchäologen dieses bahnbrechende Dokument.

Bei uns war das Internet bis Mitte der neunziger Jahre fast völlig unbekannt. Wenn überhaupt, galt es als Medium für Freaks. Um zu illustrieren, auf welchem Hinterzimmerniveau das Netz damals gesponnen wurde, eine Geschichte aus Frankfurt, 1994:

Wer in der Mainmetropole ins Internet will, für den gibt es nur eine Adresse: Fixefaxe, ein Laden für, man ahnt es schon, Faxgeräte. Das Geschäft auf der Bergerstraße ist so eine typische Krimskrams-Bude, wie diese türkischen Elektronikläden, die vom Vibrator bis zum ferngesteuerten Auto alles verticken und bei denen man nie genau weiß, welche Geräte gebraucht und welche schlichtweg vom Lastwagen gefallen sind. Ein Wust von vergilbtem Plastik und neonfarbenen Sonderangebotsschildern. Dieser alles andere als glamouröse Laden wird geleitet von einem gewissen Daniel David, ein nicht schlecht aussehender Mittdreißiger mit einem Schlag ins Halbseidene.

In Wirklichkeit heißt der Mann Rudolf Zawrel und ist Schlagerkomponist und -texter. Auf sein Konto gingen in den Siebzigern schon Flops wie *Zieh dir die Jacke nicht an, wenn sie dir zu groß ist*. Und nun macht der Schlagerfuzzi in Faxen – und Internet. Denn im Hinterzimmer von Fixefaxe stehen einige Server, die tatsächlich ans Netz angebunden sind. Tagsüber versorgt der schöne Daniel damit die Frankfurter Großbanken mit Daten und ab 19 Uhr Normalsterbliche. Für ein paar Mark kann man sich über Fixefaxe ins Internet einwählen, aber wie gesagt erst ab sieben.

Was ist besonders an der Story? Fünf Jahre später wird sich David eine ziemlich große Jacke anziehen. »Wir werden die deutsche MCI-Worldcom!«, tönte der Schlagersänger im Sommer 1999 vor der versammelten deutschen Hochfinanz. Der Fixefaxe-Mann will es dem großen US-Telefonkonzern gleichtun. Und zunächst sah auch alles ganz gut aus. Just am Tag der großen Sonnenfinsternis war sein Unternehmen Gigabell, 10 Millionen Euro Jahresumsatz, an die Börse gegangen. Und anderthalb Jahre später war es pleite, als erstes Unternehmen am Neuen Markt. Ob David seitdem wieder in Faxen macht, ist unklar.

Richtig seriös begann das Internetzeitalter hierzulande erst im Jahr 1995. Rückblick: Die Post war jüngst zur Telekom mutiert, und das Privatunternehmen hatte seinen Datendienst Datex-J (»J« stand für »Jedermann«) gerade in T-Online umbenannt. Rechtzeitig zur Funkausstellung in Berlin ebneten die Ex-Postler dann ihren Kunden den Weg in den *Cyberspace* – das Wort hatte der Schriftsteller William Gibson 11 Jahre zuvor erfunden. Jede Minute im Internet kostete damals 12 Pfennig, zuzüglich der Telefongebühren. Dessen ungeachtet zählte T-Online schon nach einem Jahr über 1 Million Kunden, und das junge Netz platzte bald aus allen Nähten: Als ein Pforzheimer Sexversand seinerzeit 3,4 Millionen Werbemails verschickte, brach der Postserver zusammen. Die Folge: Erstmals in der Geschichte (und wahrscheinlich auch letztmals) wurde im Radio ein Stau auf der Datenautobahn angesagt: »Achtung, T-Online-Kunden, zurzeit bitte keine E-Mails verschicken ...«

GenossIn ist drin

Um eines mal klarzustellen: Ohne *uns* hätte es die Nation niemals ins Netz geschafft. Denn wir hatten, frei nach Audi, den Vorsprung durch Technik(-wissen): Als erste Generation waren wir mit dem Computer von Kindesbeinen an per Du. Digitaltechnik kannten wir nicht als esoterisches Elektronenhirn in abgeschotteten Rechenzentren, sondern als Heimcomputer – hautnah im Jugendzimmer. Vor allem als Spiel- und Spaßmaschine war uns die Hightech begegnet. Wir lernten früh, dass Computer keine Jobkiller sind, sondern uns viele lästige Jobs abnehmen können. Überhaupt standen wir auf jede Art von technischem Firlefanz. Wir hatten keine Angst davor, Telefondosen und Videorecorder aufzuschrauben oder mit Heimelektronik einfach nur rumzuspielen. Ehrfurcht vor Hochtechnologie kannten wir nicht.

Ohne diese Attitüde und unsere tatkräftige Nachhilfe hätte es die BRD nicht ins www geschafft. An die Fuktion des elektronischen Entwicklungshelfers hatten wir uns längst gewöhnt: Eltern, Kommilitonen und Kollegen dabei zu helfen, die Tücken der Technik zu meistern, war schon vor dem Internet unsere Aufgabe gewesen. Schließlich hatten wir einen Großteil der Achtziger damit verbracht, Papa den Unterschied zwischen Kanal und Programm auf dem Videorecorder zu erklären (klassische Frage: »Wie, ich kann aufnehmen, was ich gar nicht sehe?«). Oder heftiger noch: wie man die Uhr am Videorecorder einstellt. Viel Erfolg hatten wir dabei zugegebenermaßen nicht, schließlich blinkt bei den meisten Videorecordern auf dieser Erde immer noch »12:00« im Display. Aber das Prinzip war klar: Für alles, was irgendwie Strom verbrauchte, waren wir zuständig. Und ab sofort fiel auch das Internet in diese Kategorie.

Während der neunziger Jahre brachten wir weltweit das größte Fortbildungsprogramm aller Zeiten auf die Straße: *Wir* erklärten *denen* das Internet. Ausgesucht hatten wir uns den Job allerdings nicht. Wir wurden ausgesucht. Wer irgendwann und irgendwo mal den richtigen Knopf gedrückt hatte, den ernannte die Umwelt sofort zum Technikexperten. Das war wie mit diesen Nahost-Kennern im Fernsehen, die sich dadurch qualifizieren, dass ihre Omi mal eine israelische Zigarette geraucht hat. Schon der Anflug von einer Verbindung konstituierte eben das Expertentum. Auch Oliver Zeisberger, BWL-Student aus Köln, rutschte in den Job des IT-Missionars nur so rein. Sein Werdegang ist typisch für viele

Internetunternehmer. Wie bei den meisten begann alles mit Netz-
nachhilfe für die ältere Generation:
1994, ein Landtagsabgeordneter der SPD aus dem Erftkreis bei
Köln spricht Student und Juso Zeisberger an. Ob er ihm nicht
helfen könne, ins Internet zu kommen. Nach ein paar Fragen ist
auch klar, warum: Der Politiker tritt in seinem Wahlkreis gegen
Jürgen Rüttgers an, seinerzeit Forschungsminister im Kabinett
Kohl. Na ja, und den selbst ernannten Zukunftsmann will der
Genosse ein bisschen bloßstellen, so nach dem Motto »der hat ja
nicht mal E-Mail«. Warum soll gerade Zeisberger den Entwick-
lungshelfer mimen? Ganz einfach: Der Student hat zu Hause
einen Computer, das reichte damals schon für einen Kompetenzverdacht.

Gesagt, getan, Zeisberger willigt ein. Der Student mit Aura und
Aussehen eines amerikanischen Collegeboys hilft dem Oldie auf
die Datenautobahn – und das, obwohl er sich nie vorstellen konnte,
»irgendwas mit EDV zu machen«, wie er sagt. Er telefoniert die
wenigen schon existierenden Netzwerkfirmen ab, meist kleine
Klitschen mit mäßiger Erfahrung in Sachen Internet. Termine
werden gemacht und die Geschäftsführer drücken sich im Abge-
ordnetenbüro die Klinke in die Hand (damals rückte zur Installa-
tion eines Internetzugangs noch der Chef persönlich aus). Schließlich kauft Zeisberger ein Modem und nach ein paar Wochen kann
der Abgeordnete auf der Vorstandssitzung strahlend verkünden:
»Ich habe E-Mail – ihr etwa nicht?« Die anderen Genossen guckten
verschämt auf den Boden – und wollten auch *rein*.

Jetzt muss Zeisberger richtig ran: Kein SPD-Ortsverein, der
nicht ein Seminar bei ihm bucht. Der 24-Jährige tingelt durch
Kneipen, Säle und Mehrzweckhallen und erklärt den Genossen das
Internet. Er kämpft mit Hausmeistern, schraubt heimlich Telefondosen auf und schleppt Equipment. Zwei Rechner nebst zwei
Overhead-Projektoren baut er jedes Mal auf – für den Höhepunkt
seiner Edutainment-Show: Zeisberger schickt eine E-Mail von
einem Rechner zum anderen, Luftlinie 20 Zentimeter. Und immer

wenn er dazu verkündet, »die geht jetzt über Columbus, Ohio«, geht ein Staunen und Raunen durch den Saal.

Das war's aber auch schon. Denn mit den Genossen hat sich der Youngster ein schwieriges Publikum ausgesucht. Technik – das war für viele Altlinke damals das reinste Teufelswerk. Typischer Kommentar zur elektronischen Post: »Das tötet ja die zwischenmenschliche Kommunikation.« Und wenn Zeisberger erklärte: »Dann muss der Administrator das E-Mail-Konto freischalten«, dauerte es nur Sekunden, bis die Doppelnamen-Fraktion im Saal das mit dem Zwischenruf »oder Administrator*in*!« quittierte. Doch die Aufbauarbeit sollte sich für Zeisberger auszahlen. Seine Webagentur Barracuda existiert bis heute, und viele seiner Kunden kommen immer noch aus der SPD.

Mit der Zeit trug unsere Nachhilfe für die ältere Generation Früchte: Neben den Wissenschaftlern waren zunehmend auch stinknormale Menschen *drin*, wie man damals sagte. Die Tage des akademischen Internets waren gezählt, sehr zum Leidwesen des bis dato sehr exklusiven Net-Set. Die Unis fühlten sich sehr wohl in ihrem abgeschotteten digitalen Vorgarten. Entsprechend heftig fiel der Reality Check aus: An jenem historischen Tag im Jahr 1995, als der gemeine Plebs erstmals in den digitalen Elfenbeinturm gelassen wurde, erinnert sich Jens Leinert noch genau. Er studierte damals am Lehrstuhl von Professor Wolfgang König Wirtschaftsinformatik, eine *der* Keimzellen der deutschen Internetkultur. Bisher hatten die Herren Studiosi dort das Medium für sich. Aber als T-Online kam, wehte sofort ein anderer Wind. »Da wollte in unserer Newsgroup plötzlich irgendwer einen Sack Rohrzucker verkaufen!«, lacht Leinert. Kommerz im Kommunikationsnetz? Die akademische Online-Gemeinde war schockiert. Nur der Student sah sofort die Chancen: »Ich wusste, dass Shopping im Netz eine große Sache wird.« Und schon bald sollte er seine Chance nutzen. Internet – das hatte ab sofort auch etwas mit Wirtschaft zu tun.

Jugend forsch

Mails & More nannte Leinert seine erste Firma, und deren Geschäft war ganz einfach: Der junge Wirtschaftsinformatiker programmierte Unternehmen ihre erste Webseite – genau wie tausende von Homepage-Schmieden in Studentenbuden landauf und landab. Jeder noch so platte Amateur mischte mit, wollte seinen Teil der riesigen Nachfrage abgreifen. Denn Internet, das war plötzlich ein Gimmick, mit dem sich Vorstände gerne schmückten. Seht her, wir sind auch modern. Einen Studenten wie Leinert vorweisen zu können machte Eindruck. Den jungen Wilden präsentierte man gerne mal zur Vorstandssitzung. So nach dem Muster: Klopf, klopf auf die Schulter: »Das ist der Herr Leinert. Der baut uns immer so tolle Internetseiten!«

Und Lines, wie ihn seine Kommilitonen nennen, bot, wonach der Zeitgeist verlangte. Ein bisschen Glücksritter, ein wenig Geek. Der beste Betriebswirt war er nicht, eher bauernschlau; aber der Student hatte eine Vision, und das zählte damals viel mehr. Seine wachen Augen blinzeln hinter der randlosen Brille hervor, freundlich, aber auch rastlos, wenn er heute von seinen Internet-Abenteuern erzählt. Mit viel Verve schwärmt er von der guten alten Zeit – immer mit einem Anflug von hessischem Dialekt. Über all die grotesken Episoden kann Leinert mittlerweile wieder lachen, dabei hat er auch weniger lustige Zeiten erlebt.

Doch anfangs lief für Lines alles noch glatt. Vom ersten Erfolg motiviert, schmiedet er große Pläne. Homepages hat er genug gebastelt, jetzt will er eine Shopping-Mall im Internet errichten, so wie das Main-Taunus-Zentrum vor den Toren Frankfurts. Zusammen mit Freunden schreibt er an einem heißen Sommertag 1996 auf dem Balkon seiner Bude den Businessplan. Von Betriebswirtschaft hat die Truppe nur vage Vorstellungen, woher auch? Das Diplom hat schließlich noch keiner in der Tasche. Doch die Idee von der Telemall, so der Name des Unternehmens, kommt gut an: Leinert verkauft ein Zehntel seiner Firma an eine Beteiligungsgesellschaft und erhält dafür 1 Million D-Mark. Eine Million – wow!

Ab sofort sprechen die Kommilitonen ehrfurchtsvoll nur noch vom
»On-Lines«.

Von Vorbildern wie Leinert stimuliert, bricht an den Unis landauf und landab das Netzfieber aus. Eine Homepage bauen, einen
Bestellmechanismus programmieren – und das Geld würde schon
reinrollen, darauf konnte man sich verlassen. »Du kamst völlig
unter Druck, wenn du noch nicht gegründet hattest«, erinnert sich
ein Student. »Der letzte Depp hat plötzlich Millionen Venture
Capital gekriegt. Plötzlich war der cooler als du!« Selbst die kühls-
ten Köpfe begannen zu zweifeln. Irgendwas muss doch dran sein!
Schließlich klopfte die erste Garde der deutschen Wirtschaft an
den Wohnheimtüren an. Andersen Consulting (heute Accenture)
oder die Dresdner Bank winkten mit den Scheinchen. Das spornte
an. Ein Wirtschaftsinformatik-Student aus Frankfurt erinnert sich:
»Da entwickelst du einfach Fantasien.«

Auch Frank Thomsen fand sich 1995 über Nacht in einer fantas-
tischen Position wieder. Bisher hatte der junge Mann Kommuni-
kationswissenschaft studiert, jetzt war ein Praktikum bei Siemens
in München angesagt. In seiner Freizeit hatte sich Thomsen aus
Spaß mit HTML vertraut gemacht, der Sprache des Netzes – Version 1.0 natürlich. Als im Betrieb ruchbar wurde, dass Thomsen
sich mit *diesem* Internet auskannte, ermunterten ihn seine Vorge-
setzten, doch einmal eine Webseite für den Bereich Elektromecha-
nische Komponenten zu programmieren. Wohlgemerkt: Siemens
macht in diesem Geschäftszweig Milliardenumsätze. Und da kam
also dieser Werkstudent daher, der nicht einmal Ingenieur oder
Programmierer war, und vertrat den Konzern vor der weltweiten
Öffentlichkeit im Netz.

So groß hängte man die Sache allerdings nicht auf. Es gab weder
Budget noch genaue Vorgaben, von einer Webstrategie mal ganz
abgesehen. Thomsen durfte rumprobieren. Er bastelte eine einfache Seite, sogar mit einem kleinen Siemens-Logo drauf. Ernst
genommen hat ihn ohnehin keiner, immer nach dem Motto: Lass
den Jungen mal machen. Für die Bosse war die Hauptsache, dass
die Seite designmäßig der Corporate Identity entsprach. »Plötzlich

saß ich hemdsärmelig mit Männern der Top-Etage vor dem Bild-schirm und zeigte dem Marketing-Manager die Seite«, erinnert sich der Werkstudent. Hier können Sie auf das Bild klicken. Toll, nicht? Die Chefs waren begeistert. Was die jungen Leute so alles können! Thomsen: »Für uns war das wie Magie.«

Allem Anfang wohnt ein Zauber inne. Und ab sofort konnte sich jeder als Magier betätigen: Ein Werkstudent programmierte die Homepage für eine Milliarden-Division. Ungelernte Amateure bestimmten die Webstrategie der Produktionsgiganten. Abgebro-chene Studenten bekamen Millionensummen überwiesen. Die deutsche Wirtschaft, ehemals eine Trutzburg, in die bislang nur ein steiniger Weg über Studium und beinharte Einstellungstests führte, hatte die Zugbrücke runtergelassen. Herein durfte plötzlich jeder unter dreißig. Jugend war die Eintrittskarte schlechthin – und ein bisschen was über HTML musste man natürlich auch wissen.

»Unser Asset war, dass die Vorstände nichts verstanden«, wit-zelt Oliver Sinner heute. Der Jungunternehmer mit der blonden Surfermähne war hier zu Lande einer *der* New-Economy-Stars. Stets ohne Socken unterwegs, brachte es der Chef der Sinner-Schrader AG zu Boomzeiten auf fast alle Titelblätter dieser Repu-blik. Doch auch Sinner, früher Jungmanager beim Otto Versand, hatte bescheiden angefangen. Zusammen mit seinem Geschäfts-

Der Schlüssel zu allem
Werbegeschenk 1999,
Schlüsselanhänger
© n.a.

28

partner Matthias Schrader, Redakteur in einem Computerverlag, schmiedete er 1996 erste Pläne für die eigene Internetfirma. Auf dem Wickeltisch von Schraders Töchterchen bastelten die beiden Gründer ihr Business zusammen. Einziges Eigenkapital war ein billiger PC von Vobis – und eine Idee: SinnerSchrader wollten Unternehmen beim Verkaufen übers Netz helfen. Mit der Idee im Gepäck und einem Stapel am Automaten im Bahnhof gedruckten Visitenkarten fuhren die Gründer zur CeBit 1996.

Ihr wahres Kapital allerdings war, dass die Firmenlenker, vor denen sie ihren Plan präsentierten, nur Bahnhof verstanden. »Wir haben ausgenutzt, dass wir was wussten, was andere nicht wussten«, erklärt Sinner nüchtern. Und wenn alles nicht half, schmissen die Youngster eben optische Rauchbomben – Diagramme mit so vielen kleinen Computern, Servern und Datenströmen, dass den alten Herren ihre Gleitsichtgläser beschlugen. Zack, zack, zack, drei Linien über die Flipcharts gemalt. Sehen Sie, so einfach ist das.

»Denen konnte man alles verkaufen«, bestätigt ein Kölner Internetunternehmer. Untrügliches Zeichen dafür, dass die Altherrenfraktion im Tal der Ahnungslosen wandelte: Sie warfen die Begriffe durcheinander. »Statt von E-Procurement (Firmen kaufen via Internet etwa Büromaterial ein) hat einer der Geldgeber ständig von ›E-Producement‹ geredet«, erinnert sich ein Gründer. Stoisch beharrte der Oldie auf seiner Sprechweise. Eine Stunde lang E-Producement hier, E-Producement da, bis das Gründerteam vor unterdrücktem Lachen fast vom Stuhl fiel.

Nachhaken oder gar hart durchrechnen wollten die Geldgeber die Ideen der jungen Wilden übrigens selten. Mit ein paar bunten Charts und dem Charme der Jeneusse Dotcom war der Deal meistens geritzt. »Die andere Seite war nicht professionell. Die wollten nur den *Spirit* einkaufen«, erinnert sich auch Wolfgang Macht. Und Spirit bot und bietet der ehemalige Journalist reichlich. Rückblick: Ende der Neunziger hat der Szenemensch aus dem Hamburger Schanzenviertel die Idee, geführte Touren durch das Internet anzubieten. Netzpiloten nennt Macht sein Unternehmen. Sein größtes Kapital: Der Zeitgeisttyp mit den eindringlichen braunen Augen und dem lässigen Streetlook kann überzeugen und verbreitet Trendigkeit. Weite Skaterhosen, Kapuzensweater, strubbelige Haare – Macht sieht immer attraktiv, aber nie gestriegelt aus. Ihm nimmt man den Draht zum Underground ab; gleichzeitig kann er in Sekunden auf die Rolle des seriösen Unternehmers umschalten. Kurzum: Der Gründer verkörperte perfekt den Dualismus der Internetgeneration.

Auch die Geldgeber erliegen schnell seinem Charme. Wenige Präsentationen reichen, und schon bieten sie ihm 13 Millionen D-Mark an, um seinen Wegweiserdienst durch den Datendschungel zu finanzieren. Macht nimmt das Geld, obwohl ihm nicht wohl dabei ist. In ihm kämpft die gegenkulturelle Attitüde eines St.-Pauli-Fans gegen ein heftiges, ziemlich kapitalistisches Gründerfieber, geerbt vom Vater, der ebenfalls Unternehmer war. Schließlich gewinnt der Entrepreneur die Oberhand, die Gelegenheit war einfach zu gut, oder wie Macht es sieht: »Wir konnten das nicht *nicht* machen!« Es war der bescheidene Beginn einer Story, die noch viele überraschende Wendungen bringen soll.

Von Dotcom-Grandeur war in diesen Gründertagen übrigens noch nichts zu spüren. Mitunter wirkten die Anfänge so mancher Internetfirma ärmlich bis skurril, so auch bei René Kaute. Ende '99 war der junge Mann zusammen mit fünf Freunden buchstäblich ausgezogen, um ein Unternehmen zu gründen. Vorher hatte er als Producer beim Fernsehsender RTL gearbeitet. Aber zur Medienmafia passte und passt er nicht: zu konservativ das Erscheinen (Anzug), zu klar strukturiert und nüchtern die Gedanken. Wenn Kaute heute von der wilden Zeit erzählt, klingt das oft gar nicht so wild und eher nach Business-Durchführung. Dabei war der Start seines Internetabenteuers durchaus abenteuerlich:

Oktober 1999. Kaute beschließt von Köln nach Berlin umzuziehen, um hier ungestört ein neues Unternehmen aufzubauen. Sein eigener Herr zu sein hatte dem damals 31-jährigen Kölner mit dem chronischen Dreitagebart schon immer Spaß gemacht. Neben seiner Arbeit bei RTL betreibt Kaute einen Versand für Bauhaus-

Möbel. Und jetzt soll es nicht mehr Le Corbusier, sondern L'Internet sein. Die Geschäftsidee hat man schamlos aus den USA geklaut: Zusammen mit fünf Freunden aus Kindergartenzeiten will Kaute eine Webseite betreiben, auf der jedermann seine Meinung zu allem Möglichen abgeben kann, vom Audi TT bis zum ANOS Bio-Gleitmittel. Surfer, die auf diesen Erfahrungsschatz zurückgreifen wollen, sollen dafür geringe Gebühren zahlen. So weit die Geschäftsidee des jungen Unternehmens. Auch das passende Kunstwort ist schnell gefunden: Dooyoo – ein Firmenname, der zu Boomzeiten in aller Munde sein wird.

Fehlt nur noch das Geld. Und um das zusammenzubekommen, machen sich René Kaute und seine Freunde auf den Weg: Zu sechst in einem kleinen Transporter tingeln sie durchs Land, fahren von Kapitalgeber zu Kapitalgeber. Tagsüber stehen sie mit Anzug und Krawatte in den dunkel getäfelten Büros der Hochfinanz, abends kriechen sie in ihren Schlafsack. Beim Stopp in München etwa steigen sie im Hotel Helvetia ab, nicht gerade das beste Haus am Platze. Doch Geld ist (noch) knapp, und so schlafen die Kindergartenfreunde, zum Teil immerhin schon arrivierte Anwälte und Unternehmensberater, im Schlafsaal. 12 D-Mark kostet hier die Nacht im Achtbett-Zimmer. »Wir haben uns kasteit«, erinnert sich Kaute. Aber die Entsagungen sollten sich auszahlen: In einer ersten Finanzierungsrunde bekommen die Jungs 5 Millionen, dann 40 und später noch einmal 20 Millionen D-Mark. Und das sollte erst der Anfang sein.

Wer waren die Geldgeber überhaupt? Welche Menschen zahlten da so mir nichts, dir nichts siebenstellige Summen an dahergekommene Boybands aus? Es waren so genannte Venture Capitalists, Wagniskapitalgeber, ein ziemlich eigenes Völkchen. Im Auftrag vermögender Kunden beteiligen sie sich an jungen Firmen. Geld gegen Mitspracherecht, so lautet ihr Deal. Und das Bare nahmen die jungen Internetunternehmer gerne. Dass die Herren von der Hanauer Landstraße, eine der Top-Adressen der Branche, ihnen früher oder später in die Geschäfte pfuschen würden, daran dachten die Gründer zunächst nicht. Erst mal ging es ums Geld –

getreu dem Jerry-Maguire-Motto: Führ mich zum Schotter! Führ mich zum Schotter!!

Damit die wandelnden Geldautomaten anbissen, musste die Firma halbwegs professionell wirken: Büros, Mitarbeiter, Ausstattung – alles sollte wie in einem richtigen Unternehmen aussehen; man wollte ja nicht studimäßig rüberkommen. Das Problem: Man war studimäßig. Da halfen nur Kunstgriffe. In der Kölner IT-Szene war seinerzeit das so genannte »Staging« verbreitet – die Gründer führten für die Investoren eine Büroshow auf. Und die lief so ab: Sobald sich die Herren aus der alten Wirtschaft ankündigen, trommelt man die Freunde aus anderen Agenturen zusammen (und in irgendwelchen Agenturen arbeiteten mittlerweile so gut wie alle Freunde, wie Benjamin von Stuckrad-Barre seinerzeit so treffend bemerkte). Bei Bedarf leiht man sich noch Rechner und Monitore aus. Die Jungs und Mädels werden strategisch vor Computern und Kopierern verteilt und tun beschäftigt, sobald der hohe Besuch den Laden betritt. Klicker, klicker auf die Tastatur, egal, dass gar kein Programm läuft. Loben die Investoren dann: »Ihre Firma ist ja größer, als wir dachten«, war die Staffage erfolgreich. Es soll Fälle gegeben haben, in denen eigens ganze Büroetagen für diese Show angemietet wurden – von Ein-Mann-Firmen wohlgemerkt. Später, nachdem der Boom eingesetzt hatte, kam das Staging aus der Mode. Dann war zwar das Geld da, aber die Gründer durften nicht verschwenderisch wirken. Also machte man wieder auf Studi. Bizarre Rituale griffen um sich und teure Ledersitzgruppen gingen auf Wanderschaft. Doch dazu später mehr.

Der große Graben

Köln, 1996, Gerrit Schumann sitzt auf heißen Kohlen. Gespräch beim Steuerberater. Die letzten 20 Minuten hat der ehemalige Informatikstudent damit verbracht, dem Herrn um die Fünfzig seine Geschäftsidee zu erklären. Er will Software über das Internet vertreiben – und so ein Paradoxon des Infozeitalters beseitigen.

Während die Ware, Bits und Bytes, längst körperlos geworden ist, wird sie noch verkauft wie zu vordigitalen Zeiten. Auf CD gepresst, mit Pappkarton und Folie drumherum, schön umweltfeindlich. Damit will Schumann aufräumen. »Warum verschicken wir die Daten nicht einfach über das Netz?«, fragt er suggestiv in die Runde. Nach dem Motto: Herunterladen statt runter zum Laden.

Der Steuerberater guckt ihn nur verstört an. Er sieht aus wie so ein Sparkassen-Heini, mit zweireihigem Sakko in Aubergine und Kreppsohlen aus dem Reno Schuhzentrum. Skeptisch mustert er den jungen Studienabbrecher durch seine tropfenförmige Metall-brille – das gleiche Modell hatten früher immer die Typen im Physik-LK getragen. »Internet, was ist das?«, steht in seinem Gesicht geschrieben. Zu fragen traut er sich natürlich nicht.

Unbeirrt preist der 22-Jährige mit dem freundlichen Jungenge-sicht seine Idee an. Begeistert schildert er die Kostenvorteile, erklärt seine Idee vom digitalen Packpapier, das das Programm vorm illegalen Kopieren schützt. Für ihn und seine Mitgründer, allesamt Schulfreunde und Kommilitonen, steht fest: Das ist die Zukunft! Nur ein paar Server bräuchte man und einen schnellen Netzanschluss – und schon könnte die Element5, so der Firmen-name, starten. Doch weder weiß der Vertreter der Altherrenfrak-tion, was ein Server ist, noch hat er eine Vorstellung vom Netz. Alles, was ihn interessiert, ist: »Was soll das denn kosten?«

Ganz billig wird die Sache nicht, das weiß auch Schumann. Er muss hohe Rechnerkapazitäten einkaufen. Sechs-, vielleicht sie-benstellige Investitionen sind da schon möglich, später vielleicht auch mehr. Für den Unternehmer steht fest: Das geht nur als Aktiengesellschaft. Allein so kann das Wachstum finanziert wer-den. »Also, wir wollen eine AG gründen …«, flüstert Schumann unsicher in die Runde. Jetzt ist Mister Old Economy endgültig verwirrt. Unschlüssig schaut er den Youngster an, wagt sich zögernd vor: »Wie – Sie wollen eine *Arbeitsgemeinschaft* gründen?«

In solchen Momenten öffnete sich der große Graben. Auf der einen Seite: die alte Garde, technisch völlig ahnungslos und erstarrt in den Denkweisen der Wirtschaftswunderjahre. Für den

Steuerberater ist völlig unvorstellbar, dass ein Studienabbrecher eine Aktiengesellschaft gründet. Aktiengesellschaften, das ist etwas für Konzerne, für die Siemens, Krupps und Boschs dieser Welt, für die Grauhaarfraktion mit Chauffeur, so denkt er. Kleinunternehmer wie Schumann und sein fünftes Element (allein der Name!) taugen höchstens für eine Gesellschaft bürgerlichen Rechts – das juristische Pendant zu einer Kneipenbekanntschaft. Und wovon hat der überhaupt geredet? Auf der anderen Seite: die jungen Wilden. Sie haben eine Vision, glauben schon zu sehen, wie *ihr* Medium Internet die Ökonomie völlig umkrempelt. Wie über Nacht digitale Megakonzerne entstehen, die noch Wochen zuvor niemand kannte. Wie die Weltwirtschaft von der digitalen Wildwirtschaft überworfen wird. Software über Datennetze verkaufen, riesige Online-Flohmärkte und Jobbörsen, Spezialversender für Rauhaardackelkämme – all das waren jungfräuliche Milliardenmärkte, die mit den ausreichenden Mitteln schnell erobert sind, davon waren wir überzeugt. Da musste man schnell rein, bevor die alte Wirtschaft gecheckt hat, welche Chancen hier liegen. Microsoft-Chef Bill Gates brachte es auf den Punkt: »Wer auf gesicherte Erkenntnisse wartet, kann sich allenfalls noch mit anderen Zauderern um die Krümel streiten.«

Doch den Gründern ist auch klar, dass ihre Revolution niemals aus der Portokasse zu finanzieren ist. Sie brauchen viel Geld – und zwar schnell, ansonsten ist der Vorteil, als Erster die Idee gehabt zu haben, dahin. Noch ruht das Feld unbestellt; First Mover zu sein entscheidet über Erfolg oder Pleite, postulierten die Cyberserker. Und der einzige Weg, seinen Claim jetzt mit viel Kohle abzustecken, ist eine Aktiengesellschaft. Nur über eine AG kommen rasch jene Summen herein, die man braucht, um seine Marke mit massiven Werbefeldzügen über Nacht aus der Obskurität ins Rampenlicht zu katapultieren.

Kurzum: In den Augen der Internetkids gehörten die Gesetze der alten Wirtschaft ins Altpapier. Neue Regeln mussten her. Steinchen für Steinchen eine Firma aufzubauen kam nicht in Frage. Zu warten, bis man Gewinne macht, um mit dem Geld

dann zu expandieren, war keine Option. In dieser Zeit hätte einen
die Konkurrenz mit gepumpter Knete längst überrundet. *Think
Big*, lautete die Devise deshalb. Viel hilft auch viel. Je größer wir
unser Luftschloss heute bauen, desto uneinnehmbarer wird es für
die Konkurrenz.

Und ein zweites Glaubensbekenntnis verband die Youngster:
Alles ist möglich. Das hatten nicht nur die Gründer, sondern wir
alle bald gelernt. In sämtlichen Bereichen des Lebens explodierte
das Netz, machte Altes platt und schuf Neues. Zur Bank gehen?
Wozu, per Homebanking kann man den *saldo mortale* auch daheim
abfragen. Zu Ende studieren? Keine Chance! Wer sich selbst
HTML beibringt und Homepages programmiert, fährt schließlich
ein fünfstelliges Monatsgehalt ein. Karriere machen? Wozu, wenn
der Raiffeisenverband von Gau-Bickelheim 2000 Euro für einen
halbstündigen Vortrag zahlt, in dem man eigentlich nur einen
Screenshot von Napster an die Tafel gebeamt hat.

Wir zeigten der alten Wirtschaft die lange Nase. Alles ging, solange es in eine PowerPoint-Präsentation passte – und man selbst
noch unter dreißig war. Klar hatten wir im Hinterkopf ein ungutes
Gefühl bei unser Großmannssucht. Aber das ließ langsam nach.
Wenn an einem Tag wieder zehn Headhunter anriefen oder wir
mit Aktien im letzten Monat mehr verdienten als unsere Eltern in
20 Jahren Bausparen. Wenn in der Zeitung stand, dass AOL mehr
wert war als Siemens und DaimlerChrysler zusammen, wenn die
Dotcom-Kids im T-Shirt in Davos der versammelten Weltpolitik
die Show stahlen, wenn der Abteilungsleiter uns bat, ihm Outlook
zu erklären. Das waren Beweise dafür, dass wir Recht hatten. Um
mit Leonardo di Caprio zu sprechen: Wir waren die Könige der
Welt. Wir saßen am längeren Hebel. Wir schrieben Geschichte.
Oder frei nach *Schtonk!*: Da wehte einen richtig was an.

Eines war klar: *Unsere* neue Version der Wirtschaft sollte vor
allem eines sein – anders. Doch die Sache stellte sich als schwieri-
ger heraus, als wir angenommen hatten. Denn anders zu sein
bedeutete auch, von Gummibärchen zu leben, Ledersofas vor dem

Aufsichtsrat zu verstecken und nachts um drei Strategiesitzungen abzuhalten. Und dass der Kickroller vor dem ferngesteuerten Auto Vorfahrt hat.

2.
wildwirtschaft

Schlaflos in Dixi-Land

Mai 2000, Köln-Braunsfeld, nicht die schönste Gegend der
Domstadt. »Erstes Haus im Hinterhof« steht auf dem Zettel, den
irgendjemand mit Tesafilm an die Backsteinmauer geklebt hat.
Leider hat dieser Irgendjemand sich nicht die Mühe gemacht, die
Notiz in eine Klarsichthülle zu stecken. Und so hat das rheinische
Schmuddelwetter den Lettern aus dem Tintenstrahldrucker lange
Bärte angehängt. Im Hinterhof, über einem Geschäft, das laut
Schild »alles für die Großküche« anbietet, betreten wir das Büro.
Anscheinend haben die Mieter noch Großes vor, jedenfalls wird
die angemietete Büroetage derzeit nur zur Hälfte genutzt. Unaus-
gepackte Kartons mit Ikea-Tischen stapeln sich neben der Ein-
gangstür. Im bewohnten Teil des Raumes sind weitere Tische in
Vierergruppen zusammengeschoben – jeweils eine Möbelinsel für
Chatbetreuer, Redaktion, Webdesigner und die Geschäftsführung.
Alles wirkt improvisiert. Ein Hund räkelt sich zu Füßen eines
Webdesigners, neben der Mikrowelle warten ein paniertes Schnit-
zel und anderes Junkfood auf Verzehr. Dazwischen groteske
Anzeichen deutscher Regelungswut: In fast jeder Ecke steht ein
Feuerlöscher, und auf einem Aktenregal thront ein grüner Erste-
Hilfe-Koffer, streng nach DIN-Norm natürlich. Welche schweren
Verletzungen drohen wohl beim Erstellen von Webseiten? Im
Hintergrund dudelt leise ein Radio, EinsLive, der lokale Sender für
alle unter fünfundzwanzig. Na ja, sagen wir mal zwanzig. Es läuft
Zlatko, der Star aus dem *Big-Brother*-Container. »Ich vermiss Dich
wie die Höööölle ...«.

So sah sie also aus, die Wildwirtschaft. Diese Momentaufnahme stammt, man ahnt es schon, aus einem Start-up. Eingefangen hat sie die *Welt* in den Büros der Firma Vaybee, einem Internetportal für in Deutschland lebende Türken. Auf der Seite sollte sich die dritte Generation zum Gedankenaustausch treffen, kostenlos natürlich. Also eine typische Geschäftsidee *anno boom*. Und auch optisch repräsentieren die Vaybee-Büros ganz gut den Zeitgeist: Das Chaos, die Zwanglosigkeit, die schmucklose Funktionalität – all das war typisch für die Wildwirtschaft. Bei ihrer Interpretation des Arbeitsplatzes wollten sich die jungen Gründer so stark wie möglich von ihren großen Geschwistern in der Deutschland AG abheben. Flure mit Namensschildern, Eifersüchteleien um Eckbüros, Tür-zu-Isolation – all das sollte bei den jungen Wilden passé sein. Dabei war man weniger von einem hippiemäßigen Kommunendünkel getrieben als vielmehr vom berühmten Motto des Architekten Frank Lloyd Wright: »Form follows function.« Wenn man bei eBay die Vorstände der Deutschen Bank an einer Tischtennisplatte empfing, dann nur, weil das der normale Konferenztisch war.

Anreise mit Schlafsack, Klappbett unterm Schreibtisch, Red Bull trinken und über Nacht ein Büronetzwerk einrichten – das war kein Klischee, sondern Alltag in vielen Start-ups. Einwanderer aus der Old Economy mussten sich an diese Hemdsärmeligkeit häufig erst gewöhnen: »Ich hatte vorher drei Assistenten und ein Vorzimmer – und plötzlich musste ich meinen Schreibtisch selbst zusammenschrauben«, erinnert sich Sima von Hoensbroech. Die Betriebswirtin war schon über einunddreißig, als sie 1999 bei dem Frankfurter Start-up Snacker einstieg. Für die resolute Brünette hätte der Kontrast nicht stärker sein können: Handfeste Wirtschaft war bisher ihr Geschäft gewesen. Schon zu Studienzeiten hatte die attraktive junge Frau einen schwunghaften Handel mit Seidenware aus Italien betrieben; sie brachte es damit bis zum eigenen Stand auf der Igedo. Später arbeitet von Hoensbroech bei der arrivierten Unternehmensberatung Kienbaum. Da gehört es natürlich nicht zu ihren Aufgaben, unterm Tisch rumzurutschen und Computer nebst Telefonanlage selbst zu konfigurieren. Und nun Snacker – eine Internetfirma, die heute noch vielen im Gedächtnis geblieben ist. Auf die Frage »Was war die beknackteste Idee der Internetzeit?«, antworten neun von zehn Veteranen heute: Snacker! Das Start-up verfolgte folgenden Plan: Man wollte über die eigene Webseite die lokale Imbisskultur einer Stadt bündeln. Chinamann, Pizzabäcker, Dönerbude – alle sollten auf einen Blick bei Snacker ihre Menüs feilbieten. Die Gründer wollten sich diese – im Grunde genommen überflüssige – Dienstleistung mit einer zehnprozentigen Umsatzbeteiligung bezahlen lassen. Soweit die Idee. Doch was Snacker so unvergesslich gemacht hat, war die Mischung aus bizarrer Idee und gleichzeitig total ernsthafter (und finanzstarker) Umsetzung. Einquartiert im renommierten IVC-Inkubator in Frankfurt, war das Start-up immer für eine Aufsehen erregende Marketingaktion gut – nur für die Telefonanlage schien kein Geld da zu sein. Ergo musste Frau von Hoensbroech auf Tauchstation gehen, um ihr Telefon selbst in den NTBA, TAE oder was auch immer zu stöpseln.

In der Wildwirtschaft war es nun mal selbstverständlich, dass die Mitarbeiter ihre Arbeitsmittel selbst in Schuss hielten. Freiwillig huldigte man dieser Do-it-yourself-Mentalität allerdings nicht – sie war aus der Not geboren. Vor allem vor der ersten Finanzierungsrunde krepelten viele Start-ups auf Sozialhilfeniveau herum. »Bei uns war das erste Meeting ein Sit-in – wir hatten keine Büromöbel«, erinnert sich Oliver Zeisberger, ehemalige Computernachhilfe der Genossen und mittlerweile Besitzer einer eigenen Agentur namens Barracuda. Später habe er einmal auf dem Boden geschlafen, weil die zwei zusammengeschobenen Bürostühle immer weggerollt seien. Anderswo ging es noch spartanischer zu. »Da haben wir drei Tage lang nur Gummibärchen gegessen«, überbietet Jens Leinert, Gründer der Frankfurter Firma Telemall, »und selbst die waren geschenkt!« Wie viele von diesen Storys in das Reich der Gebrüder Grimm gehören, ist heute nicht mehr nachprüfbar.

Doch Knappheit war allenthalben die Regel – vor allem beim Büroraum. Im Büro der Hamburger Netzpiloten arbeiteten zeitweise 60 Leute auf 150 Quadratmetern. »Das war unsere Bewerber-Vorauswahl«, lacht Gründer Wolfgang Macht heute. Das Prinzip: Jobkandidaten, die beim Reinkommen nicht gleich schockiert hintenüber fielen, waren so gut wie eingestellt. Doch der Platzmangel war keineswegs nur ein Problem deutscher Internetbuden: Das amerikanische Zentralorgan *Wired* ermittelte seinerzeit, dass dem typischen New-Economy-Arbeiter im Durchschnitt gerade mal 2,787 Quadratmeter Bürofläche gegönnt werden. Zum Vergleich: Selbst eine Gefängniszelle ist mehr als doppelt so groß. Oder anders gerechnet: Mit diesem Platzangebot schafften die Drohnen des Digitalzeitalters auf einer Fläche, auf der gerade mal drei Dixi-Toiletten Platz gehabt hätten.

Gegen Ende der Boomzeit wurde der reinrassige Start-up-Style natürlich vom Geld korrumpiert. Investoren stiegen ein und plötzlich war von Mangel keine Spur mehr. Angefixt von den Kapitalspritzen, begannen die Gründer, ihre Firmenzentralen lifestylemäßig auf Vordermann zu bringen. Das Büro lag danach immer noch im Industrie-Hinterhof, nur war der längst kernsaniert und zum repräsentativen Loft umfunktioniert. Möbel lieferte jetzt nicht mehr der Sperrmüll, sondern Vitra, und statt Plakaten von drallen H&M-Models dienten schmucke Mattglaswände als Raumteiler. Kurzum: Die Wildwirtschaft wurde domestiziert. Ehemalige Gründersymbole gab es nur noch als stilistisches Zitat. Pizza aß man zwar immer noch aus dem Karton, nur saß man jetzt dabei in der Bulthaup-Küche.

Bloß ansehen durfte man den Start-ups das neue Geld um Himmels willen nicht. Dann hätten die Investoren ja gedacht, die Gründer prassten. Nein, sie sollten in der Bundesliga kicken, mussten aber dabei nach Kreisklasse ausschauen. Aus dieser Schizophrenie ergaben sich groteske Situationen wie bei der Firma Versum. Mit diesem Internetportal wollten die Dickschiffe der deutschen Verlagslandschaft Holtzbrinck (*Handelsblatt*) und Springer (*Bild*) ins Geschäft mit Anzeigen im Internet einsteigen. Entsprechend konservativ wurde die Sache aufgezogen: altgediente Konzernheinis im Aufsichtsrat, kein Spiel & Spaß, nur sinnvolle Ausgaben für Betriebsmittel. Im Großen und Ganzen hielten sich die jungen Schlingel an der Spitze auch daran – bis auf eine Ausnahme: die Sofas im Foyer. Die hatte das Management für teuer Geld anfertigen lassen, so Rolf-Benz-mäßig, das Leder extra in der Firmenfarbe Hellblau gefärbt. Und genau diese kleine Extravaganz durfte der Aufsichtsrat nicht sehen.

Die Folge war ein bizarres Ritual: Immer am Abend vor der Aufsichtsratssitzung begann das große Sofarücken. Die Luxusteile wurden aus dem Foyer abgezogen und versteckt. Wirklich gut funktionierte die Verschleierungstaktik allerdings nicht.»Das war lächerlich. Man konnte noch genau die Abdrücke auf dem Boden sehen; außerdem gab es am Eingang dann keine Sitzgelegenheit mehr«, erinnert sich ein ehemaliger Manager. Jedenfalls wurden die Lederteile hastig in Büros und Abstellkammern verteilt. Ging man dann abends durch die Versum-Büros und sah, wie sich die Mitarbeiter in hellblauen Sesseln lümmelten, wusste jeder direkt: Morgen kommt der Aufsichtsrat.

Anderorts paarte sich die Gründer-Exaltiertheit völlig schamlos mit zu viel und zu leicht verfügbaren Mitteln. Feuerwehrrutschen zwischen den Stockwerken und ein Millionen Mark teurer Konferenzraum aus Aufblasmöbeln waren das Ergebnis (beides gab es bei der britischen Firma Clickmango wirklich). Die Botschaft nach dem warmen Geldregen lautete: Wir sind zwar stinkreich, aber immer noch lustig. Bei Yahoo trugen die Büros die Namen der sieben Zwerge. Ein kalifornisches Start-up benannte die Konferenzräume sogar nach berühmten amerikanischen Gefängnissen.»Hey, wir sehen uns nachher in San Quentin!« Ein Scherz, der später viel von seiner Komik einbüßen sollte.

Spiele ohne Grenzen

Um das ein für alle Male zu klären: Das Klischee vom Kickertisch stimmt. Eine absolut unrepräsentative Untersuchung unter
den Top-Internetbuden anno 1999 ergab: Selbst die seriösesten
Softwareschmieden hatten das Urgestein des Kneipen-Entertain-
ments in ihrer Kaffeeküche installiert. Und die ganz wenigen
Firmen ohne Tischfußball konnten zumindest mit einer Dartwand
aufwarten. Zu Recht ist der Kickertisch noch heute das Symbol für
Start-up-Romantik schlechthin. Denn er signalisierte einen funda-
mentalen Umschwung: Der Arbeitsplatz hatte sich zum Spielplatz
entwickelt. Work hard, play hard, hieß ab sofort das Motto. Der
homo oeconomicus war zum *homo ludens* mutiert. Neben einem
gewollten Infantilismus hatte die Sache aber auch einen ernsten
Hintergrund. Die jungen Gründer realisierten, viel früher als viele
Manager in der alten Wirtschaft, dass ihr Produkt – Ideen – nur in
einer zwanglosen Umgebung entstehen konnte. Der Mensch ist
nur da Mensch, wo er spielt, wusste schon Schiller. Oder in New-
Economy-Sprache: Nur wer ab und zu kickert, kann die nächste
coole Flash-Animation programmieren.

Keimzelle der Spielkultur waren in den meisten Firmen die
ausgeflippten Webdesigner und Softwareentwickler. Der einfache
Grund: Niemand konnte sie rauswerfen. Ihre Fähigkeiten waren
derart begehrt und knapp, dass jeder Chef sie gewähren lassen
musste. Und so entwickelten sich die Codehacker zu anarchischen
Zellen und Garanten für einen konstanten Spiel- und Spaßlevel.
Jede Woche war eine neue Mode angesagt, die sich aus der
IT-Abteilung (gleich: Ikea-Tisch mit vier T-Shirtträgern) oder dem
Webdesign (gleich: Ikea-Tisch mit vier Gepiercten) durch das
gesamte Unternehmen fortpflanzte.

Ein typischer Fruchtwechsel bei der Kölner Computergrafik-
firma noDNA sah zu Boomzeiten etwa wie folgt aus: Eine Woche
lang waren ferngesteuerte Autos angesagt. Ständig hörte man auf
den Fluren das »Summmmm« der kleinen Flitzer. Dann gab es im
Einkaufszentrum nebenan billige Imitationen des Roboterhundes

Aibo von Sony. Die musste natürlich auch jeder haben. Wau. Im
Sommer brach schließlich die Phase mit den Styroporfliegern an,
gefolgt von der Zimmer-Springbrunnen-Welle. Hier konnte man
auch gut die Wasserpistolen auftanken, mit denen sich die Programmierer im Sommer beharkten, während sie barfuß durchs
Büro tobten.

Dann gab es natürlich noch die Kickroller. Ab einer Bürogröße
von circa 100 Quadratmetern waren diese Fortbewegungsmittel
absolut unerlässlich. Jedes, aber wirklich jedes Start-up hatte in
irgendeiner Ecke mindestens einen Kickroller stehen. Bei der
kalifornischen Firma Cellmania allerdings geriet der Hype damals
völlig außer Kontrolle. Man könnte fast sagen: In dem Mobilfunk-
unternehmen drehte sich alles nur noch um die kleinen Tretmo-
bile. Sogar das Fortkommen der Mitarbeiter richtete sich nach
deren Rollerperformance: Wer zu Konferenzen in Übersee reisen
durfte, wurde in Kickroller-Wettrennen entschieden. Als Folge
eines Wettbewerbs zwischen Marketing und Ingenieuren brachte
man sogar Straßenmarkierungen mit Tempolimits auf dem Teppich an. Irgendwann, als alle 100 Angestellte mobilisiert waren,
gab es erste Staus auf den Gängen. Und gänzlich unerträglich
wurde die Lage, als sich die Kickroller den knappen Platz auch
noch mit ferngesteuerten Autos teilen mussten. Um weitere
Unfälle zu vermeiden, untersagte das Management seinerzeit,
beim Rollern mit dem Handy zu telefonieren.

Spaß, streng nach Vorschrift

»Gib Gas, ich will Spaß« hatten wir schon 1982 auf der Schul-
disco mitgegrölt. Wir fuhren zwar nicht Maserati, sondern höchstens Mofa, konnten uns aber trotzdem irgendwie mit Markus'
Sommerhit identifizieren. Was war falsch daran, nicht mehr ein
bisschen Frieden, sondern ein bisschen Fun einzufordern? Dieser
unbedarfte Hedonismus sollte sich als folgenschwere Prägung
erweisen: 16 Jahre später war aus der Neuen Deutschen Welle die

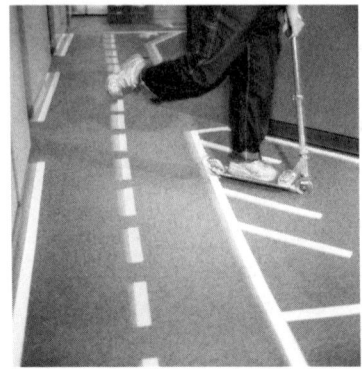

Achtung: Vorfahrt beachten!
Teppichmarkierungen für Kickroller und
ferngesteuerte Autos beim US-Unterneh-
men Cellmania
© Jason Langer

Neue Deutsche Wirtschaft geworden. Aber das Motto war dasselbe
geblieben, nur umgedreht: Gib mir Spaß, dann geb' ich Gas. Eine
Playstation im Pausenraum, mit MP3-Walkman entspannt vorm
Monitor sitzen oder auf Büropartys hemmungslos abfeiern – all
das waren plötzlich legitime Forderungen an einen Arbeitgeber im
Vorstellungsgespräch. Innerlich zuckte die alte Wirtschaft natürlich zusammen. Dienst sollte auf einmal nicht mehr nur Dienst,
sondern auch ein bisschen Schnaps sein? Unmöglich! Doch
schließlich beugten sich selbst die konservativsten Unternehmen
unserer Forderung nach Arbeit mit *Fun-Faktor*.

Und das war auch klug so. Denn ohne Spaß hätten wir die neue
Wirtschaft nicht aufbauen können. »Er war die Droge, die uns die
Müdigkeit hat vergessen lassen«, erinnert sich Peer-Arne Böttcher,
seinerzeit einer der jüngsten deutschen Internetunternehmer.
Böttcher war zu Boomzeiten immer eine Schlagzeile wert; und
wenn sein Unternehmen mal keine produzierte, dann zumindest
sein Alter: Gerade mal 22 Lenze zählte Böttcher beim Einstieg in
die Internetszene. Offen, selbstbewusst und mit einer gehörigen
Portion Jungencharme, den er sich bis heute bewahrt hat. Auch
der Hamburger Youngster ist nur durch Zufall ans Internet geraten.

Rückblick 1996: Ausgerechnet beim Bund kommt Abiturient
Böttcher zum ersten Mal mit dem Netz in Kontakt. Sein Kamerad

und späterer Geschäftspartner Lars Hinrichs hat gerade dem Bundesverteidigungsministerium seine erste Webseite programmiert – und dafür sogar die Ehrenmedaille der Bundeswehr bekommen. Ein Treffen, zwei Treffen, drei Treffen. Acht Monate später starten die beiden eine Firma, die mit Pressearbeit, Politik und dem Internet zu tun hat. Natürlich dreht man das große Rad. Was Böttcher und Hinrichs da auf die Beine stellen, könne »zum Vorbild für den Konzern des 21. Jahrhunderts werden«, schreibt das Magazin *brandeins* – ungewohnt vorsichtig im Konjunktiv.

Während der Boomzeit gründen die Kumpels insgesamt drei Aktiengesellschaften und sieben GmbHs, darunter die bekannte Böttcher Hinrichs AG. Die beiden Jungs, Jahrgang 1976, rollen die Internetszene an der Alster gründlich auf – mit Erfolg. Die *Wirtschaftswoche* ernennt Böttcher zum »bestvernetzten Jungunternehmer«, die *Bild* berichtet halbseitig über das dynamische Gründerduo, inklusive Foto mit Kickroller. »Wenn ich morgens aufstehe, habe ich zehn neue Ideen«, gab Böttcher seinerzeit in einem Interview zu Protokoll. Und verdammt viele davon hat der Youngster auch umgesetzt. Ohne gelegentliche Partys wäre dieses Vollgas-Tempo sicher nicht durchzuhalten gewesen.

Partys feiern und Spaß haben – das waren tragende Säulen der Internetwirtschaft. Die Obsession mit dem Fun-Faktor hatte aber auch einen ernsten Hintergrund: Arbeitspsychologen warnten schon seit Jahren, dass die Wissensarbeiter der Zukunft nur produktiv sein könnten, wenn das Umfeld den entsprechenden Fun-Faktor bietet – und konnten das sogar beweisen: Am berühmten Xerox-Forschungslabor in Palo Alto etwa, hier wurde unter anderem die Computermaus erfunden, sitzen die Computerfreaks nur 10 Prozent ihrer Zeit vor dem Rechner, ermittelte ein US-Wissenschaftler. Den restlichen Arbeitstag verbringen die Nerds damit, herumzualbern und im lockeren Gespräch mit Kollegen neue Ideen zu entwickeln.

Das ließ die alte Wirtschaft aufhorchen. Spaß macht die Mitarbeiter produktiver, versprachen Managementberater, und plötzlich wollte jeder *Fit for Fun* sein. Die Trendmunkler hoben sogar einen neuen Begriff aus der Taufe: Neben dem Point-of-Sale (Laden) gab es jetzt auch den Point-of-Fun (Arbeitsplatz). Das Ergebnis der Verspaßung fiel hier zu Lande allerdings eher bescheiden aus. Von der Geschäftsführung gestarteter Frohsinn war eher die Ausnahme. Die Berliner Agentur I-D Media etwa lud ihre Mitarbeiter regelmäßig in »kultige Szeneläden« (Zitat Unternehmenssprecher) ein, bei der Softwareschmiede Biodata fanden Fortbildungswochenenden auf Mallorca statt, genau wie die Weihnachtsfeier der Hamburger Agentur SinnerSchrader. Vielerorts wurden kostenlose Fitnessstudio-Mitgliedschaften versprochen, um das Humankapital buchstäblich *Fit for Fun* zu halten, oder man lud zu so genannten *retreats,* Zwangsausflügen für das obere Management, auf Almhütten ein. Hat die Höhenluft wirklich hoch fliegende Pläne befördert? Eher nicht, denn letztendlich wurde auf diesen *retreats* doch nur langatmig diskutiert. »Richtig Spaß hat dabei keiner«, verrät ein Manager vom Buchversand Amazon, einem amerikanischen und deshalb besonders retreat-wilden Unternehmen. Kurzum: In der deutschen New Economy gab es nur die domestizierte Version des Fun-Faktors: Spaß ja, aber bitte sinnvoll.

Nur die allerhärtesten Hardliner verschlossen sich dem Spaßdiktat. Für »Modeschrott« hielt etwa Fredmund Malik das ganze Gerede vom Fun im Job. Der Schweizer Managementguru wird uns noch häufiger als Spielverderber und Spaßbremse unterkommen. Menschen bei Laune zu halten sei die Aufgabe von Entertainern, nicht von Chefs, gab der Berater zu Protokoll. Auf die Frage, ob er denn Spaß an seinem Job habe, erwiderte Malik: »Das ist für mich nicht relevant. Ich habe Aufgaben zu erfüllen und meine Pflicht zu tun.« *Jawoll!* Wir standen innerlich stramm.

Solche Töne gab es im Silicon Valley natürlich nicht zu hören. Hier lag das Gravitationszentrum der Gaudi am Arbeitsplatz, das Land der unbegrenzten Witzigkeiten. Wer 2000 in der Datenbank der Jobbörse Monster nach Stellenanzeigen suchte, die das Wort »fun« enthielten, bekam folgendes Ergebnis: An der eher zugeknöpften Ostküste in New York gab es 444 Stellenangebote mit

Fun-Faktor, in San Francisco wurden 748 Positionen angeboten, die Spaß versprachen.

Insgesamt betrieben amerikanische Start-ups das Konzept auf dem höchsten Niveau, wie folgende Beispiele beweisen: Bei der Firma Human Dynamics in North Carolina wurde eine »durchgeknallte Stunde« ins Leben gerufen. Sobald die eingeläutet war, mussten sich die Mitarbeiter 30 Sekunden auf ihren Stühlen drehen, bis ihnen schwindelig war und sie fast unter den Schreibtisch gekippt wären.

Bei der Firma DWL in Toronto ging man die Sache noch systematischer an. Alle 150 Angestellten bekamen jedes Jahr einen Sonderbonus in Höhe von 1000 Dollar ausgezahlt – unter der Auflage, das Geld ausschließlich für spaßige Zwecke auszugeben. Eine Hypothek abzuzahlen oder womöglich in Altersvorsorge zu investieren war verboten. Im Hauptquartier der Firma, standesgemäß in einer umgebauten Klavierfabrik untergebracht, wurden die Fotos von den Aktivitäten öffentlich ausgehängt. Und wehe dem, der nicht ordentlich Spaß nachweisen konnte – solche Mitarbeiter bekamen Ärger mit dem hauseigenen Director of Fun.

Spaß, streng nach Vorschrift, vom Chef kontrolliert. Damit war die Grenze zum *Funatismus* erreicht. Auf der Suche nach motivierendem Frohsinn entwickelte sich vor allem in US-Firmen eine

»Das ist mein Spaßtisch – mein Schreibtisch steht nebenan. «
Karikatur: Mick Stevens
© Mick Stevens

regelrechte Spaßdiktatur – sehr zum Unmut der Betroffenen. Das Branchenmagazin *Business 2.0* griff das Thema im September 2000 unter der Überschrift »Sind Sie auch vom ständigen Spaß genervt?« auf. Im Artikel klagten gepeinigte New-Economy-Angestellte über ständigen Frohsinn und Teamterror am Arbeitsplatz. Ein gewisser Andy etwa, Mitarbeiter einer Telekommunikationsfirma, berichtete über seine Leiden auf einem Betriebsausflug nach Hawaii: »Am ›Spaßtag‹ mussten wir bescheuerte T-Shirts tragen und mit einem Aufblas-Hai zwischen den Beinen den Strand entlanglaufen. Ich wollte nur noch sterben. Es war wie in der Highschool.«

Wenn jeder Tag ein Freitag ist

An sein Vorstellungsgespräch bei der Jobbörse Monster erinnert sich Falk von Westarp noch gut. Dabei wäre er fast nicht eingeladen worden. Grund war seine Bewerbungsmappe, genauer gesagt: das Bewerbungsfoto. Darauf trug der Student brav einen dreiteiligen Anzug und Krawatte. Obendrein hatte er in irgendeinem Bewerbungsratgeber gelesen, man solle möglichst gewinnend lächeln, was das Foto endgültig zu einer Katastrophe werden ließ. Nur die Intervention eines Bekannten brachte die Geschäftsleitung von Monster dazu, diesen »Weichzeichnertyp«, wie sie ihn nannten, doch noch einzuladen. Und da saß Student von Westarp nun, aufgeregt, mit seiner Krawatte und seinem braven Dreiteiler – mitten im Pizza Hut in Wiesbaden. Hier fand nämlich das Bewerbungsgespräch statt. Ihm gegenüber zwei Jungs in seinem Alter, gekleidet, als würden sie, nun ja, so rumhängen. Noch bevor das erste Wort gefallen war, wusste Falk von Westarp, was zu tun ist: »Ich hab sofort die Krawatte abgemacht – und im Büro nie wieder umgebunden!« Heute ist er Director Marketing Central Europe bei TMP Worldwide/Monster.

Und alles nur, weil 1991 ein paar Amerikaner die Idee hatten, eine feste Kleiderordnung im Büro abzuschaffen. Man wolle sich ab sofort nur noch *casual*, also locker kleiden, beschloss das Management der Aluminiumhütte Alcoa damals in Pittsburgh. Ein folgenschwerer Entschluss. Denn binnen weniger Jahre sollte die abgeschwächte Form dieser Lockerheit einen Siegeszug rund um die Welt antreten. Überall wurde der Casual Friday ausgerufen, und plötzlich durfte jeder Mitarbeiter zum Wochenausklang schon mal die Klamotten tragen, mit denen er am nächsten Morgen den Rasen mähen wollte.

Wir haben die Sache natürlich begeistert aufgegriffen – aber nicht etwa, weil wir von Schlips und Kragen die Nase voll hatten. Als Kinder der Achtziger schätzten wir einfach einen edlen Zwirn. Und Überdruss war auch nicht im Spiel – ein Großteil des Personals der neuen Wirtschaft hatte schließlich noch nie irgendwo gearbeitet. Nein, die Zwanglosigkeit passte einfach zu unserem obersten Gebot: Anything goes. Im Nachhinein versuchten viele Soziologen die *casualisierung* der Geschäftskleidung zu einer Rebellion gegen die alte Garde hochzustilisieren, zu einer Art Neuauflage des 68er-Klassikers: Mutti verbrennt ihren BH, um gegen das Establishment zu protestieren. Doch in Wahrheit gab es nur einen Grund für den Abschied von Schlips und Kragen: Es war praktisch. Und wenn einer nur im T-Shirt gut programmieren konnte, dann sollte es eben so sein. Laisser-faire. Hauptsache lässig.

Für die alte Wirtschaft war das natürlich eine Riesensache. Wie jetzt? Wir dürfen tragen, was wir wollen? Modische Unsicherheit machte sich bei Siemens, Daimler und Deutscher Bank breit. Die Wirtschaftspresse witterte einen neuen Bildungsauftrag, nahm die desorientierten Manager bei der Hand und geleitete sie durch den Stildschungel. »So aussehen wie im Silicon Valley« titelte das *Handelsblatt* am 8.7.00 und rezitierte im Artikel darunter die passenden Kleidungsvorschriften. Die *Welt* behauptete im November 1999 zwar:»Deutsche Manager mögen es konventionell«, gab dann aber doch Tipps zum nicht-mehr-schwarzen Freitag. Besonders platt griff das amerikanische Magazin *Inc.* seinen Lesern unter die Arme. Auf einer Doppelseite beschrieben die Autoren eingehend, wie sich ältere Herren im Büro ab sofort zu kleiden hätten. Überschrift:»Wenn Sie ein Dotcom werden wollen, müssen Sie auch so aussehen.« Und ein Dotcom wollte schließlich jeder werden. Also an die Arbeit.

Hier die detaillierten Anweisungen:

– Frisur: Seitenscheitel ersetzen durch nach vorne gekämmte gelverstärkte Stehhaare. Dringend Ziegenbart wachsen lassen.

– Brille: Kontaktlinsen etc. wegwerfen. Stattdessen schwarzes Horngestell tragen, Marke: Clark Kent, bevor er zum Superman mutiert.

– Kleidung: Maßanzug/Maßhemd einmotten. Khaki-Hosen kaufen, dazu schwarze Kurzarmhemden. Natürlich oben mindestens zwei Knöpfe offen lassen.

– Schuhe: Allen Edmonds oder andere Lederschuhe sind passé. Im Winter Turnschuhe, im Sommer Sandalen tragen.

– Visitenkarten: ganz schlecht. Am besten durch Palm mit Infrarotschnittstelle ersetzen. Auch möglich: freakiges Design mit abgefahrenem Titel (Chief Visionary Officer).

»Wir fühlten uns ziemlich einmalig mit unseren drachenbestickten Baggy-Hosen, Fahrradkuriertaschen und Logo-Schlüsselbändern«, erinnert sich Wolfgang Macht an sein Erscheinungsbild während der New Economy. Zugegeben: Seine Firma Netzpiloten war klamottenmäßig von jeher am extremen Ende angesiedelt. Die hier angestellten Szenemenschen aus dem hippen Hamburger Schanzenviertel huldigten einer Art des säkularisierten Streetlook, die dem amerikanischen *Inner Cities* deutlich näher war als der Volkswirtschaftlichen Fakultät. Sozusagen eine Prada-Version des Hip-Hop.

Doch auch die alte Wirtschaft erwärmte sich nach und nach für den neuen Dresscode – notgedrungenermaßen. Schließlich merkte die Flanellfraktion, dass ihr traditioneller Kommunionsanzug-Look weder bei der jungen Kundschaft noch bei prospektiven Mitarbeitern ankam. Es half nichts, man musste modisch aufholen, um attraktiv zu bleiben. Vorne in der textilen Revolution mit dabei war zum Beispiel die Dresdner Bank, die ihr grünes Band der Sympathie scheinbar gegen eine gehörige Portion Anarchie eintauschen wollte. Im Juli 2000 warb das Kreditinstitut mit folgendem Motiv in ganzseitigen Zeitungsanzeigen für seine Dienste: Der tätowierte Torso eines jungen Mannes, in einem schwarzen T-Shirt mit der Aufschrift »Revolution«. Und als ob das noch nicht genug Zeitgeist wäre, legten die Banker eine Unterzeile hin, die im typischen Dotcom-Dadaismus geradezu schwelgte: »e-commerce, e-banking: e-asy«.

Auf einmal waren in den biedersten Buden selbst auf Vorstandsebene Cargohosen (die mit den aufgesetzten Taschen an der Seite) und Camper-Turnschuhe anzutreffen. Außerdem stand man in der New Economy auf alles aus Polyester, mit Reißverschlüssen und weichen Sohlen. Schweres Gepäck transportierte man in Yak Bags, diesen Rucksäcken mit einem Träger quer über die Brust. Und sich selbst am besten mit einem Smart. Den Bildschirm auf dem Schreibtisch zierte ein *Monimal* (ein Kunstwort aus Monitor und Animal). Diese Plüschtierverkleidungen sollten der Bildschirmarbeit ein, nun ja, tierisches Antlitz verleihen. Bevorzugte Modelle waren Kuh mit Plüschhörnern und Elch mit Geweih. Typische Reaktion des weiblichen Geschlechts: »Wie süüüüüß!« Monimals wurden vor allem von Frauenverstehern berechnend eingesetzt.

Apropos Frauen: Die weiblichen Mitarbeiter durften jetzt in Tigerrock oder Schlaghosen mit roter Schlangenlederoptik im

Mit dem grünen Band der Anarchie
Werbemotiv der Dresdner Bank, 2000
© www.haegele.com

51

Büro auflaufen. »Das war wie jeden Tag Karneval«, lacht eine
ehemalige PR-Chefin aus der Kölner Medienszene. Überflüssig zu
erwähnen, dass die Firmen mit der modischen Experimentier-
freude ihrer Mitarbeiter gerne hausieren gingen. Buchstäblich
bunte Hunde zu haben galt als Beleg für die Modernität des Hauses. So sah der typische Amazon-Mitarbeiter, geschminkt und mit
blauen (!) Haaren, in Presseberichten immer aus, als habe man ihn
jüngst als Roadie bei der New-Metal-Kapelle »Limp Bizkit« rausge-
worfen.

Eine echte Massenbewegung wurde die neue Lässigkeit hier zu
Lande trotzdem nie, obwohl die *Financial Times Deutschland* im
Juni 2000 orakelte, der Trend gehe nunmehr zum »everyday
casual«. Anzüge waren längst nicht überall verpönt – auch nicht in
Start-ups. Oliver Sinner etwa hat selbst zu Boomzeiten nie auf
seinen dunklen Einreiher verzichtet, dafür allerdings auf seine
Socken. Und das betrieb und betreibt der nach eigenen Angaben
»sehr eitle« Internetgründer mit großer Konsequenz. Selbst in den
höchsten Höhen der Hochfinanz ließ sich Sinner nicht von seinem Don-Johnson-Look abbringen. Die altehrwürdige Bank Salo-
mon Smith Barney schenkte ihm dafür sogar einmal ein einge-
rahmtes Paar Socken. Inschrift auf dem Rahmen: »The Secret of
Sock-less«

Das größte Missverständnis in Sachen Casual Friday war, dass
man Lässigkeit mit Regellosigkeit verwechselte. Denn echtes
anything goes gab es nur bei den kleinen Start-ups. Sobald das
Unternehmen wuchs, traten Selbstorganisationskräfte ein. Plötzlich gab es implizite Regeln, welche Art von Zwanglosigkeit ab
sofort erlaubt war. Die Grenzen wurden neu gezogen, nur weniger
sichtbar: So waren Polohemden okay, aber nicht in rosa. Der Vorstand durfte beige Stoffhosen tragen, aber keine Jeans. Ältere
Manager waren einigermaßen verwirrt und konsultierten zunehmend Kleidungsberater, die sich auf die Tücken des Casual Friday
spezialisiert hatten. Am Ende dieser Entwicklung stand dann meist
ein freiwilliger Konformismus, der dem Einheitslook von früher in

nichts nachstand: Jeder Mann trug hellblaue Oxford-Hemden und beige Stoffhosen. Jeder. Diese so genannten Khakis waren die New-Economy-Uniform schlechthin. Nach Angaben des Marktforschungsunternehmens NPD, New York, erreichten die hellen Hosen im Jahr 2000 ihr historisches Allzeit-Verkaufshoch. Danach ging es nur noch bergab, und selbst spezielle Modelle konnten die Khakiwelle nicht wiederbeleben. Auch die *Mobile Pants* der Marke Dockers hatten höchstens Kuriositätenwert. In die Beinkleider eingenäht waren sieben versteckte Taschen – für all die modernen elektronischen Helferlein von Handy bis Palm. Der echte Nerd entschied sich 1999 eher für dieses Accessoire: Den e-Holster – eine Art ledernes Schnellzieh-Futteral für Mobiltelefone. Ruft da jemand Geek-Alarm?

Am lustigsten war es mitanzusehen, wie die alte Wirtschaft dem Zug atemlos hinterherspurtete. Da gab es zum Beispiel die Gründer des Unternehmens Interhyp, zwei gestandene Banker mittleren Alters. Bei jedem Gründertreffen hätten die Herren ein weiteres Kleidungsstück abgelegt, berichtet ein Insider. Erst Krawatte ab, dann Sakko aus und so weiter. Und viele ihrer Alterskollegen taten es ihnen gleich. Welche Kleidung zu welchem Anlass angemessen war – dafür verloren die Oldies schnell das Gespür. Unrühmlicher Höhepunkt dieses Casual Chaos war die Pressekonferenz zum Zusammenschluss von Bertelsmann mit der Musiktauschbörse Napster. Deren Chef, der 19-jährige Collegestudent Shawn Fanning, erschien dem Anlass angemessen im dunklen Anzug mit Krawatte, sah smart und ernst aus, kurz: ein würdiger Vertreter unserer Generation. Der Boss des Gütersloher Medienriesen, Thomas Middelhoff, dagegen lief selbst zum Millionendeal wie üblich ohne Schlips auf. Peinlich. Der Krampf »alte Garde versus neue Garderobe« wurde endgültig unerträglich, als Middelhoff sich für die Fotografen auch noch ein Napster T-Shirt vor die unbeschlipste Brust hielt. Fanning stand unangenehm berührt daneben, die Hände wie zum Freistoß vor dem Gemächt

gefaltet, und rückte verlegen schrittchenweise von Middelhoff ab.
So als wollte er sagen:»Bleib mir vom Hals mit deinem T-Shirt!«
Bei den jungen Angestellten selbst kam der Schlips-Strip übrigens gar nicht so gut an. Manche Youngster unterwarfen sich nur ungern dem Zwang zur Zwanglosigkeit. Ihnen war es peinlich, Kunden aus konservativen Branchen im Sweatshirt gegenüberzutreten zu müssen. Ein Mitarbeiter aus dem Amazon-Management erinnert sich an viele solcher Situationen:»Ich hätte gerne mehr Anzüge getragen.«

Arbeit ist das ganze Leben

»Nichts Großes wurde jemals zwischen neun und fünf geschaffen!« Man merkt sofort: Henry T. Nicholas III. schockiert gern. Und auch dieser Ausspruch passt mal wieder zu dem exzentrischen Unternehmer. Doch man kann sagen, was man will: Nicholas der Dritte lebt vor, was er predigt. In seiner Firma Broadcom hat der Bodybuilder und Ferrarifahrer seine Idee vom Rund-um-die-Uhr-Arbeiten konsequent durchgesetzt. Stolz diktiert er den Reportern von *Fortune* im September 1999 seine Tagesagenda. Letzter Punkt auf der Liste: Mitarbeiterversammlung, Uhrzeit: 12 Uhr nachts! Der Chef selbst schläft nie länger als vier Stunden. Auch sonst macht Nicholas der Dritte übrigens gern als Exzentriker auf sich aufmerksam. So gerät er ständig mit der Polizei an seinem Wohnort Laguna Hills aneinander. Einmal wegen unangemeldeter Rockkonzerte in seinem Garten, ein andermal, weil er geheime unterirdische Gänge unter seinem Haus ausheben will – ohne Baugenehmigung. Das nur nebenher.
Arbeit ist das ganze Leben – so wie Provokateur Nicholas dachten damals viele. Seine Arbeitseinstellung war typisch für die Wildwirtschaft: Nirgendwo offenbarte sich die *Viel*osophie der neuen Wirtschaft so ungeschminkt wie beim Thema Arbeitszeiten. Ähnlich wie bei Werbung, Marketing und Anschubkapital war damals mehr einfach mehr. Das Klischee vom verrückten, jugend-

lichen Start-up, bei dem die Mitarbeiter bis zum Morgengrauen schuften oder gleich unterm Schreibtisch schlafen – es stimmte. »Bei uns war von 9 bis 20 Uhr Anwesenheitspflicht«, berichtet Snacker-Marketingfrau von Hoensbroech, »und zwar jeden Tag«. Und auch bei Dooyoo in Berlin wurde ordentlich rangeklotzt. Um ungestört von lästigem Sozialkram wie Freunden und Familie ihre Firma aufbauen zu können, siedelten die Gründer sogar extra von Köln in die Hauptstadt über. Das Konzept ging auf. Selbst nach zwei Jahren hatte Mitgründer René Kaute »absolut nichts« von Berlin gesehen – außer dem Dooyoo-Büro.

Eine E-Mail vom Chef, gesendet um 5 Uhr morgens, war auch beim Anzeigenportal Versum in Düsseldorf keine Seltenheit. Darauf angesprochen, lautete der Kommentar des Vorstands: »Ich hab' um zwei noch den Soundso auf dem Gang getroffen. Na ja, und dann haben wir uns eben verquatscht.«

Die Idee von einer vernünftigen Work-Life-Balance war damals noch weitgehend unbekannt. Anders ist es jedenfalls nicht zu erklären, dass öffentlich regelrechte Überbietungswettkämpfe nach Kindergartenmanier stattfanden. Ich arbeite länger! Nein, ich! Die Zeitung *Net-Business* gab den Webklitschen dafür im Januar 2001 sogar ein Forum. Auf einer ganzen Seite durften Start-ups erzählen, was bei ihnen abends um 11 so alles los ist. Logisch, dass da ein Gründer fitter als der nächste war. »Wenn ich richtig müde werde, lege ich mich eine Viertelstunde unter den Tisch«, erzählt eine Angestellte von 12snap.com, heiter wie ein Kind, das sich freut, endlich mal lange aufbleiben zu dürfen. Ein Vorstand der Firma Interway.net lässt vernehmen, dass einige der Angestellten immer bis zum Morgengrauen an ihren Schreibtischen sitzen. Für ihn war das ein klares Indiz: »Bei uns geht es bergauf.« Die perfekte Erklärung für all die Nachteulen lieferte der Chef von Preis24.de: »Die Konkurrenz schläft auch nicht.« Und damit hatte er wahrscheinlich sogar recht.

Dabei passt der unverhohlene Workaholismus gar nicht zum Anspruch der Start-ups. Wollte man nicht nach Leistung beurteilen, statt in Old-Economy-mäßige Stechuhrmentalität zurückzufallen? Man wollte. Und auch viele Angestellte wollten das. Doch oft gingen die Chefs, selbst unorganisierte Chaoten, mit schlechtem Beispiel voran. Wer um 8 Uhr abends das Büro verließ (New-Economy-Sprechweise: früh Schluss machte) kassierte von so manchem Chef einen vorwurfsvollen Blick. »Hier arbeiten nur Workaholics; die wissen gar nicht, was sie zu Hause sollen«, polterte der Vorstand von Preis24.de sogar in der Presse. Welcher Mitarbeiter wollte sich da noch als Freund von Feierabend und Privatleben outen? Anderswo wurde nicht auf Gruppendruck, sondern unverhohlenen Zwang gesetzt. So schickte der Finanzvorstand der US-Firma MyLackey.com im Juni 2000 folgende Mail an seine Angestellten: »Es ist jetzt Viertel vor sechs, und es sind nur noch 15 von 60 Mitarbeitern im Büro. Das ist völlig inakzeptabel.«

Die alte Wirtschaft war natürlich hoch erfreut über den neuen Arbeitskult und griff ihn bereitwillig auf. So warb Siemens im Sommer 2000 für seinen tragbaren Minicomputer Typ IC-35 mit folgendem Motiv: Junges Pärchen im Urlaub. Sie: schön, blond, mit Taucherbrille, ihr Dekolleté unscharf im Vordergrund. Er dahinter: scharf, allerdings nur auf die Gerätschaften, die er vor sich liegen hat: Handy und Organizer. Dazu die Bildunterschrift: »Der erste Urlaub in 3 Jahren. Und Dich interessiert nur, wie die Präsentation lief.« Arbeit war eben das ganze Leben.

»Der erste Urlaub in drei Jahren ...«
Siemens-Werbung, 2000
© Siemens

Zugegeben: Es gab auch Start-ups, die diesem Anwesenheitskult nicht huldigten. Bei den Netzpiloten oder 4Content setzte man lieber auf Organisation, um überlange Arbeitstage zu vermeiden. Viel Stress, viel Ehr' galt hier nicht. Doch das waren Ausnahmen. Überwiegend haben die Ex-Mitarbeiter der Wildwirtschaft aus der wilden Zeit nur flimmernde Bildschirme und halb kalte Pizza in Erinnerung.

Als erstes Ventil für die Unzufriedenen gab es damals die Webseite Netslaves.com, betrieben von zwei frustrierten amerikanischen Dotcommern. Hier konnten die Herren der Augenringe ihre persönlichen Horrorstorys aus der digitalen Tretmühle abladen. Später machten die Seitenbetreiber sogar ein Buch aus den Geschichten. In *Computersklaven* begegnen dem Leser eine Menge trauriger Gestalten aus dem Silicon Valley. Zum Beispiel die Online-Redakteurin Jane, die – völlig übermüdet – im Oktober 95 im richtigen Moment den falschen Knopf drückt: Damit erklärt sie den US-Footballstar O.J. Simpson fälschlicherweise für schuldig. Für sie war es natürlich die letzte Überstunde in der Dotcom-Industrie.

Karoshi, so nennt der Japaner den Tod durch Überarbeitung. Wie sich später herausstellte, waren viele Gründer hier zu Lande nach zwei Jahren Internetboom davon nicht mehr weit entfernt. In weiser Voraussicht nahm der Duden-Verlag das Wort 2001 schon mal in sein neues Nachschlagewerk auf: allerdings nicht in den gelben Standardwälzer, sondern in das neue *Wörterbuch der New Economy*. Zu diesem Werk später mehr.

Zum Glück gab es niemals einen belegten Fall von Karoshi in Deutschland. Doch so souverän, wie sie immer taten, steckten die Gründer den Schlafmangel nicht weg. Selbst beim aufgewecktesten Jungunternehmer ging der Non-Stop-Nonsens irgendwann an die Substanz. So musste auch Thomas Dyckhoff, engagierter Finanzvorstand der SinnerSchrader AG, zu Boomzeiten einmal vor Morpheus kapitulieren. Irgendwann 1999, in einem ultrawichtigen Treffen mit Investoren, fielen dem sonst so zuverlässigen und korrekten Banker einfach die Augen zu. Das war sie also, unsere neue, gründlich überarbeitete Auflage der Wirtschaft.

Fünf Freunde, das sind wir

»...Julien, Dick und Anne, George und Timmy der Hund.« Wer seine Kindheit wenigstens zum Teil in den Siebzigern verbracht hat, kann die Melodie im Schlaf mitsingen – inklusive des metrisch zweifelhaften »Ti-himmy, der Hu-hu-hund«. Am Anfang jeder *Fünf-Freunde*-Hörspielkassette erklang dieser Ohrwurm des deutschen Komponisten Carsten Bohn. Und irgendwie hat sich der Song in unsere Hirne unlöschbar eingebrannt. Anders ist es nicht zu erklären, dass zu Zeiten der New Economy kein Bild so häufig strapaziert wurde wie das der *Fünf Freunde*. Die Gründer waren angeblich so wie Enid Blytons jung-dynamisches Detektivteam – nicht einfach nur Kollegen, sondern dicke Freunde eben. Unter diesem Klischee wurde allerhand subsumiert, was die Kultur der neuen Unternehmen ausmachen sollte: locker und intim miteinander umgehen, flexible Arbeitszeiten, flache Hierarchien. Alle werden gleich behandelt, der Chef ist nicht länger Vorgesetzter, sondern Kumpel. Überall geht es demokratisch und harmonisch zu. In der kapitalistischen Krabbelstube wird per Zuruf gemanagt, Dienstwege sind abgeschafft, genau wie Verbote und Vorschriften. Wobei wir wieder beim Song und »Ti-himmy« sind: Schließlich durfte ja in der neuen Wirtschaft plötzlich jeder seinen Hund mit zur Arbeit bringen.

Die jungen Unternehmen selbst gaben ihr Bestes, um dieses Friede-Freude-Eierkuchen-Klischee zu befördern. Bei Dooyoo bekamen alle Mitarbeiter 5000 D-Mark Einheitsgehalt. Überall wurde peinlich genau darauf geachtet, dass alle einen gleich kleinen Schreibtisch im Einraumbüro hatten. Das Duzen wurde zur Religion erhoben und ad absurdum praktiziert. Besonders hartnäckig stellte sich dabei Oliver Samwer, jugendlicher Chef von eBay Deutschland an. Für ihn schien das »Sie« überhaupt nicht zu existieren. Anlässlich einer Podiumsdiskussion auf der Computermesse Systems anno 2000 machte er selbst vor hoher Politik nicht halt: »Du, Erwin«, sprach er den bayerischen Staatsminister Huber an. Dieser schluckte kräftig, blieb bei seiner Antwort aber beim Sie.

Überhaupt bediente und bedient Samwer die Start-up-Klischees perfekt: Seine neue Firma Jamba managt er gemeinsam mit seinen Brüdern Marc und Alexander – eine exemplarische Umsetzung des Kumpelprinzips. Alle Brüder sind Mitglieder des Vorstands. Das ist allerdings noch nichts im Vergleich zur amerikanischen Softwarefirma Pervasive. Hier hatte Chef Ron Harris kurzerhand alle Angestellten zum Vorstandsvorsitzenden ernannt. Stolz wie Oskar verteilten die Mitarbeiter zu jeder Gelegenheit ihre Visitenkarte mit dem Titel: CEO, Chief Executive Officer.

Eine besonders rührselige Variation des Freundethemas verbreitete die Firma Versicherungsladen.de noch im Januar 2001. Unter der Überschrift »Das Gründerduo aus dem Sandkasten« servierte man den Journalisten eine Pressemitteilung, die nur so vor Kumpelpathos triefte. Das Geschäftsmodell der Firma, eine Art Übersichtsseite für Assekuranzdienste, wurde in vier Zeilen abgehandelt. Den Rest der Seite füllte ein sülzige Story über Gerhard und Peter, die schon als Steppkes gemeinsam auf Unternehmer gemacht hatten. Mit sechs beziehungsweise sieben Jahren betrieben sie gemeinsam ein Kinderkino und führten den Kindern aus der Nachbarschaft Super-8-Filme vor. Wie süß. Gipfel des Rührstücks war das Formular zum Anfordern von Fotos. »Bitte senden Sie mir ein Foto der beiden Gründer zu:

◯ Kinderfoto,

◯ aktuelles Foto

Wunschmotiv bitte ankreuzen.

Natürlich waren viele der Boyband-Geschichten völlig überzogen. Doch zu sagen, die Start-ups hätten keine Vision von einer humanen Arbeitswelt gehabt, wäre auch falsch. »Wir wollten Leute einstellen, die zu uns passten, unabhängig von deren Qualifikation.« So beschreibt Wolfgang Macht seine damalige Idee von Personalpolitik. Die jungen Gründer wollten anders sein. Mitarbeiter sollten gemeinsam lernen, eine Art von Netzwerk aufbauen, in dem keine auf ewig festzementierten Arbeitsplatzbeschreibungen existierten. Heute gibt der Chef der Netzpiloten zu, dass dieses »große Experiment« wohl etwas naiv war. »Wir haben tatsächlich gelernt. Aber was rauskam – die Matrix-Organisation –, hätte man genauso gut auch aus dem Lehrbuch abschreiben können.«

Auf das Freundeprinzip setzte man bei den Netzpiloten, wie bei vielen anderen Firmen, nicht. Und das war auch gut so. Im Nachhinein stellte sich nämlich heraus, dass gerade jene Start-ups am Ende reüssierten, die eben nicht als Weltmarktführer aus der Wohngemeinschaft auftraten. Ein gutes Beispiel dafür ist die Firma SinnerSchrader, gegründet von Oliver Sinner und Matthias Schrader. Die Hamburger Agentur gibt es heute noch; sie bedient mittlerweile so hochkarätige Kunden wie DaimlerChrysler, Tchibo und den Tourismuskonzern TUI. Was macht den langfristigen Erfolg aus? Vielleicht auch ein bisschen das, was Oliver Sinner so beschreibt: »Schrader und ich, wir haben uns in sechs Jahren nicht ein einziges Mal privat getroffen.«

Richtig funktioniert hat das Kumpelprinzip ohnehin nur selten. Spätestens nach der ersten Kapitalspritze hoben die meisten Gründer ab. Mit Hierarchiefreiheit wollte man plötzlich nichts mehr zu tun haben. An einen solchen Wendepunkt erinnert sich auch Oliver Zeisberger, zwischenzeitlich freier Mitarbeiter bei der Kölner Internetfirma Pironet. Homepages für Unternehmen zu gestalten war sein Job; da dieses Geschäft schon ganz gut lief, unterstanden dem Studenten mehrere Mitarbeiter. Eines Tages wurde aus heiterem Himmel ein Meeting einberufen. Im Konferenzraum teilte der Vorstandsassistent an jeden Mitarbeiter einen Umschlag aus. Er enthielt einen einfachen Zettel mit dem neuen

Organigramm – und einen Schock für Zeisberger:»Der Mitarbeiter, dem ich 10 Minuten vorher noch gesagt hatte, was er tun soll, war plötzlich mein Vorgesetzter!« Der Youngster zieht sofort die Konsequenzen: Zeisberger verlässt auf der Stelle Konferenzraum und Firma, um seine eigene Agentur Barracuda zu gründen.

Auch in der egalitären Wildwirtschaft waren einige Mitarbeiter eben gleicher als andere.»Viele Gründer haben sich als Erstes Visitenkarten mit der Funktionsbezeichnung ›Vorstand‹ drucken lassen«, darüber lacht Lars Watermann noch heute. Zu Boomzeiten war er geschäftsführender Gesellschafter bei der IT-Beratung Compartner in Düsseldorf und beriet Start-ups beim Aufbau ihres Geschäfts. Selbst in der ach so kumpelhaften Firma eBay gab es kleine, aber feine Abstufungen. So stand auf Oliver Samwers Visitenkarte zu lesen:»Managing Director Europe«. Darauf angesprochen zu werden, war dem notorischen Duzer und T-Shirtträger immer voll peinlich. Samwer murmelte dann etwas von wegen »die Amis wollen das so«.

Und auch von Harmonie war in manchen Internetfirmen nur wenig zu spüren. Ganz im Gegenteil: Sind Großkonzerne schon ein Haifischbecken, war die New Economy ein Aquarium voll Piranhas nach drei Wochen Brigitte-Diät. Die Mischung aus hyperkompetetivem Business, Männerwirtschaft und ständigem Aufeinanderhocken schaffte vielerorts ein Klima, das nichts für Zartbesaitete war.»Das Grausamste waren die Gründermeetings«, erinnert sich Sima von Hoensbroech von Snacker. Jeden Donnerstag von 18 Uhr abends bis teilweise 3 Uhr morgens fanden diese Treffen zwischen angeheuertem Vorstand und alteingesessenen Gründern statt. Hier flogen regelmäßig die Fetzen. Man schenkte sich nichts, von Hoensbroech:»Die Gründer haben tief im Aktienrecht gekramt, um quer zu schießen.« Schon die banalsten Probleme entwickelten ungeheure Sprengkraft. So sorgte etwa die Frage, welchen Look denn nun das Firmenmaskottchen Manga haben soll, für einen Mega-Eklat. Blond, blau oder vollbusig – diese Entscheidung hätte um ein Haar das Unternehmen gesprengt.

Diese Unfähigkeit, richtig zu priorisieren, war symptomatisch für damalige Start-ups.

Fun, Familie und flache Hierarchien waren eben längst kein Garant für ein freundliches Miteinander. Im Gegenteil: Je näher man aufeinander hockte, desto mehr wurde intrigiert, angekeift und abserviert. In der Wochenzeitung *Net-Business* schilderte ein Webdesigner das Problem: »Hier private Offenbarungen und Drogenkonsum, dort Gehaltsforderungen oder Kritik am Führungsstil.« Das passte einfach nicht zusammen. Und auch das pseudodemokratische Jeder-redet-mit-Jedem führte in manchen Firmen zu einer gigantischen Gerüchte- und Intrigenküche. *Homo homini lupus* vom Feinsten. Aus dem geplanten Miteinander wurde ein universales Gegeneinander. Spätestens auf dem Weg nach unten sollte sich die unerträgliche Leichtigkeit dieses Scheins offenbaren.

Das war die dunkle Seite der Wildwirtschaft. Man beharkte sich, so gut es ging. Aber auch zwischen Unternehmen wurde der Wettbewerb alles andere als kuschelig ausgetragen. Die Konkurrenz hat das bessere Produkt? Kein Problem, wir werben einfach mit viel Kohle alle Softwareentwickler ab. Du willst dich mit einer Idee selbstständig machen? Klar, viel Spaß (dringende Nachricht an alle: Sofort selbst ein ähnliches Produkt auf den Markt bringen).

Ganz fies betrieben die Großkopferten ihr Geschäft: So gab der Chef der Softwarefirma Oracle im Jahr 2000 zu, Detektive auf Unterstützer der Konkurrenz von Microsoft angesetzt zu haben. Er ließ sogar deren Mülltonnen durchwühlen. Die Firma Broadcom von Workoholiker Nicholas dem Dritten quetschte aus Jobbewerbern systematisch Industriegeheimnisse heraus und wurde später dafür sogar gerichtlich belangt. Kurzum: Besonders rheinisch präsentierte sich der neue Kapitalismus vor der Jahrtausendwende nicht. Au contraire: Gegen Ende des Booms zeigte sich, dass die neue Wirtschaft kein Deut besser als die alte war. Schade.

Management – ein kurzes Kapitel

Stellen Sie sich folgende Situation vor: Sie sitzen am Steuer eines Jumbo-Jets, der mit 900 Sachen auf die Landebahn zurast. Sie sind noch nie zuvor geflogen, alle Hebel, Knöpfe und Lämpchen haben absolut keine Bedeutung für Sie. Es ist dunkel und neblig; Sie können nicht sehen, was vor Ihnen kommt oder hinter Ihnen liegt. Immer steiler wird der Sturzflug, immer schneller rast die Maschine auf den Boden zu. Kurs ändern? Eine Illusion. Sie schaffen es mit wildem Zerren am Steuerknüppel gerade mal, die Maschine auf Kurs zu halten. Und zu allem Überfluss sollen Sie jetzt auch noch eine fröhliche Ansage an die Passiere machen ...

So oder so ähnlich müssen sich die jungen Gründer gefühlt haben. Gerade eben waren sie noch auf der Uni gewesen, studierten gemütlich vor sich hin, lebten in WG oder Wohnheim und rösteten ihren Morgentoast auf einem Bügeleisen. Als Abschluss peilten viele das an, was im Frankfurter Uni-Slang »Unternehmer-Examen« genannt wurde: Wirtschaftsinformatik studieren, mit Soziologie im Nebenfach. Mit dieser Fächerkombi konnte man nämlich in BWL eine Fünf kassieren und bekam trotzdem noch sein Diplom.

Kurzum: Von Betriebswirtschaft und Menschenführung hatten die Youngster keine Ahnung. Wie auch? Bis vor kurzem mussten sie sich ja noch nicht einmal selber führen. Und plötzlich, fast über Nacht, wurden sie Unternehmer, hatten Millionen auf dem Konto und waren für Hunderte von anderen Menschen verantwortlich. Auf einmal erwarteten Investoren, Angestellte und Öffentlichkeit, dass sie sich wie richtige Manager aufführten. Und das war schlichtweg zu viel verlangt.

Management in Webfirmen – das ist ein kurzes Kapitel. Denn die schlichte Diagnose lautet: In vielen Start-ups gab es kein Management. Die Gründer flogen blind. Gerade mal 22 war Peer-Arne Böttcher, als ihm Megakonzerne wie Gruner & Jahr zweistellige Millionenbeträge für seine Firma überwiesen. Hier, nun mach' mal, wiesen die alten Herren an. Da saß er nun und sollte eine

Holding, eine Aktiengesellschaft und drei Tochterfirmen leiten
– ohne Ausbildung oder Berufs-Know-how. »Plötzlich war echte
Managementerfahrung gefragt«, erinnert sich der Jungunterneh-
mer an diesen Schock. Aber die Net-Generation wäre nicht die Net-
Generation, wenn sie vor dieser Herausforderung gekniffen hätte.
»Wenn es hieß: ›In fünfzehn Minuten reden wir über die Finanz-
planung‹, dann hat man halt 'ne Viertelstunde im Web über das
Thema recherchiert«, witzelt Böttcher heute.

Damals hatte er nicht so gut lachen. Allein 400 E-Mails prassel-
ten täglich auf ihn ein, und am Ende eines Tages wusste er nicht
mehr, was er überhaupt getan hatte. Und so ging es vielen seiner
Gründerkollegen. Zeit für Managementseminare fand kaum
jemand. Warum auch? Denn heute in Qualifikation zu investieren
bedeutete im Paralleluniversum der Webwirtschaft: Ein Tag ging
verloren, an dem man keine Megadeals abschließen konnte. Und
so beschränkte sich Weiterbildung in vielen Start-ups darauf, ein
Handbuch über den Kickertisch zu reichen, mit dem Kommentar:
»Das musste bis morgen draufhaben!«

Schnell rächte sich, dass die jungen Unternehmer so viel auf
Kumpanei und so wenig auf Kompetenz gesetzt hatten. Eine
Panne jagte die nächste, die Geschäftsführung war rund um die
Uhr mit Feuerlöschen beschäftigt. So stellte sich zum Beispiel bei
einem großen Frankfurter Start-up einen Monat nach der Gründung heraus, dass der Technikvorstand keinen blassen Schimmer
von Programmierung hatte. In aller Hektik wurden teure Inder
eingeflogen, die das Problem in letzter Sekunde lösten. Vor allem
die fehlende Erfahrung in puncto Menschenführung machte den
Youngstern – und ihren Untergebenen – zu schaffen. Eklatante
Führungspatzer waren an der Tagesordnung.

Dazu ein authentisches Beispiel aus der Kölner Medienszene:
Der Chef verpasst Mitarbeiter X einen thermonuklearen Einlauf
und entlässt ihn. Drei Tage später fällt allen auf, dass mit X eine
wichtige Programmier-Expertise die Firma verlassen hat und
zugesagte Projekte ohne ihn nicht mehr rechtzeitig fertig werden.
Daraufhin ruft der Chef – völlig schmerzfrei – bei X an und bietet

ihm erneut den Job an. So nach dem Motto: Lass uns wieder
Freunde sein! Doch er bietet nicht etwa mehr Geld an, nein, sogar
weniger als vorher. Und dann ist Mister Supermanager auch noch
sauer, dass der Umworbene ablehnt!

Selbst in den vermeintlich erwachsenen Buden stümperte das
Management lustig vor sich hin. Bei Versum etwa, dem Düsseldorfer Anzeigenportal, bekam jene Abteilung, die für Stellenanzeigen
zuständig war, offiziell Kickerverbot, weil der Umsatz nicht
stimmte. Doch damit nicht der Strafe genug: Die Damen und
Herren durften auch nicht zum Teamseminar in den Hochseilgar-
ten mitfahren. Daraufhin brach ein Mega-Aufstand aus, und das
Management knickte ein. Nun gut, nur die Häuptlinge aus dem
Jobbereich kriegten Stubenarrest. Doch dagegen lehnten sich
wiederum die Untergeben auf. Es gab ja auch in der Wildwirtschaft
so was wie Solidarität. Das Ende vom Lied: Da niemand von der
Jobbörse mitfahren wollte, bestimmte der Vorstand irgendeine
arme Quotensau, die dann mitklettern musste. Die hatte sicher
einen Riesenspaß.

Chaostage bei Cybergene

Dass es auch ohne Management geht, mussten die Mitarbeiter
der Firma Cybergene (alle Namen geändert) tagtäglich erfahren.
Das Unternehmen wollte die Welt mit virtuellen Charakteren,
Avataren und ähnlichen Luftnummern beglücken. Wie cool! Kein
Wunder, dass die Firma seinerzeit in Köln als extrem hippe
Adresse galt. Ein Produkt mit hohem Sciencefiction-Faktor, Büros
gleich um die Ecke vom *Big-Brother*-Container, dazu bunte Kund-
schaft aus der Chi-Chi-Medienszene – Cybergene war ein wahrer
Selbstläufer. Streckenweise arbeiteten hier Menschen sogar um-
sonst, weil's halt so geil war, beim Aufbau der Zukunft dabei zu
sein. Wer braucht da noch Management? Niemand. Und so kam
Cybergene tatsächlich über weite Strecken ohne lästiges BWL-
Wissen aus. Chef der Firma war ein studierter Naturwissenschaft-

ler. Visionen von virtuellen Charakteren hatte der Mann reichlich, Ahnung vom Umgang mit realen leider Null. Eine höchst unterhaltsame Mischung braute sich zusammen: Medienglamour plus Machen-wir-mal-Attitüde.

»Projektarbeit im herkömmlichen Sinne gab es bei uns nie«, lacht ein ehemaliger Angestellter. Wann fangen wir mit dem Auftrag an? Wie viel Zeit haben wir? Wann ist Abgabe? Mit solchem Spießerkram gab man sich bei Cybergene nie ab. Der Geschäftsführer lehnte sich zurück, ließ die Dinge laufen, bis irgendjemandem auffiel: »Oh, wir haben ja noch dieses Projekt«. Dann brach heilloses Chaos aus, und die Sache wurde in letzter Sekunde hingetrickst, irgendwie, von irgendwem.

Ein andermal fuhr Chefe drei Wochen in den Urlaub, ohne die mühsam akquirierten Kunden darüber zu informieren. So vergingen nur wenige Tage, bis die ersten Geschäftsleute erbost anriefen: »Wann unterschreiben wir denn jetzt den Vertrag?« Die ahnungslosen Mitarbeiter sahen sich verdutzt an. Nur der Geistesgegenwart eines Programmierers war es zu verdanken, dass die sechsstelligen Deals nicht den Bach runtergingen. Der Informatiker mimte den Interimschef, tat so, als wisse er, worum es geht – und tütete die Geschäfte kurzerhand selbst ein. Er machte seine Sache anscheinend gut. »Der hat in den drei Wochen mehr Aufträge reingeholt als der Chef in einem Jahr«, witzelt ein Ehemaliger.

Organisation oder gar Arbeitsteilung? Bei Cybergene Fehlanzeige. »Nur die Raucher wussten, was wir machten«, erinnert sich ein Webdesigner. Will sagen: Wer nicht zum Quarzen rausging, lernte weder die Kollegen kennen noch deren Arbeitsbereich. Darauf angesprochen beschloss der Mann an der Spitze, ab sofort regelmäßige Treffen einzuführen. Jede Woche solle es ein *Monday-Meeting* mit allen Mitarbeitern geben, verkündete er. Doch da niemand so richtig Bock darauf hatte, wurde aus dem *Monday-Meeting* ein *Someday-Meeting*, und die Sache geriet zur Freude aller in Vergessenheit.

Chaostage – die waren in der Firmenzentrale der Cybergene bei Köln jeden Tag. Da wurden Aufträge auch mal ohne schriftlichen

Vertrag angegangen. Warum? Der Biologe an der Spitze vertraute der Power eines Handschlags – bei den Kunden aus der halbseidenen Medienmafia keine gute Idee. In einem Fall bastelten die Designer fünf Wochen an einer Animation, Wert: rund 100 000 D-Mark – um dann zu erfahren, dass der Kunde, so drückte der Chef das aus,»wohl doch nicht unterschrieben hat«.

Eine besonders haarsträubende Episode entspann sich, als die Firma mal wieder einen externen Geldgeber an Bord holte. 200 000 D-Mark wollte der in die Firma stecken. Cybergene war chronisch klamm, und wer Bares mitbrachte, wurde prinzipiell mit Kusshand begrüßt. Also her damit. Als Sicherheit verlangte der Geldgeber Zugriff auf das Equipment der Firma zu bekommen. Das war eine heikle Sache, denn mit der Hardware wurden die computeranimierten Figuren auf Messen vorgeführt. Und diese Auftritte waren eine wichtige Einnahmequelle des Unternehmens. Aber egal: Cybergene brauchte die Kohle, also verpfändete man die Geräte. Geht schon schief.

Getreu nach Murphy's Law trat der Haftungsfall natürlich prompt ein. Das Geschäft mit der Beteiligung implodiert und nach einem Messeauftritt spitzt sich die Lage zu. Da das Geld weg ist, will sich der Kapitalgeber wenigstens die Geräte unter den Nagel reißen. Ein wildes Handgemenge entbrennt: Der Investor höchstselbst schwingt sich hinter das Steuer des Gerätelasters, droht, mit dem Equipment durchzubrennen. Geistesgegenwärtig reagiert eine Cybergene-Mitarbeiterin, springt ihrerseits vor den LKW und verhindert so die Abfahrt. Jetzt eskaliert die Konfrontation richtig. Weitere Mitarbeiter verstärken die menschliche Wegfahrsperre, wüste Beschimpfungen fliegen gen Führerhaus. Schließlich kann nur eine vom Geldgeber gerufene Polizeistreife die brockdorfmäßige Sitzblockade beenden. Das Ende vom Lied: Die gesamte Ladung überlebenswichtiger Computer schmort zwei Wochen auf einer Hamburger Polizeiwache vor sich hin.

Strategische Kopulationen

Lass uns mal machen, lautete das oberste Gesetz der Wildwirtschaft. Die Sache mit dem Geldverdienen sah man als sekundär an. Selbst später, als das Geschäft lief, wussten viele Gründer nicht genau, womit sie jetzt eigentlich Gewinne machen wollten. Denn eines war typisch für die Wildwirtschaft: »Du wusstest nie genau, wer einem was bezahlt, oder umgekehrt«, witzelt Oliver Zeisberger von der Kölner Webagentur Barracuda. Die große Verwirrung war die direkte Folge einer damals sehr angesagten Marotte: der strategischen Kooperation. Hinter diesem Begriff verbarg sich folgende Idee: Statt sich im ständigen Gegeneinander aufzureiben, beschlossen die Start-ups zusammenzuarbeiten – so nach dem Motto: Gemeinsam haben wir noch mehr Spaß. Am Ende führte das ständige Miteinander natürlich zu einem großen Durcheinander.

Ein Beispiel: Die Agentur Barracuda will eine Kette von Internetcafés managen. Man plant schon die technischen Details, eines davon betrifft die Werbung: Sobald ein Nutzer seinen Heiermann in die Bezahlbox eingeworfen hat, soll ein Startbildschirm mit Reklame erscheinen. Dafür muss natürlich was her. Klar, ein Kooperationspartner. Schnell stellen sich, wie sollte es auch anders sein, die Samwer-Brüder zur Verfügung. Das Logo ihrer Firma Alando (später eBay) soll den Monitor zieren. Handschlag, die Zusammenarbeit ist besiegelt. Doch eine wichtige Frage bleibt ungeklärt: Kooperation schön und gut, aber was bedeutet das eigentlich wirtschaftlich? Die Frage ist keineswegs trivial. Muss Alando Geld an Barracuda zahlen? Schließlich liefert man ja der Auktionsseite eine neue Zielgruppe, die Surfer im Internetcafé. Oder sollte Barracuda dafür löhnen, dass sie das prestigeträchtige Logo von Alando verwenden dürfen? Und solche Verwirrungen passierten täglich: Wer zahlt denn jetzt an wen?

Nur eines war sicher: Es würde um viel Geld gehen. Denn viel musste es in der Wildwirtschaft immer sein. Selbst die allerkleinsten Lichter hatten diese Regel verstanden. Mach es groß, oder lass

es. Apropos machen. An den Auftritt einer besonders großspuri-
gen Gründertruppe erinnert sich wiederum Oliver Zeisberger. In
seine Webagentur schneite seinerzeit eine Gang von Deutschtür-
ken rein, die – man ahnt es schon – ein Portal für ihre Landsleute
aufbauen wollten (es war nicht die Firma Vaybee). Die Jungs
Anfang zwanzig traten auf, als würde bei ihnen Donald Trump die
Toilette putzen. Ja also, konkret, wir wollen First Mover sein,
Marktführer werden, an die Börse gehen und so weiter. Kurzum:
Die Delegation der dritten Generation spulte das volle Großkotz-
programm ab, bei minimalem Fachwissen, Zeisberger lakonisch:
»Die hatten keine Ahnung von nichts!«

Mit ihrer *Vielosophie* waren sie genau an der falschen Adresse
gelandet. Bei Barracuda gab es (fast) keine Dotcom-Grandeur.
Zeisberger hatte das Unternehmen mit eigenem Geld selbst aufgebaut, Schmalhans war hier Küchenmeister. Entsprechend mager
fiel auch die Bewirtung aus: Kaffee, Kekse und Schluss. Das hatten
sich die deutschtürkischen Gründer wohl etwas anders vorgestellt:
»Die hatten Lachsschnittchen erwartet«, lacht der damals 30-
jährige Jungunternehmer. Schon nach zwei Stunden jedenfalls
brach die Gernegroß-Fraktion das Meeting ab. So würde das
nichts, meinte der Anführer. Zeisberger war mittelmäßig frus-
triert.

Einige Wochen später hakte er dennoch nach. Warum sie denn
so schnell gegangen seien, will er wissen. Ja, da habe die Chemie
nicht gestimmt, druckst der Türke herum. Und überhaupt, bla bla.
Irgendwann im Redeschwall versteckt fällt das Schlagwort:
»Frauen«. Nach dem Auflegen denkt Zeisberger noch lange nach.
Schließlich fällt bei ihm der Groschen: Die Herren vom Portal
hatten erwartet, in den Puff eingeladen zu werden.

Bei uns ist die ganze Firma der Betriebsrat

Doch hinter all dem ungeschickten Management und strategischen Irrungen steckte meist keine böse Absicht. Solche Geschichten hörten wir abends auf der Lounge-Party und hatten sie am nächsten Morgen auch schon vergessen. Shit happens. Das Tempo war halsbrecherisch, die Wirtschaft eben wild. Da passieren halt Unfälle. Aber genau diese Dosis unternehmerischer Anarchie rief schnell die Bedenkenträger auf den Plan. Gewerkschaften und andere Gutmenschen vermuteten hinter unserer New Economy nichts anderes als eine *Bravo*-Version des Manchester-Liberalismus. Man konnte sich die wirtschaftlichen Umtriebe der Jungen einfach nicht erklären. Was liegt da näher, als das Neue erst mal präventiv zu verteufeln?

Und so brachte der Deutsche Gewerkschaftsbund Ende 2000 folgenden Spot in die Kinos: Die Szene: ein Großraumbüro voll junger Leute, Zoom auf eine Frau, die zitternd ihren Schreibtisch leer räumt. Entlassen, gedemütigt. Aber damit nicht genug. Ihr Chef baut sich vor ihr auf und wettert:»Du bist ja immer noch da. Ich hab doch gesagt, du sollst dich verpissen!« Die Frau schlägt die Hände vors Gesicht, dazu die Einblendung:»Wer passt auf, dass Arbeit menschlich bleibt? Wer, wenn nicht wir?« Ein Sturm der Entrüstung ging durch die Gründerszene. Sämtliche Start-up-Verbände (die gab es damals noch) liefen Sturm gegen den Spot – eigentlich umsonst. Denn für Arbeit im Betriebsrat interessierte sich ohnehin niemand von uns.

Klar war das naiv. Vor allem später gab es für viele von uns unangenehme Situationen, in denen gewerkschaftlicher Beistand ganz willkommen gewesen wäre. Aber gerade in den kleinen Webklitschen war der Gedanke an Gewerkschaften fast absurd. Der Chef saß in Rufweite, warum also noch einen Betriebsrat dazwischenschalten? Vor diesem Hintergrund empfanden die meisten Angestellten die gewerkschaftlichen Avancen als das, was sie in Wirklichkeit waren: ein Anschlag auf unser geheiligtes *anything goes.*

Es gab auch noch einen zweiten, guten Grund, warum in der www-Wirtschaft niemand den DGB brauchte: Die Wildwirtschaft war – etwas überspitzt gesagt – eine Art Kommunismus. Sämtliche Macht lag in den Händen der Arbeiterklasse. Und wenn die unzufrieden war und kündigte, konnte das Kapital die Bude dichtmachen. Die beste Serverfarm nutzt nämlich nichts, wenn niemand da ist, der den coolen *content* kreiert und auf die Festplatten lädt. Daher ja auch die kostenlosen Massagen am Arbeitsplatz, die Partyabende und ständig gefüllten Bürokühlschränke. Die Angestellten hatten die Chefs bei den Eiern: Wem das Klima nicht zusagte, der brach zu neuen Ufern auf. Saß der Abgänger nun an einer – Achtung, peinliches Schlagwort – *missionskritischen* Stelle, konnte er das ganze Unternehmen gefährden. Logisch, dass die Geschäftsleitung zumindest anfangs peinlichst genau darauf bedacht war, dass ihre Schäfchen happy sind. Freundlicher Umgang und ein offenes Ohr waren Pflicht. Oder mit den Worten eines Dooyoo-Mitarbeiter von damals:»Bei uns ist die ganze Firma der Betriebsrat.«

Der Vorstand gibt Vollgas

»Need for Speed« war Weihnachten 1999 *der* Verkaufsschlager unter den Computerspielen. Über Wochen belegte das Game die obersten Plätze in den Charts für PC und Playstation. Aber nicht nur in den Kinderzimmern war der Titel ein Hit. Auch in vielen Büros kauerten die Mitarbeiter aufgekratzt vor der Playstation und jagten in ihren Diablos, Porsche Turbos und Ferrari 360 über die virtuellen Rundkurse – während draußen auf dem Firmenparkplatz ihre neuen, ganz realen Sportwagen in der Wintersonne glänzten. So mancher Hinterhof sah damals wie ein Porschecenter aus. Natürlich war vieles davon Goldgräberpose und Dotcom-Grandeur. Doch hinter dem Umstieg vom Studiticket auf Superschleuder steckte auch eine Metapher für das Verlangen nach Geschwindigkeit, das uns alle gepackt hatte. Tempo, Tempo,

Tempo hieß das Gebot der Stunde vor der Jahrtausendwende.»Wir sind ständig 180 gefahren«, erinnert sich Ex-Vorstand Oliver Sinner heute an diese Zeit. Und er meint damit nicht sein Tempo auf der Autobahn.

Das Leben, die Wirtschaft, ja sogar die Zeit hatten sich beschleunigt. Die Visionäre begannen, von der so genannten *Internetzeit* zu reden. Sie sollte sich ähnlich wie Hundejahre berechnen: Ein halbes Jahr in Internetzeit entspricht einem normalen Monat. Erfunden hat den Begriff ein gewisser Tom Paquin, Angestellter beim Browser-Hersteller Netscape. Irgendwann im Sommer 1994 hatte er alle Kollegen, die vier Monate dort gearbeitet hatten, gefragt, wie lange ihnen die Zeit bei ihrem neuen Arbeitgeber vorgekommen sei. Ein, zwei Jahre war die einhellige Antwort und Paquin seufzte:»Aah, Internetzeit.«

Das Konzept war geboren und wir griffen es freudig auf. Alles verlief ab sofort in Internetzeit: Produktzyklen, Businesspläne, große Entscheidungen.»Das war zur CeBit im März – also vor einer halben Ewigkeit«, polterten wir schon im Mai und vergewisserten uns so unserer Trendigkeit. Kurzum: Eine neue Zeitrechnung war angebrochen. Nichts konnte mehr bis morgen warten, das meiste nicht einmal bis nach der Mittagspause. Heute müssen wir ehrlicherweise sagen: In den meisten Fällen war das Gerede von der Internetzeit nur ein lauer Vorwand dafür, hässliche Webseiten und unausgereifte Software auf die Menschheit loszulassen.

Fragt man heute Manager danach, was von der New Economy übrig geblieben ist, sagen fast alle: das Tempo. Und tatsächlich: Die Art, wie die jungen Gründer in der Geschäftswelt agierten, war revolutionär. Sie waren keine Wirtschaftskapitäne mehr, keine ergrauten Skipper, die ihren Supertanker einmal auf Kurs brachten und sich dann zurücklehnten. Ein neuer, ganz anderer Arbeitsstil griff um sich. Neues ausprobieren, das hatte in der alten Wirtschaft bedeutet: In langen Strategiesitzungen die Ideen durchkauen, dann in Arbeitsgruppen Vorschläge erarbeiten und fünf bis zehn Meetings später entscheiden – wenn überhaupt. Für diesen Dienstweg hatten die Internetfirmen keine Zeit:»Die haben eine

Antwort per Mail oder Handy innerhalb von zehn Minuten erwartet«, sagt Andreas Dripke, der wohl bekannteste PR-Mann der deutschen Internetszene. Er erinnert sich noch gut an seine erste Begegnung mit dem Turbostil:

Mitte 1999, Wiesbaden-Erbenheim, Industriepark, 11 Uhr morgens. Das Telefon auf Dripkes Schreibtisch klingelt. Oliver Samwer, Chef von eBay, aus Berlin ist dran. Hektisch brabbelt der Dynamiker in die Leitung. Ob er, Dripke, nicht Lust hätte, für seine Firma die Öffentlichkeitsarbeit zu übernehmen, will er wissen. Der bedächtige PR-Mann hört interessiert zu, will sich die Sache noch mal überlegen.

Das hätte ihn fast um den Auftrag gebracht. Dripke macht erst mal Mittagspause, geht essen. Dann schlendert er zurück in sein Büro. Schließlich ruft er am frühen Nachmittag bei Samwer an – viel zu spät für den Turbomanager im T-Shirt.»Nee, das ist ja schon *so lange* her, dass ich angerufen habe«, zaudert Samwer am Telefon. Und überhaupt: man habe sich längst für die Konkurrenz entschieden. Na gut, er könne ja trotzdem vorbeikommen. Dripke hat gelernt. Hals über Kopf rast er zum nahen Frankfurter Airport, springt in den Flieger nach Berlin, sprintet per Taxi zu den eBay-Büros in Kreuzberg. Das Gasgeben zahlt sich aus. Dripke bekommt den Auftrag, für ihn beginnt damit die wohl lukrativste Periode in der Geschichte seiner Agentur.

Was früher Monate dauerte, entschieden die Start-ups oft in Stunden. Es ging auch nicht anders: Das Business drehte sich in nie dagewesenem Tempo. Aus dem Nichts tauchten neue Wettbewerber auf, fast stündlich verkündeten die Börsenticker neue Allianzen und feindliche Übernahmen. Gleichzeitig entwickelte sich die Technologie – und damit auch die Möglichkeiten – atemberaubend schnell weiter. Für Fünfjahrespläne war da keine Zeit mehr. Man musste machen, handeln, die Gelegenheit beim Schopfe packen. Wiederum über das Wirtschaftswunderkind Samwer wird dazu folgende Geschichte kolportiert:

Oktober 1999. Über Nacht ist es durch die neue Technik WAP möglich geworden, Internetseiten aufs Handy zu bringen. eBay will vorne mit dabeisein und sucht einen Kooperationspartner aus der Mobilfunkbranche. Die Frage lautete: Geht man mit D1 oder D2? Die Samwer-Brüder verhandeln unter Hochdruck und innerhalb weniger Tage wird man sich mit der Deutschen Telekom, also D1, einig. Der fertige Vertrag flattert bei eBay in Berlin-Kreuzberg auf den Tisch. Doch anstatt zu unterschreiben, schmeißt Samwer das Dokument aufs Fax, kritzelte drauf: »Wollen Sie wirklich, dass wir das unterschreiben?« und sendet es postwendend an Mannesmann D2. Im Ernst: Er schickt den fix und fertigen Vertrag zum Erzkonkurrenten. Und der beißt an: Wenige Tage später, am 7.10. um 12 Uhr 30, berichten die Nachrichtenagenturen über die just geschlossene Allianz zwischen eBay und D2.

Das war Business in Echtzeit. Das hatten die Youngster drauf. Selbst so genannte Gestandene mussten das anerkennen. Bei aller fehlenden Managementkompetenz waren die Gründer zumindest im Gasgeben ungeschlagen. Börsengänge dauerten nur noch 90 Tage statt wie früher 9 Monate. Grundlegende Strategien – gehen wir ins Firmengeschäft oder verkaufen wir weiter an Endverbraucher? – wurden oft in Stunden entschieden und natürlich genauso schnell kommuniziert. PR-Mann Dripke erinnert sich an viele abendliche Anrufe à la »das muss morgen als Pressemitteilung raus«. Dann war Nachtschicht angesagt, notgedrungen. Denn Geschäftspartner, die das Tempo der Start-ups nicht mitgehen konnten, wurden ebenso schnell abserviert.

In den USA hatte man schnell einen neuen Begriff für die Tempojunkies an der Spitze gefunden: Sie wurden E-CEOs, E-Vorstände genannt. Eine Art Turboversion der alten Chefs sollten sie sein, ständig elektrisiert und unter Strom, als ob man den Senior Managern Steroide verabreicht hätte. Zum obersten Vorbild ernannte die Presse flugs Jeff Bezos, Chef des Buchversandes Amazon. Der hyperaktive Zappelphilipp war bekannt dafür, aus lauter Freude am Tempo sogar durch die Büros seiner Firma zu sprinten. Andere einschlägige Adrenalin-Junkies waren Steve Case von AOL oder Oracle-Chef Larry Ellison. Das stolze Bekenntnis zum Workaholismus gehörte natürlich zum E-Vorstand dazu wie das Dotcom zum Firmennamen: Rund 80 Stunden pro Woche schaffen Chefs in der New Economy, ermittelte seinerzeit die Personalberatung Spencer Stuart aus New York. Damit arbeiteten die E-Chefs wöchentlich 20 Stunden mehr als ihre Kollegen in der traditionellen Industrie, die in Amerika auch nicht eben als kuschelig bekannt ist.

Selbstverständlich standen die E-Chefs auch in ihrer Freizeit unter Strom: Ulrich Schumacher, Chef des Chipherstellers Infineon, fuhr mit seinem Porsche regelmäßig bei professionellen Autorennen mit. Die Finanzpresse verpasste ihm dafür den Titel »der doppelte Schumacher«. Seine Kollegen vom Aachener Systemhaus Arxes taten es ihm gleich – und luden Analysten zur Konferenz direkt auf den Nürburgring ein. Im Silicon Valley legten die Gründer noch einen drauf: Hier waren Hubschrauber und Flugzeuge die angesagten Statussymbole. Die Rubrik der schnellsten Freizeitvergnügen führte lange Oracle-Chef Larry Ellison an, zu dessen privater Flugzeugflotte seit 1997 sogar ein Kampfjet der italienischen Marke Marchetti gehörte. Aber auch zu Wasser hatte Larry die Nase vorn: Mit seiner Yacht Sayonara, nomen est omen, überholte er sogar einmal das Boot von SAP-Chef Hasso Plattner. Die Schmach, offline von der Konkurrenz überholt worden zu sein, schien Plattner sehr zu ärgern. Ellison behauptete später jedenfalls in einem Brief an den *Spiegel*, der SAP-Chef habe ihm unmittelbar nach dem Überholvorgang sein nacktes Hinterteil entgegengestreckt.

Der neue Jugendstil

Es schien, als hätten die Jungunternehmer den Ravegedanken aufs Berufsleben übertragen. Durchmachen dank »E«, nur dass das schon lange nicht mehr für »Ecstasy«, sondern für »elektronisch« stand. Der Chef der Zukunft war nicht nur Chef, sondern ein Rund-um-die-Uhr-Evangelist, der seinen Business-Plan ununterbrochen predigte und umsetzte. Immer neue Geschwindigkeitsrekorde im Deal machen, wurde eingefordert. Klar, dass nur junge Leute dieses Tempo durchhalten konnten: Jeff Bezos wurde kurz vor der Jahrtausendwende vom *Time-Magazine* zum Mann des Jahres gekürt. Damals war der Amazon-Chef 35. Oliver Samwer hatte Alando, den Vorläufer von eBay, mit 27 gegründet, und Peer-Arne Böttcher war bei der Gründung seiner ersten Aktiengesellschaft, der Böttcher Hinrichs AG, gerade mal 22 Jahre alt. Die Kunden der Youngster waren ordentlich verwirrt: »Ein mittelständischer Kunststoffrohrhersteller in Münster hat mich gefragt: ›Wann bringen Sie denn mal Ihren Chef mit?‹«, lacht Oliver Zeisberger von der Agentur Barracuda, der zu Boomzeiten gerade mal 28 Lenze zählte, aber locker drei Jahre jünger aussah.

Vorstandsvorsitzender (22)
Peer-Arne Böttcher im Büro, 1999
© Böttcher Hinrichs AG

Und die Altersspirale drehte sich Schwindel erregend abwärts. »Wir haben einen Tagesumsatz von 15 000 Dollar. Ich glaube, damit dominieren wir den Markt; in 16 Monaten kommt unser Börsengang«, klugscheißerte Cameron Johnson im September 2000 in die amerikanischen TV-Kameras. Damals war die Gründerin der Webseite surfingprizes.com gerade mal süße 17 Jahre alt. Über Börsengänge durfte sie reden, an der Tanke ein Bier kaufen nicht. Ihrer Popularität hat es keinen Abbruch getan: Ein japanischer Wirtschaftsjournalist schrieb seinerzeit sogar eine offizielle

Johnson-Biografie – angesichts des Alters wohl eher eine Kurzgeschichte.

Sogar seinen eigenen Vater hatte der kanadische Jungunternehmer Keith Peiris auf der Gehaltsliste, nebst 14 weiteren Angestellten. Sechsstellige Summen verdiente sein Unternehmen Cyberteks Systems bereits, da kam der Chef gerade mal in die achte Klasse. Das Dreikäsehoch begleitete den kanadischen Premierminister seinerzeit sogar auf einer Wirtschaftsmission nach China. Peiris war zu diesem Zeitpunkt 13 Jahre alt.

Kein Zweifel: Wir waren vom Jugendwahn besessen. Immer niedriger rutschte die offiziell akzeptierte Schwelle für den Eintritt ins Wirtschaftsleben. Das Alter der Jungunternehmer war im freien Fall. Die erste Gründung eines Unternehmens durch Sperma schien greifbar nah. In den Medien wurden die neuen »Teenpreneure« hochgejubelt, eine Mischung aus Teenager und Entrepreneur. Kinder an die Macht! Worauf sich die ältere Generation da einstellen konnte, war indes klar: Der britische *Guardian* titelte »Fertig mit Fünfzig«, das amerikanische *Fortune* überbot mit »Fertig mit Vierzig« und das Internetmagazin *Fast Company* brachte es für seine Leser über 30 auf den Punkt:»Bereiten Sie sich vor, überflüssig zu werden.«

Nebenwirkung des Kiddiekults: Viele vermeintlich alte Chefs versuchten, sich selbst und ihren Investoren Juvenilität vorzugaukeln, um auch ein wenig vom Zauber abzukriegen. In vielen Start-ups brach so eine regelrechte Zwangsjugendlichkeit aus. Die Angestellte einer New Yorker Internetfirma erinnert sich:»Unser Chef, immerhin 36, kam mit einem Sack voll Nerfguns rein (Spielzeugpistolen, die Schaumgummikugeln verschießen), verteilte sie und feuerte uns an.« Völlig albern sprang der Mann aus der Krähenfüße-Fraktion durch das Büro, versuchte seine Belegschaft mitzureißen. »Yeah, yeah«, rief er ohne Unterlass, als sei er wieder Grundschüler auf dem Abenteuerspielplatz. Doch so sehr der arme, alte Chef sich auch abmühte – keiner machte mit, einige schauten peinlich berührt auf den Boden. Den Angestellten war schlichtweg nicht nach einem zweitem Frühling zumute:»Wir

waren einfach müde und ploppten nur so unmotiviert in der
Gegend rum. Es war das Traurigste, was ich je gesehen habe.«

Indernet und Vater Staats Fünfjahresplan

Irgendwann merkte auch Vater Staat, was die forsche Jugend da
unter seinen Fittichen anstellte. Kapiert hatte die Politik, wie wir
später sehen werden, im Grunde genommen nichts. Doch irgendwie wollte man auch dabeisein. Also beschloss die öffentliche
Hand, den Gründern unter die Arme zu greifen – meist allerdings
mit eher durchwachsenem Erfolg.

In Erinnerung geblieben ist noch die Sache mit den Greencards.
So nennt man in den USA jene Papiere, die es Ausländern erlau-
ben, im Land der unbegrenzten Möglichkeiten zu arbeiten. Ganze
Belegschaften hat das grüne Scheinchen angeblich ins Silicon
Valley gelockt – Menschen aller Nationen. Bei uns wurde das
Thema aus irgendwelchen Gründen nur auf Inder verengt: Also, es
ging darum,»Greencard-Inder« zum Programmieren von Webseiten
ten anzuheuern. 10 000 Persilscheine bewilligte die Bundesregierung großzügig. Ungewollter Nebeneffekt: Die Maßnahme kam
auch inländischen Arbeitssuchenden entgegen. Schon nach kurzer
Zeit stellte sich nämlich heraus, dass man neben dem Gastarbeiter
noch eine zweite, muttersprachliche Person einstellen musste, die
den Papierkram in Sachen Greencard übernahm.

In den meisten Fällen war die Indernet-Aktion ohnehin ein
Riesenreinfall. Es gab zwei Szenarien: 1) Der Inder kommt, hockt
im Hochsommer bei 30 Grad in der Daunenjacke da, wird binnen
drei Monaten halb krank vor Heimweh und reist kurz darauf ab.
2) Der Inder kommt und programmiert auch fachmännisch –
allerdings so genial, dass ein Deutscher die Hälfte seiner Arbeitszeit damit verbringt, den Code für teutonische Hirne herunterzu-
kochen. Das merkt der Inder irgendwann und reist ebenfalls ab.

Für einen Lacher gut waren auch immer öffentliche Fördertü-
ten: So sagte die Investitionsbank Berlin (IBB) seinerzeit einem

ortsansässigen Start-up 86 000 Euro Zuschuss für zusätzliches Personal zu. Freudig erregt plante der junge Chef schon, von der Staatsknete neue Mitarbeiter einzustellen – vor allem Spezialisten, die sein Produkt, eine Wissensdatenbank für Firmennetze, fertig stellen sollten. Aber die Rechnung hatte der Gründer ohne Vater Staat gemacht. Der verlangte nämlich, dass mindestens die Hälfte aller neuen Programmierer Frauen sind und fünf Jahre im Unternehmen verbleiben. Bei Verstößen würde man das Kapital zurückfordern. Angesichts des nicht existenten Angebots an weiblichen Codern war das Thema gegessen – fast.

Denn unser verzweifelter Gründer hatte noch einen Ausweichplan parat:»Na gut, dann kaufe ich von dem Geld halt Computer.« Was er nicht wusste, aber bald erfahren musste: Auch für Hardware galt die gleiche bizarre Regel – die Computer hätten mindestens fünf Jahre im Betrieb benutzt werden müssen. Spätestens dieser Fünfjahresplan zeigt, wie total ahnungslos die Behörden der Internetwelt gegenüberstanden – schließlich taugte ein PC schon beim damaligen Fortschrittstempo nach diesem Zeitraum höchstens noch als Lichtschalter. Einige Firmen gingen übrigens auf die Bedingung ein – mit schildbürgerartigen Folgen: So mietete die renommierte Firma ID-Media eigens Räume an, in denen jene veralteten, staatlich bezuschussten Rechner gelagert wurden, die man weder verkaufen noch verschrotten durfte.

So gesetzestreu waren indes nicht alle Start-ups. Im Kampf ums Überleben machten viele Youngster selbst vor Subventionsbetrug nicht Halt. Ein gängiges Verfahren damals: Man pumpt Vater Staat für Sachen an, die man schon längst hat. Im Antrag stand dann zum Beispiel: Ich beantrage hiermit finanzielle Unterstützung für die Entwicklung der Soundso-Internet-Software, mit tralala Mitarbeitern und blabla Computern. In Wahrheit ist die Software natürlich längst entwickelt, Mitarbeiter eingestellt und Rechner gekauft. Aber mit ein bisschen verbaler Vernebelung hätten die Behördendeppen das fast immer akzeptiert, berichten Insider.

Heikel wurde die Lage allerdings, wenn die Firma Pleite ging. In solchen Situationen zeigte sich, dass auch die andere Seite durchaus gerne beim Beschiss mithalf. Dazu ein authentisches Beispiel (Namen geändert):

Die Firma Neppion hat sich nach obigem Verfahren 60 000 D-Mark ergaunert. Das wissen der Chef, der Aufsichtsrat und alle Angestellten. Nur Arne Ahnungslos, der weiß von nichts. Wie auch? Gerade zwei Wochen ist es her, dass der junge Industriekaufmann bei Neppion eingestiegen ist, als Assi der Geschäftsführung. Ein bisschen Papierkram soll er machen, hier und da vielleicht einen Vertrag aufsetzen – hatte man ihm im Bewerbungsgespräch gesagt. Es gebe viel zu tun, da ja derzeit mit der Firma »alles super« laufe, hatte der Chef noch gelacht.

Aber so super ist die Lage anscheinend doch nicht. Wenige Tage nachdem Arne Ahnungslos angefangen hat, platzt die Bombe: Neppion steht kurz vor der Pleite. Aber alles halb so schlimm, beruhigt der Chef und liefert direkt einen Ausweichplan: Die eigene Muttergesellschaft Prellando läuft gut – also tritt man dem Subventionsgeber ein Stückchen davon ab. Der Amtsschimmel hat schon Interesse signalisiert, scheinbar ist auch hier das Internetfieber ausgebrochen. Na ja, und diesen Deal, den wird jetzt der Arne betreuen, gell?

Gesagt, getan. Arne stürzt sich – immer noch ahnungslos – in die Arbeit: 10 Prozent von der Prellando AG sollen an den Subventionsgeber gehen, die Deutsche Auszahlungsbank. Da die öffentliche Hand keine Aktien besitzen darf, läuft der Deal über die örtliche Sparkasse. Doch schnell hat Arne ein Problem: Damit alles nach Vorschrift läuft, braucht die Sparkasse einen Abschlussbericht, in dem steht, was mit den ursprünglichen Beihilfen von 60 000 D-Mark angestellt worden ist. Und den kann der junge Ahnungslos beim besten Willen nicht finden.

Dass er gar nicht existiert und die Subventionen ergaunert wurden, kommt dem unbedarften Industriekaufmann nicht in den Sinn. Und so teilt er der netten Sparkassenangestellten frank und frei mit: »Ich habe keine Ahnung, wo der Abschlussbericht ist.« Die andere Seite dagegen scheint die Nichtexistenz des Dokuments kaum zu stören. Denn die nette Sparkassendame antwortet per

Mail: »Dann lassen Sie doch mal Ihre *Fantasie* spielen ...« In diesem Moment rutscht Arne Ahnungslos das Herz in die Hose. Er, der unbedarfte Jobeinsteiger, soll einen 60 000 D-Mark schweren Subventionsbericht einfach erfinden? Plötzlich steht Arne mit einem Bein im Knast. Jetzt gilt es, schnell zu handeln und die eigene Unschuld für die Nachwelt zu dokumentieren. »Ich habe sofort heimlich alle Verträge kopiert und zu mir nach Hause geschafft!«, lacht der seitdem mit allen Wassern gewaschene Ahnungslos.

Wir haben die Turnkey-Solution zum B2B-Content-Management

»Junge, red' doch Deutsch!«, zischt Mutter Kaute quer über den Abendessentisch. Ist doch wahr! Nun kommt der Junge ausnahmsweise mal aus Berlin nach Hause, und man hat das Gefühl, der Filius käme von einem anderen Stern. *Burn rate, front-end* oder *content* – das versteht ja kein Mensch! Kurzum: Mutter Kaute ist böse. Seit Sohn René seine eigene Firma betreibt, versteht sie nur noch Bahnhof, sobald er den Mund aufmacht. Und vielen anderen Müttern ging es wahrscheinlich ähnlich.

Die Sprachverwirrung begann, als René von Köln in die Hauptstadt umsiedelte, um das Start-up Dooyoo zu gründen, ein Meinungsportal, womit wir schon mitten im Problem sind. Einige von uns wussten, was ein Portal ist. Zumindest hatten sie eine verschwommene Vorstellung davon. Aber sonst niemand. Und hier lag das Problem: Das Net-Set hatte sich zu Boomzeiten nämlich sprachlich weit vom Rest der Welt entfernt. Worte wie *IPO, elevator pitch* oder *stock options* waren bei uns längst Allgemeingut geworden. Doch außerhalb der Netzgemeinde fand die neue Version von Huxleys Newspeak keinen großen Anklang. Ein US-Magazin sah uns gar – deutlich unfeiner als Mutter Kaute – nicht als Generation Golf, sondern als »Bullshit-Generation«.

Dabei war der Sprachcode der Internetwirtschaft nicht wirklich neu, sondern nur eine Neuauflage jenes Slangs, den Unternehmensberater, Marketingheinis und Produktmanager schon seit Jahrzehnten pflegten. Ja, die Wahrheit war traurig: Wir begannen alle so zu reden wie jene, die schon immer »Flieger« statt »Flugzeug« gesagt hatten. Das begann schon beim Geld: Ab sofort kam das nämlich nicht mehr aus dem Bankautomaten, sondern natürlich vom VC – dem Venture Capitalist, und wer cool war, sprach das übrigens stoisch deutsch »Fauhzeh« aus. Bevor diese Wagniskapitalgeber ihre Schatulle öffneten, musste natürlich erst mal *gepitcht* werden. Es galt, den alten Herren zu erklären, warum sie das mühsam Ersparte ihrer Kunden herüberschieben sollten. Hierbei half es immer, irgendeine Art von *Killer-Applikation* zu versprechen – also eine Erfindung von der Größenordnung Feuer, Rad oder Buchdruck. Und damit wollte man natürlich *First Mover* auf dem Markt sein, sprich: kein anderes Unternehmen hat sich bisher an das Thema herangewagt, meist allerdings aus guten Gründen.

Wer nichts derart Spektakuläres in petto hatte, war gut bedient, zumindest großspurig *Synergien* zu versprechen oder eine *Win-win*-Situation. *Skalierbarkeit* war auch immer wichtig, also dass das Geschäft beliebig groß gemacht werden kann. Immer nach dem Motto: viel hilft auch viel. Zeichnete sich ab, dass das nicht klappte und trotz massiver Werbekampagne keine *kritische Masse* an Kunden zusammenkam, halfen zwei weitere Schlagwörter weiter: Man konnte *Business Development* betreiben, was nichts anderes bedeutete als Marketing ohne Markt. Oder man versuchte, stattdessen die *Opinion Leader* zu gewinnen. Hinter diesem häufig strapazierten Satz verbarg sich das Prinzip Hoffnung: Klicken nur genug schnorrende Journalisten, also Meinungsführer, die Webseite an, wird Otto Normalsurfer schon folgen. Die unvermeidlichen *Netzwerkeffekte* würden dafür sorgen.

Dann gab es natürlich noch die berühmten Dreierkombinationen, zusammengesetzt aus Business (B), Consumer (C), Employee (E) und Government (G). Mit den Akronymen beschrieb man, wer mit wem Geschäfte machte. Also B2B, gleich Business-to-Business, heißt, Unternehmen machen via Internet Geschäfte untereinander. Dann kamen C2B, B2G, B2E und so weiter und so fort, bis die E-Mails nur noch aus Großbuchstaben bestanden und völlig unlesbar wurden. In diesem Fall half dann nur noch ein F2F (*face to face*)-Meeting. Vielleich sogar ein *all hands meeting*, was die Väter noch als Betriebsversammlung kannten. Das ging allerdings nur, wenn keine Außenstehenden mit am Tisch saßen. Die hätten nämlich zuerst ein *non disclosure agreement* unterschreiben müssen – so eine Art Geheimhaltungsabkommen, in dem stand, dass sie nichts weitersagen würden, von der *Killer-Applikation* und so. Der Hintergrund: Vor dem *IPO, Initial public offering*, Börsengang, sollte die vermeintliche Spitzen-Geschäftsidee eben nicht an die Öffentlichkeit geraten. Überflüssig zu erwähnen, dass nur die unwichtigsten *IROQs* derart paranoides Geheimdienstgehabe an den Tag legten – diese Abkürzung benutzten die Kapitalgeber hinter vorgehaltener Hand für *idiots right out of college*, Idioten frisch von der Uni.

Grundsätzlich galt: Alle Begriffe mussten international klingen, schließlich sollten die Aktien ja irgendwann auch an der Wall Street *gelistet* werden. Und so machten wir den guten alten Chef zum *CEO*, der Kabellöter und Strippenzieher wurde zum *CTO* (*Chief Technology Officer*) und der Buchhalter zum *CFO, Chief Financial Officer* ernannt. Letzterer ist übrigens nicht zu verwechseln mit einem anderen *CFO*, dem *Chief Fun Officer*. Diese Art oberster Spaßwart hatte zu Boomzeiten irgendein durchgeknalltes Start-up in Silicon Valley kreiert. Kurzum: Ein »Ei-Oh« im Titel war schlichtweg unverzichtbar. Der amerikanische *Harvard Business Review* witzelte, dass selbst Old McDonald (der mit der Farm) wohl bald zum *E.I.E.I.O.* umgetauft würde.

Lachhaft oder nicht – auf Branchentreffen war es überlebenswichtig, die neuesten *Buzzwords*, mit diesem Begriff hatten wir die Schlagworte mittlerweile geadelt, zu beherrschen. Wer hip war, redete nicht von seiner Internetadresse, sondern benutzte das IT-Fachwort *URL* und sprach es »Öhrl« aus. E-Mails rief man nicht ab, sondern *poppte* sie allenfalls. Damit demonstrierte man technisches Hintergrundwissen: elektronische Nachrichten laufen über einen so genannten POP3-Server. Einem sozialen Selbstmord kam dagegen gleich, statt Dotcom »Punkt-Zeh-Oh-Emm« zu sagen. Am Ende der Sprachverwirrung standen Sätze wie: »Wir bieten die *Turnkey-Solution* zum *B2B-Content-Management* an«, bei denen das B2W (*Buzzword-to-Word*)-Verhältnis über der magischen Schwachsinnsgrenze von Eins lag. In solchen Fällen half nur noch ein Blick ins *Wörterbuch der New Economy*, das der Duden-Verlag zusammen mit dem obersten deutschen Trendmunkler Peter Wippermann – etwas verspätet – 2001 herausgebracht hatte. Das 280-Seiten-Werk richtete sich an den Nichteingeweihten und bot allein drei volle Seiten mit Erklärungen zu Begriffen mit E-Bindestrich am Anfang. Außerdem half es mit selbstreferenziellen Stilblüten von diesem Kaliber weiter: »Fixen ist Debugging« oder »Uploaden ist, wenn der Content online gebracht wird«.

Aus heutiger Sicht sind vor allem die in das Buch eingestreuten Zitate von Wirtschaftspromis bemerkenswert. In kleinen Testimonials mit Bild geben uns die Großen Nachhilfe in Sachen Internetsprache. So belehrt uns etwa Andreas Schmidt, damals Chef des elektronischen Geschäfts bei Bertelsmann, dass »die New Economy der Evolutionssprung der Old Economy auf ihrem Weg zur One Economy« ist. Der Manager selbst war, ohne es zu wissen, damals übrigens auf dem Sprung in die No Economy. Schmidt flog bei Bertelsmann im Dezember 2001 raus, weil er seine Limousine immer mit laufendem Motor vor dem New Yorker Büro hatte warten lassen.

Bei manchen Pressemitteilungen, Vorträgen und Fachartikeln konnte aber selbst das Wörterbuch des Webzeitalters nicht mehr helfen. Vor folgendem Machwerk beispielsweise hätte wahrscheinlich Wippermann höchstpersönlich kapitulieren müssen: »Wenn die Burn-Rate vor der Second-Round die Targets überschreitet, das Pessimistic Case Szenario eintritt, der Buffer aufgebraucht ist, dann geht beim Lead Investor das Amber Light an.« Dieser – nur leicht ausgedachte – Beispielsatz aus der Kapitalgeber-Szene

könnte man vulgo wie folgt übersetzen: Kohle alle, Kacke am
Dampfen.

Aber mit den englischen Wörtern klingt's halt schöner. Und so
faselten wir munter weiter über *content delivery*, *Cutting-edge*-Tech-
nologie und den *state-of-the-art* – immer in dem Glauben, dass all
diese Worte längst Allgemeingut geworden seien. Das war indes
ein klassischer Fall von Tunnelblick. In Wirklichkeit beherrschte
nur ein ganz kleiner Teil der Bevölkerung um uns herum das
anglophile bis kryptische Vokabular der neuen Wirtschaft. Der
Rest verstand nur Bahnhof, wie eine alte Gesprächsnotiz aus dem
Korrespondentenbüro der *Welt* von 1999 zeigt. Darauf richtete uns
die freundliche Dame vom Empfang aus, ein Herr Soundso hätte
angerufen. Es gehe um »Iko Moers«. Lange überlegten wir, was
unser Büro mit dem kleinen niederrheinischen Städtchen zu tun
hatte. Bis schließlich der Groschen fiel. Was sie meinte, war: E-
Commerce.

Der springende Punkt

»Gibste mir mal 'n Bier aus, Punkt De-Eh? Sehen wir uns morgen, Punkt De-Eh? Nee, Punkt De-Eh.« Derart unwiderstehliche
Sprachwitze konnte man Anfang 2000 in so mancher Kölner
Medienkneipe, sorry: Lounge, vernehmen. Die Regel dieses
pennälermäßigen Antiwitzes: An alle Sätze »Punkt De-Eh« anhän-
gen. So peinlich, infantil und idiotisch dieses Spielchen war, so gut
spiegelt es den damaligen Zeitgeist wider: Mehr als zwei Internetadressen mit dem Appendix .de wurden seinerzeit pro Minute neu
eingetragen. Fast täglich meldete die offizielle Registratur, die
Denic in Frankfurt, neue Rekordzahlen. Gab es im Januar '97
gerade mal 50 000 .de-Adressen, waren es zwei Jahre später zehn-
mal so viele und kurz nach der Jahrtausendwende schon 1,5 Millionen. Irgendwie erinnerten diese Dauerrekorde an die jährlichen
Erntezahlen in Honneckers DDR. Fehlte nur noch: Plansoll um
3000 Prozent übererfüllt! Doch trotz unserer ironischen Distanz

waren diese Zahlen für uns irgendwie ein Maß für den Fortschritt. Und in dem Bundesland mit den meisten Domänen zu wohnen, machte uns insgeheim stolz. Mit dem Kennzeichen DE wollte damals jeder unterwegs sein.

Kennzeichen der Zeit
Werbelogo, 2001 von der
Deutschen Renault AG verwendet,
Design: Philip Borchardt
© Philip R. Borchardt

Domania nannten die Amerikaner diesen Effekt. Alles drehte sich nur noch um die Internetadresse eines Unternehmens. Brauchte man früher nur »a dollar and a dream«, musste es jetzt »a dotcom and a dream« sein. Dotcom war der springende Punkt in jedem Geschäft geworden und sorgte für garantierte Umsätze. So stieg der Aktienkurs eines Verlages mit dem unscheinbaren Namen Computer Literacy binnen eines Tages um 36 Prozent, nur weil er sich in Fatbrain.com umbenannt hatte. Wohlgemerkt: Das Buchprogramm war das gleiche geblieben. Kein Wunder, dass sich allein im Jahr 1999 mehr als 100 Internetfirmen flugs das Dotcom anhängten; 15 Dotcom-Börsengänge gab es seinerzeit pro Monat. Der stellvertretende US-Finanzminister Lawrence Summers scherzte damals, Brasilien könne seine Währungskrise ja einfach dadurch lösen, dass es seine Währung in Real.com unbenennt.

Billig war die Mitgliedschaft im Dotcom-Club allerdings nicht. Für prominente Domains mussten die Firmen teilweise horrende Summen hinblättern. Die Topadresse Business.com etwa ging für 7,5 Millionen Dollar weg. Und damit war es oft nicht getan. Denn um Antiseiten von Verbraucherschützern, Satirikern und Anwälten vorzubeugen, galt es, an alle Eventualitäten zu denken. So reservierte der Großkonzern Procter & Gamble zum Start seines neuen Anti-Geruchssprays Febreze vorsichtshalber folgende Adressen gleich mit: FebrezeKillsPets.com, FebrezeKillsDogs.com, FebrezeKillsBirds.com. Irgendwann reichte es nicht mehr, Dotcom im Namen zu haben. Nein, auch in der Werbung musste der springende Punkt vorkommen. Und so behauptete die US-Firma NSI »We are the dotcom-People«, während der Computerhersteller Sun schon fast dadaistisch verkündete, man sei »the dot in dotcom«. Auch deutsche Unternehmen versuchten, ein bisschen vom Glanz des amerikanischen Kürzels zu erheischen – und schossen lifestylemäßig voll daneben. So registrierte der TÜV Rheinland/Berlin-Brandenburg seinerzeit folgende doppelt gemoppelte Adresse für sein englisches Webangebot: www.tuvdotcom.com

Schall und Rauch vom Feinsten

Erinnern Sie sich noch an Avalas, Amiro oder Avarto? Oder vielleicht an Yellout, Yoolia oder Yopass? Vielleicht eCircle, eCollect oder eVita? Nein? Schade eigentlich, denn viele dieser Firmen gehörten laut der Illustrierten *Stern* einmal zur »crème de la crème der deutschen Internetunternehmen«. Und zu Recht: Denn die meisten oben genannten Start-ups waren alles andere als unbedeutende Klitschen. Hinter Avarto zum Beispiel stand der Gütersloher Medienriese Bertelsmann, und unter eVita.de eröffnete die Deutsche Post AG 1999 ein virtuelles Einkaufszentrum. Doch all die großen Namen haben letztendlich nichts gebracht – vielleicht auch, weil die meist kleingeschriebenen Namen zum einen Ohr rein- und zum anderen rausgingen.

Denn die wichtigste Grundregel in puncto Firmenname war zu wilden Webzeiten: Produkt oder Dienstleistung dürfen auf keinen Fall erkennbar sein. Irgendwie modern, aber nicht technisch sollte der Name klingen – oder um im Slang der Namensagenturen, die sich derlei ausdenken, zu sprechen: organisch. Der einfachste Weg zu einem solchen New-Economy-Firmennamen führte über einen simplen Trick. Man nehme einen beliebigen Begriff und füge eine der folgenden Endungen an: -as, -ion, -ia, -isis, -ando. Wählt man zum Beispiel »Nepp« als aus Ausgangswort, können dadurch hippe Companies entstehen wie: Neppisis, Neppion oder Neppando. Schon ganz gut.

Stufe zwei: Der Namensbaukasten. Wenn uns heute alle Firmennamen des Internetbooms ähnlich vorkommen, so hat das einen einfachen Grund: Sie waren alle ähnlich. Die Unternehmen tendierten nämlich zu einer Art uniformen Nonkonformismus – alle Begriffe klangen irgendwie gleich pseudo-revolutionär. Die Erklärung dafür kann nur sein: Es wurde folgender Nam-O-Mat benutzt!

Mind	Smart	Cyber	Point
Info	Data	City	Works
Home	Quest	Micro	Compu
Hot	World	Star	Book
Wire	Soft	Boerse	Scape
Ware	Real	Free	Silicon
Click	Com	Link	Power
Flash	Shop	Netz	Auto
Serve	Vision	Link	Scout
Tech	Web	Box	Direct

Einfach ein paar Begriffe aus der Tabelle kombinieren – und schon ist der Name für die eigene Internetfirma anno Boom fertig. Wie wär's mit Cyberwire oder Shopvision? Die Hipness ließ sich durch taktische Großschrift natürlich noch steigern: CyberWire, ShopVision. Immer gerne genommen waren auch Unterstreichungen und natürlich der Klassiker unter den Namens-Manierismen: alles kleinschreiben.

Für den Fall, dass der jeweilige Name dann immer noch vergeben war, wurde einfach ein »e« oder »i« vorangestellt, wie in iMac oder eVita. Überhaupt das »e«: Davon konnte die deutsche Wirtschaft gar nicht nicht genug bekommen. Zu Boomzeiten wurde es hyperinflationär für alles Elektronische genutzt. Da gab es E-

Commerce, E-Europe bis hin zur E-Thrombose, die Menschen befällt, die zu lange unbeweglich vorm Computer sitzen (haben neuseeländische Wissenschaftler damals ernsthaft untersucht). Höhepunkt dieses E-Wahns war sicher die Aussage eines Lufthansa-Vorstandes, man wolle ab sofort nicht mehr »Aviation, sondern E-viation« betreiben.

Der totale Hammer ist und bleibt allerdings das angehängte »24« im Namen, wie in AutoScout24, Sex24 oder Maps24. Einfach toll! Dass das Kürzel »24« irgendeine Art von Rund-um-die-Uhr-Charakter impliziert, schien damals niemanden zu stören. Anders ist es wohl nicht zu erklären, dass ein armer Mensch seinerzeit die Domäne Dinslaken24 reserviert hat. Dabei ist das Ruhrpottnest nicht gerade als *city that never sleeps* bekannt.

Die alte Wirtschaft, und eigentlich auch wir, waren von dem Schall und Rauch der neuen Firmenname einigermaßen verwirrt. Was war jetzt Firmenname und was der Name einer Pop-Band? Ein Leser der *Financial Times* half seinen Alterskollegen damals in einem Leserbrief mit typisch britischer Verschmitztheit weiter: »Die Popgruppen, das sind die Alten.«

Fernsehballett und fliegender Porsche

23. September 2000: Krach! Erst ein lauter Knall, dann grollt sekundenlang Donner durch den Hamburger Hafen. Eine Wolke aus Staub und Bauschutt hüllt die unteren Stockwerke des Hochhauses ein. 40 Kilogramm Dynamit haben das Erdgeschoss pulverisiert. Fast wie in Zeitlupe sackt das Gebäude ein. Laut knirschen die Stahlträger im Beton. Sekunden vergehen. Langsam verschwindet die triste, graue Fassade fast völlig in einer Staubwolke. Nur die Spitze eines giftgrünen Werbebanners ragt noch heraus. Es bedeckt fast die gesamte linke Haushälfte. Darauf ist in zwei Stockwerke hohen Lettern zu lesen: »Tschüß!« Der Rest der Reklamebotschaft liegt schon unter Schutt begraben: Ich-zieh-um.de.

Mit dieser spektakulären Aktion sorgte die gleichnamige Internetfirma damals für Furore. Man wollte mit der »explosivsten Announcement-Kampagne der Welt«, so der Pressetext, ein Maximum an öffentlicher Aufmerksamkeit für das Produkt erreichen. Hinter der gigantomanischen Aktion stand – wie so oft – ein bescheidenes Konzept: Ich-zieh-um wollte Menschen den Wohnortwechsel erleichtern. Der Service versprach, mit den üblichen »paar Mausklicks« Zeitungsabos umzuleiten sowie Post und Stadtwerke zu informieren – und all das natürlich kostenlos.

Doch so ganz hat es nicht geklappt mit dem Durchbruch durch Abbruch: Zunächst weigerte sich das Gebäude standhaft, ganz umzufallen. Nur das unterste Stockwerk sackte ein. Und außerdem war der Zeitpunkt ungünstig gewählt. Die Abendsonne stand just im Moment der Sprengung hinter dem Hochhaus und versaute den zahlreich erschienenen Fotografen ihr Motiv. Was soll's? Für eine Viertelseite in *Net-Business* hat es (wie fast alles) trotzdem gereicht. Wir waren beeindruckt.

Und darum ging es schließlich: »Wir haben den meisten Wind produziert«, sagt Sima von Hoensbroech noch heute nicht ohne einen gewissen Stolz. Tatsächlich hat ihr Unternehmen Snacker wirklich perfekt auf der Klaviatur des Dotcom-Marketing gespielt – von der Wiege bis zur Bahre: Noch bevor ein einziger Kunde gewonnen war, ließ man in die Presse kolportieren, dass etwas ganz Großes und ebenso Geheimes auf dem Weg sei. Wie üblich ging die Rechnung auf: Die Neugier, worum es sich denn handele, kreierte den erwünschten Hype: Snacker hier, Snacker da war zu lesen, obwohl sich das letztendlich präsentierte Geschäftsmodell als völlig substanzlos entpuppte. Selbst das Ende seines Unternehmens inszenierte Gründer Frank Lichtenberg perfekt: Er verkündete das Aus auf einer von ihm selbst veranstalteten Pink-Slip-Party. Doch dazu später mehr.

Im Verlauf ihres kurzen Lebens spulte die Firma Snacker wie viele andere Start-ups das volle Marketingprogramm ab. Station eins: Logoterror. T-Shirts, Kickroller, Stressballs (Gummibälle zum Kneten, mit Sand gefüllt), Stifte, Tassen – kurzum: Jede Oberfläche, auf der moderne Druckfarben haften, wurde mit dem sexy Maskottchen Manga verschönert. Sogar Tattoos ließ man produzieren, »damit konnte man diese Old-Economy-Typen schön schocken«, lacht die ehemalige Marketingchefin. Gelegentlich schoss man auch über das Ziel hinaus, wie zum Beispiel mit dem Snacker-Konfetti. Gleich kistenweise hatte man es produzieren lassen, für den eigenen Wagen auf der Love Parade 2000. In Berlin angekommen, mussten die flotten Gründer allerdings feststellen, dass jede Art von Wurfmaterial auf dem Ravertreffen verboten war. Sima von Hoensbroech verballert das Zeug heute noch zu Silvester.

Egal. Hauptsache groß. Think Big! In keinem Bereich ihres Geschäfts hat sich die Wildwirtschaft dieses Motto so zu Herzen genommen wie in Marketing und PR. Es ging darum, schnell Märkte zu besetzen, das Unternehmen bekannt zu machen, rasch zu wachsen. Bei den Hamburger Netzpiloten etwa flossen von 13 Millionen D-Mark Startkapital direkt 4 bis 5 Millionen in Fernsehwerbung. Was, TV-Reklame? Genau, wenn schon, denn schon. Es sollte ein regelrechtes Cybermusical werden. Als Gaststar kaufte man Thomas Herrmanns ein, bekannt aus dem *Quatsch Comedy Club* auf Pro7. Und auch sonst musste alles vom Feinsten sein. Flankiert von einem Fernsehballett sollte der Comedian aus einem Flugzeug steigen (wegen Netz*piloten*, haha). Aber nicht irgendeine Maschine, sondern ein ganz spezieller, recht großer Typ sollte es sein, von dem es nur noch ein Modell gab – und das weilte seinerzeit in Schweden. »Plötzlich findest du dich wieder und besichtigst Hangars«, erinnert sich Gründer Wolfgang Macht an den ausbrechenden Größenwahn. Schließlich entschied man sich doch für ein Modell zum Aufblasen. Aber »etwas befremdlich« sei ihm beim Dreh in Köln schon gewesen, als 120 Menschen in einem riesigen Studio herumwuselten – nur für sein Mini-Start-up von der schmuddeligen Hamburger Schanze.

Aber: zu groß – diese Worte gab es in unserem Wortschatz damals nun mal nicht. Immer schön einen auf dicke Hose machen. Außerdem hat's ja funktioniert. So auch bei Yoc, einer

Ein Start-up hebt ab
TV-Werbespot der Hamburger Netzpiloten, 1999
© Netzpiloten AG

Berliner Hinterhoffirma, die Logos, Klingeltöne und ein
Abstimmungssystem über Handy anbietet. Für eine Werbeaktion
setzte die Firma seinerzeit ihren Werbeslogan »Dein Wille ge-
schehe« besonders spektakulär um. Man hievte einen Porsche 911
an einem Baukran 50 Meter in die Höhe. Dort baumelte die Luxus-
schleuder einen Monat, während die Kunden per SMS abstimmen
konnten, ob der Wagen nun fallen solle oder nicht. 80 000 Handy-
träger machten mit. Als der 911 dann – wie vorauszusehen – in die
Tiefe stürzte und krachend zerbarst, berichteten selbst *CNN* und
das neuseeländische Fernsehen davon. »In dieser Sekunde hatten
wir eine exorbitante Burnrate«, protzte der Firmenchef in die
Kameras. Der Erfolg hat ihm Recht gegeben. Viva, Sat1 und sogar
der Waschmittelriese Procter & Gamble kauften die Abstimmungs-
technologie von Yoc ein. Da störte es auch niemanden, dass man
alles nur inszeniert hatte: Insider verrieten nachher, dass der
Porsche gar nicht neu war, sondern vom Schrott stammte und

technische Innereien wie der Motor längst ausgebaut waren. Aber wen interessiert das? Die Firma Yoc gibt es heute noch. Der Crash hat sie vor dem Crash bewahrt.

Das wirklich Bizarre an diesen Marketing-Orgien war: Sie wuchsen häufig nicht einmal auf dem Mist der Gründer. Nein, die ach so vernünftigen und sparsamen Geldgeber bedrängten die Start-ups, doch endlich zu prassen. »Wir haben besser gewirtschaftet, als die Investoren das wollten«, bestätigt Gerrit Schumann. Sie erinnern sich? Das ist der mit der »Arbeitsgemeinschaft«. Die Geschäftsidee des Studienabbrechers, Software per Download über das Internet zu verkaufen, hatte 1999 endlich abgehoben. Kapitalgeber stiegen in die Element5 AG ein und brachten 13 Millionen Mark. Und die sollte jetzt möglichst schnell und spektakulär rausgeblasen werden, forderte die Nadelstreifen-Fraktion. »Wir mussten uns vor dem Aufsichtsrat immer rechtfertigen, warum wir so wenig Geld ausgeben«, lacht Schumann. Ein Start-up-Klischee nebenbei: In diesem Gremium saßen neben den Kapitalgebern auch die Väter der Gründer.

Startet das Marketingfeuerwerk, und zwar sofort – verlangte der Aufsichtsrat. Wie genau die große Geldverballerung aussehen soll, wussten die Herren auch schon: wie bei Beyond.com! Das amerikanische Unternehmen war mit einem ähnlichen Konzept wie Element5 an den Start gegangen und hatte jenseits des Atlantiks mit einer Mega-Reklamekampagne auf sich aufmerksam gemacht. Medienwirksamkeit war hier oberste Pflicht. Der Chef der Firma erschien zu Interviews auf dem Finanzkanal CNBC regelmäßig in Boxershorts, um seine Botschaft zu verkünden: »So, wie ich hier sitze, können Sie demnächst Software kaufen.« Wollte sagen: Um Programme für den PC zu kaufen, muss man nicht mehr das Haus verlassen. 50 Millionen Dollar flossen bei Beyond.com ins Marketing, sogar in der Halbzeitpause des Superbowl wurden megateure Spots ausgestrahlt. Den Zuschauern des nationalen Football-Endspiels 1999 präsentierte man einen nackten Mann vorm Fernseher, der – man ahnt es schon – so Software einkaufen geht. Im folgenden Spot einer Firma namens Cyberian Outpost wurden übrigens Hamster aus einer Kanone gegen eine Wand geschossen. Entertainment auf so hohem Niveau erwarteten die Geldgeber auch von Schumanns Truppe. Die Marke müsse bekannt gemacht werden, es gehe ausschließlich ums *branding*, die Sache muss *eskaliert* werden, forderte der Aufsichtsrat. Dass Beyond.com trotz ihrer Nudistenspots nur halb so viel Umsatz wie Element5 machte, interessierte niemand. Es war eine verkehrte Welt: Just jene Eltern, die beim Aushändigen des Taschengeldes immer gemahnt hatten: »Kind, gib nicht alles auf einmal aus!«, predigten jetzt das Prassen. Und die Kids von gestern mussten sich für ihre Sparsamkeit entschuldigen.

Do believe the Hype!

»Das Geld war ihnen sicher, die wollten die Story«, erinnert sich PR-Mann Andreas Dripke an sein Geschäft während des zweiten Wirtschaftswunders. Und tatsächlich: Gerade zu Beginn des Booms, als die Gründer das Geld noch hinterhergeworfen bekamen, war nichts wichtiger, als in der Öffentlichkeit präsent zu sein. Ein Artikel in der *WebWelt* war nett, eine Seite in *Net Business* ein Erfolg, und die Titelseite der *Wirtschaftswoche* galt als eine Art heiliger PR-Gral. Zahlen interessierten niemand, die Web-Site-Story war gefragt. Längst hatte sich Aufmerksamkeit zur neuen Währung der Ökonomie entwickelt. Die einfache Regel war: Von wem wir nichts lasen oder sahen, der existierte nicht. Und wer nicht existierte, bekam keine Zugriffe auf seiner Webseite, keine zweite Kapitalspritze und so weiter. Seine Story war gescheitert. Damit war zum ersten Mal in der Wirtschaftsgeschichte eine Geschichte wichtiger als die Wirtschaft selbst.

Und niemand beherrschte das Geschichtenverkaufen besser als Andreas Dripke. Sein Name ist für viele Journalisten noch heute gleichbedeutend mit der New Economy. Zu Hochzeiten flatterten pro Tag bis zu fünf Pressemitteilungen aus der Wiesbadener

Agentur auf den Schreibtisch. Einige geißelten ihn damals sogar als »Müll-Mail-Mann«. Überschriften wie »Das Gründerduo aus dem Sandkasten« klingeln so manchem Redakteur noch heute in den Ohren. Aber trotz allen Wehklagens führte an Dripke kein Weg vorbei: eBay, Datango, Monster, später Jamba – er vertrat sie alle. Vier der zehn Top-Ten-Internetfirmen hier zu Lande überließen ihre Public Relations dem Dripke-Team.

Dabei passte der Mann von Anfang an überhaupt nicht in das windige Web-Klischee. Nett, zurückhaltend, etwas bieder, vor allem in puncto Kleidung. Keine Spur von Glamour, kein typisches Medien-Chi-Chi. Dripke sah aus, als könnte er sein eigenes Computernetzwerk administrieren. Mit seiner konservativen Kurzhaarfrisur und der schmucklosen Metallbrille wirkte der Mittdreißiger zwischen all dem bunten Dotcom-Volk immer ein wenig wie ein Sparkassenangestellter. Zur Internetwirtschaft war er auch eher durch Zufall gekommen. Im Herbst 1999 hatte Oliver Samwer ihn, wie schon berichtet, innerhalb weniger Stunden für eBay engagiert. Danach war alles geritzt – was Dripke allerdings nicht ahnte. Denn Samwer hat seinen PR-Mann sofort mit dem ihm eigenen Überschwang weiterempfohlen: »Hol' dir Dripke, sonst gehste Pleite!«, redete er seinen Kumpels ins Gewissen. Und die gehorchten brav. Irgendwann war der Punkt erreicht, an dem »Dripke engagieren« zu einem Fixum in jedem Business-Plan geworden war.

Zu Boomzeiten klingelte in den Büroräumen in Wiesbaden Erbenheim das Telefon pausenlos. »Ich musste schon um 12 Uhr mittags Neukunden ablehnen«, erinnert sich Dripke. Jeder wollte nur ihn. Da half es auch nichts, die Honorare zu erhöhen. Geld hatten die Start-ups ja reichlich. Selbst Agenturen, die ihre Sätze verfünffachten, fanden noch Auftraggeber. Ein potenzieller Kunde fuhr sich vor Dripkes Haustür vor lauter Vorfreude fast sein Auto kaputt. An einem anderen Tag spazierte der Verleger Klaus Helbert in das Büro und stellte einen Dildo auf den Konferenztisch. Dann verkündete der Pornospezialist, unter anderem Erfinder der Schmuddelpostille *Coupé*, lautstark: »Sehen Sie, ich mache auch

Hightech.« Er war natürlich auf der Suche nach einem Investitionsobjekt aus der Internetwirtschaft. Und kaum einer kannte sich hier so gut aus wie PR-Mann Dripke. Auf dem Höhepunkt des Booms begannen die Journalisten sogar über seine Agentur zu schreiben statt über seine Schützlinge. »Man berichtete über uns – und nicht über die Vorstände auf dem Podium«, erinnert sich Dripke, immer noch peinlich berührt. Der Geschichtenerzähler war wichtiger geworden als seine Geschichten. Aber die Öffentlichkeitsgeilheit der Gründer war gerechtfertigt. Denn egal, welches Rezept die *Spindoctors* anrührten – die Presse brachte alles willfährig zu Papier. Und wir, das Publikum, lasen, klickten, kauften. Die berühmte Mahnung des Rappers Chuck D. von Public Enemy, »Don't believe the hype«, schlugen wir in den Wind. Wer braucht Public Enemy? Wir wollten Public Relations! Von Hype und Hörensagen konnten wir nicht genug bekommen. Es war völlig okay, auf jeden noch so dämlichen Zeitgeist-Zug aufzuspringen. Die gegenkulturelle Attitüde der 68er, bei denen noch alles schlecht war, was bei der Masse ankam, hatten wir freudig abgelegt. Uns gefiel, was allen gefiel.

Wie dankbar die Öffentlichkeit Öffentlichkeitsarbeit aufnahm, zeigt das Beispiel des »größten Treffens von Venture-Kapitalisten und Gründern in Deutschland«. Als solches wurde es jedenfalls im November 1999 von einer PR-Agentur ausgerufen. Es sollte an einem geheimen Ort stattfinden. Selbstverständlich hatten weder Jungunternehmer noch Investoren jemals davon gehört. Aber da es ja nun mal das größte Treffen sein würde, wollten alle dabei sein, und der Sturm brach los: Venture Capitalists meldeten sich gleich im Dutzend an. 3i, IVC, Wellington Partners – die Branchengrößen keilten sich um die Tische. Denn wer nur in der dritten Reihe stand, lief Gefahr, seine Millionen nicht mehr loszuwerden. Man merke: Es wurde um die Gründer gekämpft – nicht andersrum. Skurrile Szenen spielten sich ab. Dr. Werner Schauerte, oberster Kapitalverteiler der mächtigen Deutsche Venture Capital, saß im feinsten Business-Ornat, dunkelblauer Zweireiher, an einer Bierbank und nippte O-Saft aus einem Plastikbecher. Auf die Bank vor ihm hatte jemand mit Tesa ein Stück Papier geklebt und mit Edding »DVC« draufgekliert. Das war's. Wer seinen Business-Plan vorstellen wollte, setzte sich auf die Bank und legte einfach los.

Am Schluss erfüllte sich die PR-Vorhersage natürlich. Das Ganze wurde ein Mega-Event, es war voll ohne Ende. Als supergeheimer Veranstaltungsort entpuppte sich der Hinterhof der eBay-Büros in Berlin-Kreuzberg, mit einem Ambiente, das man euphemistisch als szenig beschreiben könnte. Es gab Cola und Pizza, und am Schluss haben sich die VCs zugeprostet. Jeder hat noch einen der coolen Jungs abgekriegt. Es war wirklich ein großartiges Treffen. So funktionierte PR in der New Economy.

Portal der Ahnungslosen

2000, großes Vorsprechen beim Inkubator einer großen deutschen Universität. In der Jury: Investoren, Profs, Technikexperten. Vor ihnen: Studenten, die ihre Geschäftsideen präsentieren. Als Nächstes ist die Firma X dran. »Also, wir planen so eine Art ›two-way pager‹«, erklärt der Sprecher des Gründerteams selbstbewusst. Er führt ein buntes und junges Häufchen ethnisch-durchmischter Stundenten um die 25 an – die Kommilitonen nennen sie, politisch nicht ganz korrekt, die »E-Moschee«. Bei dem Geschäft gehe es um, nun ja, eine neue Art Mobilfunk, bei dem ... Ist ja auch egal. Dann kommt der Youngster direkt zur Sache und verkündet, ohne mit der Wimper zu zucken: »Als Anschubfinanzierung stellen wir uns 10 Milliarden D-Mark vor.«

Noch lange hallte das Schenkelklopfen der Jurymitglieder durch den Hörsaal, nachdem die »E-Moschee« den Raum verlassen hatte. 10 Milliarden D-Mark? Na ja, man kann's ja mal versuchen, dachten sich die Studis wahrscheinlich. Verständlich, schließlich mussten sie tagtäglich mit ansehen, wie ihre Kommilitonen für noch viel größeren Bullshit Millionen in den Rachen geworfen bekamen. Ein Jahr später übrigens diente das Gründerteam seinen

Businessplan erneut beim Inkubator an. Diesmal hatten sie ihre
Forderung flugs auf 125 000 D-Mark gekürzt.

»Un|ter|neh|men, das: -s, -: Organisatorisch-rechtliche Einheit,
die wirtschaftliche Zwecke verfolgt, in Wirtschaftswissenschaft und
-praxis meist als Unternehmung bezeichnet.« So ein Quatsch. Mit
dieser engstirnigen Definition aus *Gablers Wirtschaftslexikon* hatten
wir während der Boomjahre nichts mehr am Hut. Vor allem die
Sache mit dem wirtschaftlichen Zweck – wie total Old Economy!
Von solch spießigen Kriterien hatten wir uns längst verabschiedet.
Oder um mit den Worten eines bekannten Kölner Internetunter-
nehmers zu sprechen: »Wer Zeit hat, einen Business-Plan zu
schreiben, ist ein Depp!« Interessant ist übrigens, wie diese
Geschäftspläne mit Grimmfaktor zustande kamen. Dazu eine
Story von unserer Chaostruppe bei Cybergene in Köln:

Herbst 1999. Oh, oh, das kann ja heiter werden. Der oberste
Chef ist gerade von einer Messe in den USA zurückgekehrt. Dort
hat sich der studierte Biologe und Obervisionär eine Großpackung
Größenwahn abgeholt. Nach einer Woche amerikanischer *Think-
Big*-Indoktrination ist auch er völlig der Realität entrückt: Das
Geschäft mit den computergenerierten Menschen machen wir ab
sofort *ganz groß*! Ausbaden muss den Höhenflug mal wieder
Markus Weiß. Er ist bei der Cybergene fürs Geschäftliche verant-
wortlich – eine ungewöhnliche Besetzung, schließlich hat der
Heavy-Metal-Fan mit langen Haaren gerade mal Industriekauf-
mann gelernt und fungiert normalerweise als Assistent des
Geschäftsführers.

Aber da mehr Wirtschaftskompetenz nicht verfügbar ist, muss
der Mittzwanziger eben den neuen Geschäftsplan Version XXL
schreiben. »Markus, mach' uns mal 'nen Business-Plan für 10
Millionen Dollar«, instruiert ihn der Chef knapp. Also schmeißt
Assistent Weiß die Tabellenkalkulation an und legt los. Normalerweise würde man den Geschäftsplan so aufstellen: Umsatz schätzen, davon Ausgaben für Personal, Computer und Miete abziehen,
unten würde als Summe der erwartete Gewinn herauskommen.
Doch in der Wildwirtschaft zäumte man das Pferd von hinten auf.

»Ich hab unten die zehn Millionen hingeschrieben und dann oben so lange verschiedene Zahlen eingetragen, bis die Rechnung stimmte«, erinnert sich Weiß. Kurzum: Die Zahlen waren frei erfunden. Über dieses Trial-and-Error lacht sich der ehemalige Vorstandsassistent heute noch kaputt. Als er eine Woche darauf den Geschäftsplan bei der Sparkasse präsentiert, musste die Sache natürlich bescheidener aussehen: »Dann hab ich einfach alles durch zwei geteilt!«

Es ist eine bizarre Situation: Da sitzt Vorstands-Assi Weiß also, im Anzug mit Reißverschlüssen, die schulterlange Mosher-Mähne zum sozial noch akzeptierten Pferdeschwanz gebändigt, und präsentiert der Finanzelite die Millionenpläne von Cybergene. »Du wusstest, dass du nur Scheiße in den Händen hattest«, erinnert er sich. Brenzlig wird die Situation immer, wenn die Banker nachbohren. Mit steinerner Miene gehen sie in den Verhörmodus: Sie haben da in Zeile 46 Mietausgaben in Höhe von soundso viel Mark angesetzt. Wie kommen Sie auf die Zahlen? »Da hätt ich am liebsten gesagt: ›Ausgedacht‹!«, schmeißt sich Weiß vor Lachen weg. Mittlerweile hat der ehemalige Millionenjongleur der Businesswelt den Rücken gekehrt. Er studiert Sozialarbeit und singt nebenher in einer Heavy-Metal-Band. Um Millionensummen geht es in seinem Leben nicht mehr.

Was Markus Weiß nicht wusste: So oberschlau waren die Flanellritter aus Frankfurt überhaupt nicht. Die Gefahr, mit seiner Grimmkalkulation aufzufliegen, hielt sich stark in Grenzen. Denn die Herren Banker litten selbst an schwerem Boomfieber. Symptome: zittrige Hände beim Kalkulieren, verschärftes Über-den-Daumen-Peilen und Nicht-so-genau-Hingucken. »Die alten Regeln gelten nicht mehr«, lautete ein beliebter Slogan aus der Zeit. Und für viele Banker schloss das die Regeln der konservativen Buchführung mit ein. Die monstermäßigen Kurszuwächse ihrer Kunden schon vor Augen, drückten sie selbige gerne auch mal zu. Passt schon, lautete plötzlich das Motto der sonst so korrekten Banker. Man erfand sogar eine neue Bilanzierungsmethode mit dem viel sagenden Namen *Pro Forma*.

Zur Freistil-Finanzierung eine skurrile Episode aus dem Jahr 2000: Köln, die Büros der Internetagentur Fishtank (alle Namen geändert), spätabends. Die Jungs und Mädels wurden angeheuert, schöne Folien für den Börsengang eines Kunden zu designen. Der heißt Telebridge und will demnächst an die Börse gehen, da müssen die Firmenprospekte gut aussehen. Schon morgen soll die Roadshow, eine Art Werbetour für den Börsengang, beginnen. Doch es gibt wie üblich Probleme: Bei der Telefongesellschaft brennt es lichterloh, denn das wichtigste Ingredienz für die Werbetour fehlt noch: die aktuelle Bilanz. Es hakt bei der Hausbank in München. Die rechnet immer noch an den aktuellen Zahlen herum. Und ohne Zahlen keine Folien, und ohne Folien keine Börsenstory. Wie soll man so den Aktienprofis und Anlagespezis den Kopf verdrehen?

Angespannt kauern die Mitarbeiter von Fishtank vor dem Faxgerät: Sie sollen, wie gesagt, den Ziffernsalat der Telebridge in eine ansprechende Form bringen. Mit dem Inhalt haben sie nichts zu tun – oder besser gesagt: noch nichts. Da sitzt die Truppe rund um den Chef Peter PowerPoint nun, knetet sich die Handknochen und wartet auf das erlösende Fiepen der – nebenbei gesagt: total uncoolen – Faxmaschine.

»Pieeeeep.« Endlich gegen neun kommt die Erlösung. Brummend spuckt die Maschine das ersehnte Schriftstück aus. Professionell sieht der Output allerdings nicht aus. Eine unscharfe, mehrmals kopierte Bilanz, in die der Banker *per Hand* reingeschmiert hat. Einige Zahlen sind durchgestrichen, andere Ziffern klein danebengekliert. Eher wie ein Kneipendeckel sieht die Millionenbilanz aus. Na ja, was soll's, denkt sich Peter Powerpoint und macht sich ans Werk. Er bearbeitet den Auftrag. Klicker, klicker, Logo einfügen, die Diagramme nehmen Gestalt an. Doch irgendwie wandert der Blick des Layout-Lakaien immer wieder auf die Zahlen. Da stimmt doch was nicht! Powerpoint hat ein ungutes Gefühl. Er ist studierter Betriebswirt und leitet schließlich seine eigene Agentur mit 12 Mitarbeitern. Wie ein vernünftiger Jahresabschluss aussieht, weiß er. Und das ist keiner, da ist sich Powerpoint sicher. Er greift zum Rechner – und tatsächlich: Die Bilanz stimmt vorne und hinten nicht. Haben minus Soll ergibt nicht null – ein Fehler, den ein Bankkaufmann nach einer Woche Ausbildung bemerken würde. Was tun? In Peter Powerpoints Kopf kämpfen zwei Geister: Eigentlich soll er ja nur die Folien machen, aber andererseits will er die Typen von Telebridge mit diesem Mist nicht auflaufen lassen. Der Betriebswirt gewinnt: Der Designprofi korrigiert nach eigenem Gutdünken die Bilanz, zimmert schnell die Diagramme zusammen. Dann geht die CD per Kurier zum Kölner Flughafen, wird in letzter Sekunden noch in die Zehn-Uhr-Maschine nach Frankfurt reingereicht.

Am nächsten Morgen treten die Telebridge-Chefs locker flockig vor ihr Publikum, mit einer Bilanz, die ein Foliendesigner geschrieben hat. Und das Unfassbare passiert: Sie merken nichts! Irgendwann Wochen später klopfen sie Powerpoint noch freundlich auf die Schulter, aber natürlich erst, nachdem der sie auf seine Nachhilfe hingewiesen hat. Nicht mal richtig peinlich war ihnen der Zahlensalat. Hauptsache, die Story kam gut an.

An dieser Stelle ein Hinweis, nur der Vollständigkeit halber: Natürlich gab es damals auch seriöse Buden – Start-ups, in denen Berater am Ruder saßen, die alles bis auf den letzten Pfennig professionell durchrechneten. Mit Banken im Rücken, die die Business-Pläne ihrer Kunden bis ins kleinste Detail abgeklopft haben. Aber mal ehrlich: Wer will davon schon was lesen? Und erfolgreicher waren diese Internetfirmen nachher auch nicht.

Also zurück ins Land der finanziellen Fantasie, des Business der Blauäugigkeit, der Geschäftspläne mit Grimmfaktor. Damals war die Nation im wahrsten Sinne des Wortes unternehmungslustig geworden und ließ sich längst nicht mehr von den Grenzen der Betriebswirtschaftslehre aufhalten. Ein Unternehmen – das war damals so ziemlich alles. Ein Portal für Golfspieler? Klingt nach Millionenumsatz. Ein Solarium für Exhibitionisten? Sex geht immer! Ein Fahrradkurierdienst für Pornofilme? Passt schon. Ach ja, für die Idee bräuchte ich natürlich soundso viel Millionen.

Mit den Kapitalforderungen war man ja immer schnell bei der Hand. Warum auch nicht. Denn so bizarr es klingen mag: Sämtliche oben genannten Unternehmen gab es wirklich. Alles war wie gesagt möglich, wenn man es nur glaubhaft verkaufen konnte. Wirklich bahnbrechende Ideen kamen dabei meist nicht heraus, eher Variationen vermeintlicher Erfolgsmodelle. Und wer erinnert sich nicht an mindestens einen dieser Klassiker:

- Das Portal. Hinter diesem Begriff verbirgt sich die Idee, eine Webseite aufzumachen, die auf hunderte anderer Webseiten verweist (später mit »ai« geschrieben). Also: Auf dem Portal für Golfspieler gibt es Golfbälle zu kaufen, aktuelle Turnierdaten und News, Links zu allen Golfplätzen Deutschlands und die unvermeidliche ...

- Community. Das Internet als modernes Lagerfeuer, an dem sich die Freunde von Sportarten, Spielen, Sexpraktiken oder sonstwas zusammenfinden – das ist der Gedanke hinter den Gemeinschaftsseiten. Es gibt kaum eine ökomäßigere Flaute als diesen Community-Mist. Man kann das Wort kaum aussprechen, ohne innerlich ein »ey« hinterherzuschieben zu wollen. Das wird voll die Community, *ey*. Gescheitert sind die meisten Online-Gemeinden am Geld. Wer setzt sich schon ans Lagerfeuer, wenn er dafür Eintritt zahlen muss?

- Der Eins-zu-eins-Webladen. Er entstand meistens nach diesem Muster: Fünf Unternehmensberater sitzen zusammen und analysieren vor sich hin. Sie kommen zu dem Schluss, dass der Markt für, sagen wir mal, Gartenmöbel in Deutschland soundso viel Millionen Euro beträgt. Daraufhin machen sie den Investoren weis, man könne den ganzen Handel »eins zu eins« auf das Internet übertragen. Die Idee tritt häufig in Kombination mit dem Portal auf (s. o.) und ist besonders Misserfolg versprechend, wenn man alles selber machen will – also auf Partnerfirmen verzichtet, alle Lagerhäuser und eine LKW-Flotte erst mal selbst kauft. Prominentes Beispiel: Vitago, eine Art Drogeriemarkt im Internet. Mehr als 43 Millionen Euro verbrannte das Münchner

Start-up seinerzeit innerhalb von nur einem Jahr. Zu viele Kunden hatten anscheinend den extragroßen Fünf-Kilo-Beutel Katzenstreu in ihre Wohnung im fünften Stock ohne Aufzug geordert.

- Die Einkaufsgemeinschaft. Die Idee hier: Im Internet rottet sich eine Gruppe von Käufern zusammen, die alle das gleiche Produkt erstehen wollen. Gemeinsam würde man einen Mengenrabatt erzielen und den Preis für jeden Einzelnen senken, dachten die Visionäre. Eine geniale Geschäftsidee, die alles in sich vereint, was sich der Internetkäufer *nicht* wünscht: geringe Auswahl, Warten auf das Produkt – und Preise, die schlussendlich doch weit über denen der Offline-Läden liegen. Berüchtigt gemacht hat das Geschäftsmodell die Firma Letsbuyit.com, die es hinkriegte, in ihrem kurzen Leben ganze 110 Millionen Euro zu verbrennen. Insider sprachen danach nur noch von Letsburnit.com.

Mit derartigen Peanuts gab sich die Netzwirtschaft jenseits des Atlantiks natürlich nicht ab. Runde 1,2 Milliarden Dollar gab das Unternehmen Webvan bis zu seiner Pleite aus – für ein zugegebenermaßen ambitioniertes Projekt: »You may never go to the grocer again« stand auf den Kugelschreibern, die das Start-up aus Seattle als Werbung verschenkte – »Sie müssen vielleicht nie wieder zum Kaufmann gehen« (immerhin hatte man den Konjunktiv verwendet). Kippte man den Stift zur Seite, rollerte ein Männchen mit Sackkarre vom Lieferwagen links zur idyllischen Ami-Einkind-Familie rechts. Der Plan: Das Net-Set sollte seine Lebensmittel nur noch im Internet bestellen und sich von Webvan nach Hause liefern lassen. Für dieses Monsterprojekt errichtete die Firma landesweit Lagerhäuser und kaufte sogar eine eigene LKW-Flotte ein. Ein kleine und erlesene Kundschaft von 750 000 Fans in Chicago, San Francisco und Los Angeles war völlig begeistert von dem Service. Aber damit ließ sich nun mal keine Traditionsbranche knacken.

1999 gehörte neben den Webvans noch eine andere Internet-
Institution ins amerikanische Stadtbild: Es waren sportliche, junge
Männer mit knallorangen Taschen, die sich auf ihren Mountain-
bikes durch die Straßenschluchten schlängelten. Sie sahen cool aus
(in etwa so wie der Cola-light-Mann heute), hießen Spike, Speedo
oder Gaz und lieferten Videos, Eiscreme und Chips an jeden, dem
gerade danach war. Ab und zu brachten sie auch den falschen
Pornofilm. Kozmo nannte sich das Unternehmen, das den Traum
aller Stubenhocker wahr machte: einen Lieferdienst, der Couch
Potatos mit dem Nötigsten versorgte; bestellt wurde per Internet,
geliefert innerhalb einer Stunde per Fahrradkurier. Die Firma galt
damals als extrem cool; Passanten beklatschten die Auslieferfahrer
auf der Straße, Liefertaschen waren – auch bei deutschen Net-Kids
– ein gesuchtes Lifestyle-Accessoire. Vor allem die Kunden, ver-
schrobene Einzelgänger, Computerfreaks oder Menschen, die bei
minus 20 Grad einfach nicht mehr das Haus verlassen wollten,
liebten Kozmo. Kurz vor dem Sprung über den Atlantik kam
Anfang 2001 für den modernen Pony-Express dennoch das Aus.
Der Besitzer von www.kozmo.de hatte nämlich angeblich schon
eine fünfstellige D-Mark-Summe für die Adresse kassiert.

Hormonbedarf in Castrop-Rauxel

Zurück ins Land der Reichen und Schön-Beknackten. Selbst für
die absonderlichsten Geschäftsideen fanden sich auch bei uns
millionenschwere Investoren. Doch noch viel bizarrer als die
verwirklichten Unternehmensideen sind jene, die es *nie* bis zur
ersten Finanzierungsrunde geschafft haben. Was da im deutschen
Cyberspace noch so alles auf uns zukommen sollte, kann man
heute auf Domainbörsen sehen. Hier werden jene .de-Adresse
angeboten, deren Besitzer keine Gebühren mehr zahlen wollen
oder können. Dem geduldigen Besucher erschließt sich hier ein
wahres Panoptikum an Webwahn. Wer zum Beispiel versprach
sich ein Geschäft mit Kaeseabfall.de? Wer wollte dem Berliner

KaDeWe Konkurrenz machen, indem er sich Kaufhaus-des-
Ostens.de oder Kaufhaus-des-Suedens.de reservierte?
Geschäftsideen wie Nikolausbedarf.de leuchten ja noch ein.
Welche Zielgruppe allerdings Hormonbedarf.de ansprechen
wollte, wollen wir nicht wissen, genau wie das Angebot des
Castrop-Rauxel-Shop.de. Auch ein Klassiker war immer das Ver-
sprechen, alles sei für lau. Und das stimmte manchmal sogar,
denn manche Unternehmen verfolgten ja nicht notwendigerweise
»wirtschaftliche Zwecke«. So plante irgendjemand, uns mit
Gratislimo.de zu erfreuen, ein anderer Unternehmer sogar mit
Gratiswww.de. Eher fraglich ist, ob wir den Gratisrollstuhl.de oder
gar den Gratis-Krieg.de gewollt hätten.

Und so weiter und so fort. Die gelöschten Internetadressen
zeigen das wahre Ausmaß von Dreistheit und Dummheit der
vermeintlichen Unternehmer von damals. Schnell wird klar: Hier
waren überwiegend keine Studenten mit MBA-Abschluss unterwegs, sondern Menschen ohne kriminelle Berührungsängste
(Tachojustierungen.com), die zum Teil selbst für das Erotikge-
schäft zu blöd waren (Foegeln.com). Wie naiv diese Goldgräber zu
Werke gingen, beweist eine Story aus der Kölner Agentur
Barracuda:
Büro von Oliver Zeisberger, irgendwann anno Boom. Ein potenzieller Kunde hat sich per E-Mail gemeldet – mit einer Geschäftsidee, wie sie typischer nicht sein könnte. Der unbekannte Newco-
mer will ein Portal für Greenkeeper eröffnen – also nicht für die
Golfer selbst, sondern für jene Menschen, die auf dem Golfplatz
den Rasen pflegen. Mähen, Düngen, Wässern ist das täglich Brot
dieser nicht gerade technophilen Zielgruppe. Und ausgerechnet
die Generation Golfrasen will der Herr also mit einer Webseite
beglücken. Über das Angebot hat er auch schon genaue Vorstellungen: eine Startseite mit Registrierfunktion, ein Forum, ein E-Mail-
Newsletter und so weiter. Was so was denn bei Barracuda koste,
will der Rasenmäher-Mann wissen.

Nachdem sich das Schmunzeln gelegt hat, schicken die Kölner
Internetprofis eine freundliche Antwort, klären den Gründer auf,

dass es unüblich ist, per E-Mail konkrete Zahlen zu übermitteln. Agenturchef Zeisberger schlägt ein Treffen vor und informiert das Greenhorn vorab:»Der Manntag kostet bei uns 2000 Mark.« Schon am nächsten Tag meldet sich der Gründer zurück. Das sei ja ein guter Preis und das alles fände er ganz toll, schreibt er in seiner Mail. Schließlich habe er selbst für sein Vorhaben 3000 D-Mark einkalkuliert. Völlig geplättet sehen sich die Barracudas an. Dann fällt der Groschen. Dieser vermeintliche Unternehmer weiß nicht, was ein Manntag ist. Er dachte im Ernst, einen kompletten Webauftritt für 2000 D-Mark zu bekommen.

Richtig kurios wurde die Sache, wenn die durchgeknallten Geschäftsideen auch tatsächlich Erfolg hatten. In goldbrauner Erinnerung ist uns hier noch das Gratis-Solarium.de. Die kongeniale Geschäftsidee des Hannoveraner Unternehmens: Man installierte Webcams in den Kabinen eines Solariums. Das Bräunen ist für die Getoasteten so umsonst, während die Voyeure am Bildschirm bezahlen müssen. Zum einjährigen Firmenjubiläum (in der Wildwirtschaft zählte das fast wie zehn) legte sich sogar der international bekannte Pornostar Kelly Trump auf den verkabelten Proletentoaster. Bezeichnend: Die Firma gibt es heute noch.

Das letzte Wort muss an dieser Stelle jedoch mal wieder dem Frankfurter Start-up Snacker gelten. Dessen Geschäftsmodell nimmt sich aus heutiger Sicht schon recht bizarr aus. Über die Webseite sollten Büroarbeiter, wie schon erwähnt, ihr Mittagessen bestellen. Das Unternehmen sammelte die Bestellungen und leitete sie per Fax an lokale Lieferdienste weiter; im Angebot waren dann Pizza, Mexikanisch und Chinesisch. Snacker bekam jede zehnte Mark von den Umsätzen ab. Dass mit der Webseite ein bestehender, erprobter Geschäftsablauf unnötig kompliziert wurde, schien niemanden zu stören. Klar, wir klicken uns durch zig Untermenüs, statt drei Sekunden bei Luigi um die Ecke anzurufen und knapp »das Übliche« ins Telefon zu bellen.

Doch der echte Trip nach Absurdistan beginnt, wenn man den Business-Plan von Snacker bis zum Schluss durchschmökert. Völlig Unfassbares wird da unter »Erfolgsphase III« präsentiert.

Hier haben die Gründer echte Fantasie bewiesen und sich ein Geschäftsmodell ausgedacht, das jedem James-Bond-Plot alle Ehre machen würden. Die Kunden sollten neben Pizza, Pasta und Sieben Kostbarkeiten nämlich später auch Videofilme ordern können. Und das sollte so ablaufen: Über einen breitbandigen Satelliten-Internetanschluss wird der Film digital vom Snacker-Server zum Pizzaladen um die Ecke gebeamt. Dort wird das Video – während Luigi den Teigboden belegt – auf eine DVD gebrannt und mit der Pizza ausgeliefert. Dr. No, hören Sie? Fehlt nur noch ein Wassergraben voller Piranhas rund um das Snacker-Hauptquartier.

Von Meckenheim nach Malibu

Vier Uhr nachmittags, im Jahr 2000. Christian Leinen hat sich gerade aus dem Bett geschält. Der arbeitslose Krankenpfleger schlüpft in seine Adiletten und schlorrt in die Küche. Draußen brüllt die Junisonne auf die Dächer von Meckenheim, einer Bonner Trabantenstadt. Aber davon kriegt Leinen nichts mit. Er hat die Rolläden bis auf einen Minispalt heruntergelassen. Helligkeit könne er nicht ab, sagt er. Mit seinem Morgenkaffee und einer Selbstgedrehten fällt der 30-Jährige vor seinen Computer. Um ihn herum sieht es aus wie auf einer Elektroschrotthalde; drei mal drei Meter vergilbte Rechnergehäuse, Möbel vom Sperrmüll, volle Aschenbecher. Der Computerfreak wirft den einzig funktionierenden Rechner an, checkt seine Mails. Und was dann kommt, verschlägt ihm die Sprache: Um 8.14 Uhr hat ein gewisser Damien Stolarz gemailt. Auf Englisch stellt sich der Herr als Chef einer kalifornischen Softwarefirma vor. Er sei im Netz auf Leinens Arbeit gestoßen und wolle ihn engagieren. Als Programmierer, Jahresgehalt 120 000 D-Mark, Büro in der Nähe vom Santa Monica Beach. Und alles am besten sofort, für ein Visum würde er sorgen. Leinens erste Reaktion:»Ich dachte, der will mich verarschen!«

Noch ein Jahr zuvor sah Christian Leinen nämlich nicht gerade wie der Kandidat für einen solchen Traumjob aus. Seine spärliche Freizeit verbrachte der Krankenpfleger vor dem Computer. Er spielte, vor allem *Aliens versus Predator*, eine tumbe Ballerorgie, bei der der Spieler durch ein virtuelles Gebäude läuft und alles erledigen muss, was sich bewegt. Definitiv kein geistreiches Game. Christian Leinen steht trotzdem drauf, spielt nächtelang. Doch irgendwann ist er es leid, die künstliche Realität hinzunehmen. Er beginnt, an der Software herumzudoktern, schreibt ein kleines Programm, das dem Spieler mehr Leben und Feuerkraft verleiht. Schnell verbreitet sich die Schummelsoftware im Netz und der Krankenpfleger bekommt einen Anschlussauftrag: Die weltweite Fangemeinde verlangt nach einem so genannten Level Editor. Damit könnten die Spieler die gesamte Spiellandschaft von *Aliens versus Predator* verändern: Grundrisse der Gebäude, Farbe der Wände, Klänge, alles. Christian beschließt, zusammen mit seinem Bruder die Sache anzugehen. Dass sie damit nicht nur ein virtuelles Spielfeld, sondern auch ihr Leben verändern würden, ahnt damals keiner der Brüder.

Leicht ist die Aufgabe nicht. Die Raumgestaltung für das Ballerspiel ist mittlerweile so kompliziert wie ein professionelles Architekturprogramm geworden. Digitale Gittermodelle, mathematische Algorithmen. Krankenpfleger Leinen bringt sich alles selbst bei, liest 1400-seitige Handbücher in zwei Wochen. »Ich habe acht Stunden in der Klinik gearbeitet und danach acht Stunden am Rechner gesessen«, erinnert sich Leinen, »der Job war bald nur noch sekundär«. Nach einigen Monaten zieht der PC-Freak die Konsequenzen und hängt die Krankenpflege an den Nagel. Sein Bruder gibt zeitgleich sein Physikstudium auf, verzichtet auf den greifbaren Doktortitel. Fortan verbringen die beiden Arbeitslosen bis zu 100 Stunden pro Woche vor dem Bildschirm. Am Ende brauchen die besessenen Brüder trotzdem ein ganzes Jahr für das Programm. »In der Industrie hätte das nur ein Team von 10 bis 12 Leuten geschafft«, glaubt Christian Leinen. Schließlich ist es soweit: Die Leinens stellen die erste Version des *Aliens-versus-*

Predator-Baukastens auf ihre Webseite. Die Netzgemeinde jubiliert, lädt den Level Editor tausendfach herunter, schickt Dankmails. Schön. Aber das war's dann auch, dachte Leinen. Bis zu jenem Junitag, an dem sich der Big Boss aus den USA meldete. Der hatte übrigens einen guten Grund: Stolarz' Firma war an der Programmierung von *Aliens versus Predator* beteiligt. Doch er schickt keine Abmahnung oder droht Prozesse an – obwohl er könnte, schließlich ist die Hackerei der Brüder Leinen alles andere als legal. Nein, der Amerikaner hat das Talent der Amateure erkannt und will sie in seine Firma holen. Ab dann geht alles sehr schnell. Leinen antwortet, der amerikanische Vorstand fliegt nach Deutschland ein, man trifft sich auf der CeBit-Messe, wird schnell handelseinig. Der Umzug von Meckenheim nach Malibu ist geritzt.

Soweit Christian Leinens fantastische Geschichte. Uns haben solche Storys gezeigt, dass unsere älteren Geschwister Unrecht hatten.»Dann musste halt mal früh aufstehen! Samstagmorgen um sechs als Erster am Bahnhofskiosk stehen, *FAZ* kaufen und direkt Zeugnis und Lebenslauf raushauen.« So hatten sie es uns eingebläut. Als es dann für uns soweit war, sah der Start ins Berufsleben ganz anders aus: Für den Eintritt in die Wildwirtschaft brauchte man überhaupt kein Zeugnis. Und früh aufstehen musste man schon gar nicht. Nur Mails lesen und ans Telefon gehen.

Aus heutiger Sicht erscheint Christian Leinens Geschichte fast märchenhaft, aber auf dem Höhepunkt der wilden Webzeit waren solche Jobangebote nichts Ungewöhnliches. Natürlich ging es nicht direkt um ein Büro am Baywatch-Strand, doch das Prinzip war ähnlich: Den Job bekam nicht mehr, wer seine Mappen ordentlich kopiert und geheftet oder auf dem Passfoto gewinnend gelächelt hat. Es spielte keine Rolle, ob man sich im Assessment Center besonders gruppendynamisch präsentiert oder den Personalchef mit gewandtem Bewerbungstalk beeindruckt hat. Nein, so konservativ es auch klingen mag: Nur die Leistung entschied über unseren Berufseinstieg. Krankenpfleger Leinen, unrasiert, leicht kauzig, mit Pferdeschwanz und ohne formalen Abschluss, hätte in der alten Wirtschaft niemals einen Job als Programmierer bekommen. In der neuen hatte er alle Möglichkeiten. Für unsere Geschwister aus der Generation der *FAZ*-morgens-am-Bahnhof-Käufer war das unfassbar. Sie fanden das Glück der Autodidakten geradezu ungerecht. Doch wir gewöhnten uns schnell an eine Welt, in der es Chancen auch ohne Diplom gab. Dazu Leinens lakonisches Fazit:»Die Amerikaner hat nur interessiert, was ich kann – und das konnten sie im Netz sehen.«

Natürlich reichte häufig schon der reine Kompetenzverdacht – oder Klüngel, um eingestellt zu werden.»Wir haben erst mal alle Freunde und Bekannten mit Jobs versorgt«, gibt Ex-Snacker-Frau Sima von Hoensbroech heute zu. Formale Qualifikationen waren meist unwichtig, Friends & Family hatten Priorität. Der Typ aus dem Studentenheim, der immer allen die Rechner repariert hat – kann der nicht bei uns die Technik übernehmen? Hattest du nicht mal diese, nun ja, kommunikative Freundin? Wäre die nicht perfekt für unsere Öffentlichkeitsarbeit? Und so weiter und so fort. In manchen Gründerunternehmen bildeten sich so schnell ganze Semester-Seilschaften. Klar wurde hier mitunter die Grenze zum Klüngel überschritten, vor allem in der Kölner Medienszene: Da wunderte sich niemand, als der Chef eines Morgens reinkam und seine neue Freundin kurzerhand als»persönliche Assistentin« vorstellte.

In den Start-ups schafften Kindergärtner, Lehrer und Sozialarbeiter. Bei Snacker gab es sogar einen ehemaligen Obdachlosen, der sich später zu einem der besten Webdesigner hocharbeitete. Kurzum: In der neuen Wirtschaft war Platz für viele Leute, die vorher nicht unbedingt durch Wirtschaftsnähe aufgefallen waren. Das führte allerdings mitunter zu brenzligen Situationen, etwa wenn Kapitalgeber die Lebensläufe des Managementteams sehen wollten. Dann war es höchste Zeit, die Vitae etwas zu professionalisieren. Sima von Hoensbroech lacht:»Dann haben wir den Praktikanten flugs ein paar ›Arbeitsaufenthalte‹ angedichtet.« Danach übten die alten Hasen (sprich: jeder über 25) mit den Youngstern, die vorher noch nie gearbeitet hatten, wie man sich beim Vorstellungsgespräch verhält. Und davon gab es seinerzeit einige – sogar auf Vorstandsebene.

Ein unmoralischer Anruf

Zugegeben: Die Einstiegschancen in der jungen Wirtschaft waren auch deshalb so blendend, weil wir kaum Konkurrenz hatten. Informatik war schon seit Jahrzehnten ein echtes No-No in Sachen Studienwahl. Außerdem profitierten wir von unseren pharmabegeisterten Eltern. Der Pillenknick sorgte dafür, dass es einfach zu wenig von uns gab. »Wir« waren ein knappes Gut geworden, und die Kurse unserer Ich-Aktien kannten nur eine Richtung: aufwärts. Und so kam es, dass plötzlich auch wir Kontakt mit einem zwielichtigen Wesen hatten, das wir bisher nur in den Sphären der Gordon Geckos aus *Wall Street* vermuteten: dem Headhunter. Früher war ein Anruf von ihm das Privileg der Großkopferten. Jetzt tauchten die Kopfjäger auch unterhalb der Chefetage auf. Mit so genannten Cover Stories wurstelten sie sich an der Telefonzentrale vorbei. Sie gaben sich als Journalist oder – besonders wirkungsvoll – Partyveranstalter aus, auf der Suche nach Herr oder Frau Soundso. Können Sie mich durchstellen? Aber gerne doch. So lief plötzlich auch bei uns der berühmte Freisprech-Anruf auf: »Können Sie frei sprechen?« Und konnte man, wurde direkt

Kopfjäger unerwünscht
Aufkleber von David Charles Consulting,
2000
© David Charles Consulting

so viel Blau vom Himmel versprochen, dass es sich unmöglich um einen deutschen handeln konnte. Summen flogen durch die Leitung, man wurde angeschleimt, was das Zeug hielt, so à la »Sie als anerkannter Experte für ...«. Dass wir eigentlich nur Experten dafür waren, den »Üfüs« (über 50-Jährigen) die Zukunft anhand eines Napster-Screenshots zu erklären, kümmerte den Kopfjäger nicht.

Besonders einfühlsam waren die Herren Personalberater, wie sie sich selber nennen, bei ihrer Arbeit übrigens nicht. Da wurde die Beute mitunter aufgeteilt, bevor sie überhaupt erlegt war.

»Schon in der Krise riefen täglich Headhunter an«, erinnert sich ein Mitarbeiter von Gigabell, dem ersten Unternehmen am Neuen Markt, das Pleite ging. Sie erinnern sich, das ist die Firma des Schlagersängers von Fixefaxe. Im Silicon Valley lungerten damals die Headhunter sogar auf Firmenparkplätzen herum, um sich an die begehrte Beute, vor allem Computerspezialisten, heranzupirschen.

Das Gezerre der Unternehmen um junges Personal – man hatte uns mittlerweile übrigens mit dem Begriff *High Potential* geadelt – nahm immer groteskere Formen an. Geschäftsführer bekamen schon bei der Erwähnung des Wortes Headhunter einen halben Herzkasper und kurbelten die Zugbrücke hoch. Man ging auf Abfangkurs: Beim Online-Shop Primus in Köln wurden Mitarbeiter sogar mit 12 500 Euro belohnt, wenn sie einen anrufenden Headhunter bei der Geschäftsführung anschwärzten. Und noch paranoidere Geschäftsführer konnten gleich einen speziellen Kurs bei der Wiesbadener Unternehmensberatung David Charles Consulting buchen. Titel: Anti-Headhunting. Als Dreingabe zum Seminar bekamen die teilnehmenden Manager einen kleinen Aufkleber. Darauf zu sehen war ein durchgestrichenes Strichmännchen, das sich die Haare ausreißt. Text: »Headhunter müssen leider draußen bleiben.«

Wir dachten nur: Sollen die Chefs ruhig ein bisschen schwitzen. Wir mussten ihnen ja nicht gleich auf die Nase binden, dass ihre Panik völlig übertrieben ist. Denn richtig sexy fanden wir die meisten unmoralischen Anrufe nämlich nicht. Sechsstelliges D-Mark-Gehalt hin und her – meistens gab es eben einen guten Grund, warum sich kein Personal für ein Unternehmen fand und der Headhunter hausieren gehen musste. Stichwort Lifestyle-Faktor. Der stand bei den werbenden Unternehmen oft im krassen Gegensatz zum versprochenen Gehalt. Ein Insider aus der Frankfurter Gründerszene erinnert sich:»Vorsicht war geboten, wenn der Headhunter nicht zu Potte kam, von interessanten Aufgaben schwadronierte und partout nichts über den Standort des potenziellen Arbeitgebers verraten wollte.« In diesem Fall suchte er nämlich meist im Auftrag der Firma Intershop. Und deren Zentrale war und ist in Jena.

Auch neu für den Nachwuchs war, dass die Jobangebote jetzt online reinkamen – als E-Mail mit verlockendem Angebot inklusive sechsstelliger Gehaltssumme, teilweise sogar aus Übersee. Viele Worte verloren die Rekrutierer dabei oft nicht. Ein Frankfurter Wirtschaftinformatik-Student etwa fand an einem Novembermorgen im Jahr 1998 in seinem Postfach folgende Botschaft vor: »Sehr geehrter Herr Geekmann, wir sind im Internet auf Ihre Arbeit gestoßen. Vielleicht interessiert Sie diese Position. Wir suchen Kandidaten mit Erfahrungen in COM, XML, ActiveX und SGML. Das Gehalt liegt über 100 000 Dollar zuzüglich Sozialleistungen. Geografischer Ort: Falls Church, Virginia. MfG Firma Boomsoft.«

Heute ist es in der Wirtschaft an der Tagesordnung, Mitarbeiter per Internet zu rekrutieren. Zu Boomzeiten konnten wir uns noch richtig dafür begeistern. Vom Schreibtisch aus einen neuen Job suchen, toll! Doch die Sache geriet etwas aus den Fugen, spätestens als die Halbwelt im weltweiten Datennetz nach Nachwuchs fischte:

September 2001. Die Netzgemeinde ist schockiert. Das Los Angeles Police Department meldet: US-Banden rekrutieren ihren Nachwuchs über das Internet. Die Gangs nutzten die Anonymität im Web, um konspirative Treffen zu organisieren und neue Mitglieder zu werben – teilweise fragen sie sogar den kriminellen

Lebenslauf der Kandidaten mit Online-Formularen ab. Zum Beispiel die P-Town Crips aus dem schönen Kentucky, bislang nicht gerade als Hochburg des urbanen Bandentums bekannt. Um hier Mitglied zu werden, brauchte man nur einen Fragebogen auszufüllen, Antwort innerhalb von 24 Stunden wurde garantiert. Von solchen Bearbeitungszeiten konnte sich so manches Dax-Unternehmen eine Scheibe abschneiden. Das war natürlich ein verlockendes Angebot für deutsche Wohlstandsweicheier: Diplome und Doktortitel hatte ja mittlerweile jeder. Aber wer konnte schon von sich behaupten, noch echten Kontakt zur Straße zu haben, die Reifen seines Golfs mal ausgenommen? Und wer führt auf seiner Visitenkarte schon den Zusatz »Stolzes Mitglied der P-Town Crips«? Die Bewerbungsfragen hatten es allerdings in sich: »Wie heißt Ihre Truppe?«, wollte die Gang aus Kentucky gleich zu Anfang wissen. Hier könnte man mit gutem Willen seinen Arbeitgeber eintragen. Nächste Hürde: »Was halten Sie von Straßenkämpfen?« Ob da die Anti-Pershing-Demo von 1981 zählt? Schließlich musste man noch seinen Straßennamen eingeben. Der Autor wählte »Vanilla Cube of the Underground« und hat seitdem von der Gang nichts mehr gehört.

Natürlich verschwand die Seite recht bald aus dem Netz. Ob irgendjemand wirklich von der Datenautobahn auf die schiefe Bahn geraten ist? Eher unwahrscheinlich. Fest steht: Mit ihrem E-Recruitment haben die P-Town Crips für eine der wohl unterhaltsamsten Episoden aus dem Kapitel ›Einstieg in die Wildwirtschaft‹ gesorgt.

Küsschen auf dem roten Teppich

»Ihnen stehen drei ereignisreiche Tage an einem faszinierenden Ort bevor – dem Royal Palm Resort in der Wüste von Arizona ... Sie werden Anmut und Stille dieses Staates erleben und anschließend beim Barbecue den Sonnenuntergang genießen.« Dieser Text stammt nicht aus einem Urlaubskatalog, sondern einer Stellenanzeige anno 2000. Und der Reiseveranstalter hieß auch nicht TUI oder Neckermann, sondern McKinsey. Die Unternehmensberatung veranstaltete damals allen Ernstes Workshops in der Wüste, um an Hochschulabsolventen zu kommen.

Damit erreichte ein Trend seinen Höhepunkt, der »Rekrutierung mit dem roten Teppich« genannt wurde: Unternehmen überschlugen sich dabei, den Nachwuchs mit allerlei Schmankerl zu umgarnen. Heute klingt es fast bizarr, dass eine Firma Studenten zu einer kostenlosen Kurzreise einlädt – zur Hochzeit der Wildwirtschaft war so etwas an der Tagesordnung. Per Interrail die Welt erkunden war für Studenten damals definitiv passé. Der Absolvent reiste auf Kosten der personalknappen Wirtschaft rund um die Welt. Wem etwa Arizona nicht zusagte, konnte bei McKinsey auch auf Sevilla ausweichen. Die Beraterkonkurrenz von Roland Berger hatte Stockholm im Angebot, außerdem fanden Workshops in Buenos Aires und Hongkong statt. In 80 Tagen umsonst um die Welt – für High Potentials anno 2000 war das kein Problem.

Der Titel Workshop war übrigens irreführend. Richtig gearbeitet hat auf diesen New-Economy-Butterfahrten niemand. Warum auch? »Jeder hatte nach dem Examen mindestens zehn Jobangebote in der Mailbox«, erinnert sich ein BWL-Absolvent von der Frankfurter Uni. Die Unternehmen balzten, was das Zeug hielt und warfen mit Geld nur so um sich. Intern veranschlagten große Firmen für die Rekrutierung eines Mitarbeiters umgerechnet 15 000 Euro. Entsprechend spendabel zeigten sich die Firmen mit Schmankerl jeder Art: Bei einer Gelsenkirchener Softwareschmiede winkte den Newcomern ein Audi TT, bei der Beratung CSC Ploenzke waren BMW 3er-Cabrios die Dienstwagen der Wahl. Ironisches Detail: Um die jungen Wilden an Bord zu holen, griffen die Ploenzkenianer sogar auf ganz Old-Economy-mäßige Anreize zurück. Die Personaler wurden nicht müde, damit zu werben, dass es in ihrem Haus keine Wochenendarbeit gebe.

Besonders doll trieben es die amerikanischen Firmen: Auf der Jagd nach den Youngstern ergossen die Firmen jenseits des Atlan-

tiks ihr Füllhorn nicht nur über Absolventen: Beim Netzwerkspe-
zialisten Cisco erhielten sogar Praktikanten die begehrten Aktienoptionen. Eingelöst wurden die 500 Optionen allerdings erst bei
der Unterzeichnung eines festen Anstellungsvertrages. Nach der
Einstellung lockten dann weitere Geschenke: Cisco-Mitarbeiter
durften sich nämlich neben ihrer Arbeit als Headhunter betätigen.
Wer etwa per Telefon einen Kollegen erfolgreich anwarb, nahm an
einer Verlosung teil. Erster Preis: Ein Urlaub auf Hawaii inklusive
Flug.

Besonders kreativ – und deutlich Kosten sparender – ging der
schwedische Online-Broker Avanza vor. Die Firma war Ende der
Neunziger nach Frankfurt gekommen und musste feststellen, dass
der Arbeitsmarkt für Programmierer hier völlig leer gefegt war.
Daraufhin besann sich die Personalabteilung auf das landeseigene
Humankapital: Avanza-Rekrutierer zogen zusammen mit allen
verfügbaren schwedischen Praktikantinnen vor die Konzernzentra-
len der Dresdner und Deutschen Bank. Dort gelang es ihnen trotz
Techie-Knappheit, über 50 neue Angestellte anzuwerben. Wie
haben sie das angestellt? Wer einen Lebenslauf abgab, erhielt 100
D-Mark – und ein Küsschen von einer Schwedin.

Ein wenig verdorben hat der ständig ausgerollte Teppich die
Studenten natürlich schon. Ohne Examen zum Personaler reinzu-
spazieren und erst mal 120 000 D-Mark Einstiegsgehalt zu verlangen war nichts Ungewöhnliches. Acht Rechtschreibfehler pro Seite
Lebenslauf übrigens auch nicht. Frech kommt weiter. Dann nahmen die Herren *Bewerber* (waren sie das eigentlich noch?) erst mal
die Bude in Augenschein: Kickertisch, Designerschreibtische, alles
hell und geräumig? Na fein, wir wollen mal nicht so sein. Oliver
Sinner erinnert sich noch gut an die hochnäsigen Herren von der
Hochschule:»Das Problem mit den 25-Jährigen war, dass sie ohne
eine Schreibtischlampe von *Artemide* den Job nicht haben wollten.«
Und das von ihnen bevorzugte Modell Tizio Chromo 35 dieser
Marke kostet im Laden 270 Euro.

Wir sind auch cool!

»Beim Doppelklick rutschen manche mit der Hand ab.« Traurig, traurig, was Alfons Rissberger da Anfang 2000 aus der alten Wirtschaft berichtete. In der Zeitung *Net-Business* schilderte der Schweriner Computertrainer, wie wenig *netfit* die Damen und Herren in den Führungsetagen der Deutschland AG waren. Rissbergers Beobachtungen: Elektronische Post, wenn überhaupt vorhanden, drucken sie aus, diktieren die Antwort ihrer Sekretärin und lassen sie sie auch abschicken. Selbst Maushand anzulegen hielt man für ein Vorrecht der Subalternen. Die Folge der Technikignoranz: Wenn Trainer wie Rissberger ins Haus kamen, war das für viele Manager der erste Kontakt mit dem Medium Internet.

»Sie konnten in Deutschland kaum einen Bereichsleiter finden, der seine E-Mails selbst schrieb«, bestätigt ein Münchner Headhunter.

Sollte sich die Führungsebene dennoch einmal dem PC genähert haben, drohte den Untergebenen nachher akutes *Tastatur-Trauma* – Depression durch allerschlimmstes Chaos auf dem Rechner. Denn Chefe löschte aus Versehen gern mal die Passworte, verteilte wahllos Icons auf den Schreibtisch oder packte sämtliche Dokumente einfach auf die Festplatte. Unter den armen Menschen, die danach den Rechner aufräumen durften, kursierte dazu folgender Begriff: *mommy saving*, der Chef speichert ab wie Muttern vor dem Heimcomputer (wobei der Ausdruck gemein und diskriminierend ist – schließlich beherrschte Mutter, wie wir noch sehen werden, den Rechner später so gut wie ein Net-Kid).

Unterm Strich bestand kein Zweifel: Das Internet hatte die Old Economy eiskalt erwischt. Ausgerechnet Mercedes-Benz druckte im Jahr 2000 das offizielle Geständnis der Gestandenen ab, in einer Reklame für die neue C-Klasse. Die Werbemotive der doppelseitigen Anzeige waren eine Rundfahrt um zeitgenössische Klischees, von @-Zeichen über Browser-Screenshots bis zum Archivbild aus dem Börsensaal. Dazu dichteten die Werber folgenden Text:»Gehören Sie am Ende auch zu den Leuten, die das Internet komplett unterschätzt haben? Willkommen im Club. Ist noch gar nicht so lange her, da war das Net ein Spielplatz von ein paar verrückten Freaks mit lustigen T-Shirts. Heute ist alles ganz anders: Die verrückten Freaks tragen immer noch lustige T-Shirts – aber sie führen ganze Konzerne. So kann man sich irren.« Jetzt hieß es für die Alten aufholen. Ihr Problem: Selbst in den größten Dickschiffen saßen digitale Analphabeten am Ruder. Bis Mitte der neunziger Jahre konnte man damit noch ganz gut leben. Aber mit dem Ausbruch der Wildwirtschaft steckten traditionelle Firmen in einer gefährlichen Zwickmühle: Die hellsten Köpfe kündigten plötzlich, um sich mit ihrer eigenen Company selbstständig zu machen. Gleichzeitig kam man nicht an jene IT-Spezialisten ran, die zum Aufholen nötig gewesen wären. Einfach zu unsexy präsentierten sich die Monolithe deutschen Unternehmergeistes. Wer wollte zu den Siemens, Boschs, Thyssens dieser Welt, wenn man bei PinkYogi.com in der Kaffeepause vor der Playstation hocken konnte? Die »große Wanderung« der Talente, wie es ein US-Magazin damals nannte, hatte eingesetzt. Und wollte die alte Wirtschaft den Aderlass stoppen, gab es nur einen Ausweg: Auch cool werden.

Mit der Coolness allerdings ist es so eine Sache, das wissen wir schon seit Schulzeiten: Je heftiger jemand versucht, cool zu sein, desto uncooler wird er dabei. Und so sorgt kaum etwas aus der Rückschau für mehr Erheiterung als die ungelenken Versuche der alten Wirtschaft, einen auf jugendlich zu machen. Angesichts der Ergebnisse fühlten wir uns an die schlimmen Wochen in den Achtzigern erinnert, als Vater daheim den *Shell-Jugendsprachefführer* in die Hände bekam und dem Nachwuchs einige schlimme Wochen bescherte. Ständig zitierte er aus diesem Teufelswerk, reicherte seine Sätze mit dem vermeintlich angesagten »ätzend« an oder konstatierte »da boxt der Papst im Kettenhemd«. Selbst vor anwesenden Freunden machte er nicht halt: »Na, geht ihr heute abend noch 'ne heiße Schnecke angraben?« Zuzwinkern, Knuff in die Rippen. Kurzum: Es rollten sich einem die Fußnägel auf. Und genau dieses Gefühl, vor Peinlichkeit im Boden versinken zu wollen, hatten wir jetzt wieder.

Plötzlich rutschten »cool«, »krass« oder womöglich sogar »fett« in Pressemitteilungen und Werbung. Dahinter verbarg sich eine simple Strategie: Die alte Wirtschaft erklärt sich selbst einfach für cool. So verkündete der Vorstandsvorsitzende des Schnaps-Konzerns Bols in der *Financial Times Deutschland* stolz: »Wir sehen uns mittelfristig als Spaß-Konzern.« Einfach lachhaft! Auf dem Foto daneben sah die Geschäftsführung aus, als ob für sie maximaler Spaß bedeutete, beim Golfen mal mit einem Dreier-Eisen statt mit einem Driver abzuschlagen. Deshalb lieferte Bols die genaue Definition von Spaß sicherheitshalber mit: Man plante, alle Abfüllanlagen zu verkaufen und sich aus dem physischen Geschäft mit dem Sprit total zurückzuziehen. Übrig bleiben sollte: Ja, was eigentlich? Statt von Weinbrand faselte der Manager irgendetwas von »E-Brands«. Doch der geneigte, jugendliche Leser konnte sich nicht des Eindrucks erwähren, dass Spaß bei Bols sich von nun an auf das Verköstigen der eigenen Erzeugnisse konzentrieren würde.

Stufe zwei: Die alte Wirtschaft dekoriert sich mit den Insignien der Start-ups. So posierten die Chefs von Dock 23, einer Internettochter des riesigen und ebenso arrivierten Bauer Verlages, man ahnt es schon, vor einem Kickertisch. Und als Hermann-Josef Lamberti, Vorstand der Deutschen Bank, die neue IT-Strategie seines Hauses verkündete, fand das Event nicht im Glashochhaus an der Taunusanlage, sondern in einem Frankfurter Industriegebiet statt. Hier hatte man eine loftartige Fabrikhalle für besonders kreative Mitarbeiter angemietet. Es wurde geklotzt, auch kulinarisch: Bei der Erinnerung an das Champagner- und Schnittchenangebot bekommen ehemalige New-Economy-Jünger immer noch glänzende Augen.

Heiße Brüter und coole Helden

Gleichzeitig schossen landauf und landab so genannte Inkubatoren und Akzeleratoren aus dem Boden. Dahinter steckte eine pfiffige Idee: Die Großkonzerne stellten Jungunternehmern, sei es von außen oder aus den eigenen Reihen, Büros und Berater zur Verfügung. Mitten im Konzernbeton sollten so kleine kapitalistische Krabbelstuben entstehen. In den internen schnellen Brütern würden die Youngster neue Ideen bis zur Marktreife entwickeln, so die Pläne des Konzerns. Der nicht ganz selbstlose Gedanke: Wird das Multimillionen-Start-up unter dem eigenen Dach ausgebrütet, fällt auch was für uns ab. So eröffnete Siemens im Oktober 2000 in der ehemaligen Luftpost-Leitstelle des Münchner Flughafens einen eigenen Inkubator, der im besten zeitgenössischen Sprachduktus »Center of E-Excellence« getauft wurde.

Auf fünf Stockwerken, loftartig ausgestattet natürlich, sollten sich junge Start-ups mal so richtig austoben. »Von denen wollen wir uns was abgucken«, gab ein Konzernsprecher unverhohlen zu. Selbstverständlich durfte in der unternehmerischen Spielecke nicht der Basketballkorb im Treppenhaus fehlen. Und wer heute durch den ehemaligen Inkubator flaniert – längst sind hier wieder ganz normale Siemens-Mitarbeiter eingezogen –, kann noch mehr Coolheits-Relikte aus der wilden Zeit bewundern. So prangt über der Kantine unverändert das Schild »bizztro«.

Nirgendwo war das Streben nach Coolheit so offensichtlich wie in den Stellenanzeigen dieser Zeit. Die zugeknöpfte Traditionsbank Goldman Sachs hatte damals sogar ein internes Coolheits-Komitee gebildet, das herausfinden sollte, wie man sich gegenüber jungen Jobsuchern attraktiver präsentieren könne. Der Output dieser Gremien war in der Regel von eher zweifelhafter Qualität. »Die Old Economy lebt!«, betitelte der Elektromotorenhersteller Keinle+Spiess aus Sachsenheim sein Stellenangebot in den VDI-Nachrichten vom 15.12.2000. So als wollte man den Ingenieuren zurufen: Uns gibt's auch noch!

Sozialversicherungsangestellte
– die Helden der neuen Zeit
Stellenanzeige AOK Rheinland, 2000
© AOK Rheinland, Eidos Interactive

Lustig und originell dagegen war die Anzeige der AOK Rheinland in der gleichen Wochenzeitung. Die Krankenkasse suchte damals nichts Geringeres als Helden. »100 Heroes Wanted«, lautete die Schlagzeile. Darüber posierten zwei junge Menschen als Lara Croft verkleidet nebst der Pixelamazone selbst. Reißerisch auch der Anzeigentext: »Dein Einsatzort: Realität. Dein Start: 01.08.2001«. Nur beim eigentlichen Kern der Anzeige legt sich der Geruch von Freiheit und Abenteuer ein wenig. »Dein Job: Sozialversicherungsfachangestellte(r)«.

Und es hat Boom gemacht

24. Oktober 1999: »Wir fahren nach Frankfurt, um euch alle reich zu machen!«, brüllt der Typ ohne Socken aufgeregt in die Kamera. Alle lachen, dass das Bild wackelt, die Jungs klopfen sich auf die Schenkel. Mit dem Reichtum scheint es bei ihnen bisher allerdings noch nicht weit her zu sein: Die Truppe reist zweiter Klasse im ICE, wahrscheinlich sogar als *Minigruppe*. Da kauern sie: angespannt, mit ihren schwarzen Anzügen, weißen, aufgeknöpften Hemden und ohne Krawatte, zusammengequetscht im Abteil.

Wären nicht die Anzüge, würde man wahrscheinlich auf einen Studentenausflug tippen, vielleicht sogar irgendeine Art von – Schauder – »Freizeit«, so wie in »Jugendfreizeit«. So jedenfalls führen sich die Jungs auf. Sie albern mit dem Camcorder rum, als gelte es in Sachen Kameraführung MTV Konkurrenz zu machen. Am Bahnhof kapern sie einen Gepäckwagen und rollern sich gegenseitig durch die Halle, unter lautem Gejohle. Doch der Abifahrt-Anschein täuscht: Die sechs lustigen Jungs – das ist die SinnerSchrader AG auf dem Weg zu einem Milliarden-Börsengang.

Szenenwechsel, wenige Stunden später: Commerzbank-Hochhaus, Frankfurt, 49. Stock. Vom Bahnhof hierher ist man zu sechst in einem Taxi gereist. Das war wieder ein großes Hallo. Doch jetzt ist Schluss mit der Lausbubenshow. Ein letztes Handytelefonat mit der Freundin, ein letzter Blick auf die diesige Aussicht, dann ist Antreten vor der DVFA angesagt, der Deutschen Vereinigung für Finanzanalyse und Asset Management. Wer mit seinem Unternehmen an die Börse will, muss an diesem Berufsverband der Investment-Profis vorbei. Die Präsentation hier ist eine Pflichtstation auf jeder so genannten Roadshow, eine Art Werbetour für Neu-AGs.

Und auch die Gründer um Oliver Sinner müssen ran. Der ehemalige Manager vom Otto-Versand, wie immer ohne Socken, spult sein Programm ab. »SinnerSchrader ist eCommerce« heißt der Titel seines Vortrags. Er muss die anwesenden Banker von seinem Konzept überzeugen. Und das lautet ungefähr so: Wir bauen Webseiten für Unternehmen, die im Netz etwas verkaufen wollen. Perfekt eingeübt rattert Sinner seine Predigt vom »transaction-oriented eCommerce« herunter. Das Publikum ist begeistert. Doch Sinner kann noch nicht aufatmen. Die wichtigste Hürde steht ihm erst bevor: das Interview auf n-tv.

Banker zu überzeugen ist eine Sache. Aber im Talk mit Moderator Raimund Brichta gut auszusehen, »das war damals das Wichtigste«, erinnert sich Sinner. Entsprechend hektisch geht es vor dem großen Auftritt zu. n-tv hat nur ein Mini-Studio in Frankfurt, ohne große Belegschaft – und ohne Maske! Das ist ein Problem: Denn Sinner, aufgedreht, verschwitzt und mit Lippenherpes, kann in seinem Zustand unmöglich vor die Kamera treten. Also macht das Gründerteam einen Abstecher zum Kaufhaus Horten in der Innenstadt, genauer gesagt, in die Kosmetikabteilung. Dort schildert man der Bedienung die Lage. Die Dame hat ein Einsehen, diagnostiziert »Sie haben Mischhaut«, und spachtelt den Jungunternehmer zu. Abends schließlich, kurz nach 10, ist der große Moment gekommen. Sinner kauert in der Bluebox, die Schalte nach Berlin steht, das Interview beginnt. Alles läuft glatt. Moderator Brichta, bekannt für fiese Nachfragen, kauft die Geschäftsidee vom »transaktionsorientierten E-Commerce« (das war damals noch kein Schimpfwort) ab. Damit ist der Börsenerfolg so gut wie geritzt.

Was danach kommt, ist fast nur noch eine Pflichtübung. Auftritt an allen wichtigen Börsenplätzen Europas. Flug nach Genf, Übernachtung im noblen *Le Richemond*, Frühstücksvortrag vor Bankern, weiter nach Zürich und Mailand. Wie eine CD auf Repeat rattert Sinner seinen Präse herunter, redet von seiner »Killer-Applikation«. Drei Tage später dann Ankunft am Bahnhof Altona. Ein kleines Grüppchen Mitarbeiter empfängt die abgekämpften Häuptlinge. Werden sie sie wirklich alle reich machen?

Sie werden. Am 2. November notiert die SinnerSchrader-Aktie zum ersten Mal am Neuen Markt in Frankfurt, Emissionspreis: 12 Euro. Einige Wochen später steigt der Kurs auf 84 Euro. In diesem Moment sind die Gründer Milliardäre – zumindest auf dem Papier. Sinner erinnert sich: »Wir wussten, dass wir uns nie wieder Sorgen machen müssen.«

Livin' la vida loca

Es hatte Boom gemacht. Das war spätestens im Winter 1999 so ziemlich jedem klar. Die Wildwirtschaft hatte sich in eine Stampede verwandelt. Börsenkurse verdoppelten sich innerhalb weniger

Monate, die Zahl der Unternehmen am Neuen Markt explodierte von wenigen Dutzend auf über 300. Allein 139 Firmen wollten im folgenden Jahr an die Technologiebörse gehen. Internetbuden schossen nur so aus dem Boden. Wohl dem, der schon gegründet hatte. Die Schatullen der Kapitalgeber aus Frankfurt und anderswo standen sperrangelweit offen. Voll aufgedreht war die Geldpipeline von der Hanauer Landstraße, prominente Adresse vieler VC-Firmen in Frankfurt. Landauf und landab vernahm man das wohlige Knistern von verbrennendem Kapital.

Den neuen Zeitgeist konnte man auch an den Werbefaxen ablesen. Keine billige Barbourjacke oder Carnitin-Fett-weg-Diät wurde da beworben. Nein, bei Barracuda, der Webagentur von Oliver Zeisberger, kamen tagtäglich Faxe von potenziellen Firmenkäufern an. Text:»Sehr geehrte Damen und Herren, wir haben einen Interessenten, der Ihr Unternehmen kaufen möchte ...« Man hatte sich beim Absender anscheinend nicht einmal die Mühe gemacht, den Namen des Geschäftsführers herauszufinden. Wohlgemerkt: Die betroffenen Agenturen standen überhaupt nicht zum Verkauf. Der Aussender schickte die Faxe an alle Internetfirmen im Land. Und sollte eine Internetbude tatsächlich auf das Angebot reagieren, hätte sich binnen Stunden wahrscheinlich wirklich ein Käufer gefunden.

Erst im Juli war Ricky Martin mit *Livin' la vida loca* in die deutschen Top Ten eingestiegen. Jetzt, im Dezember, hatte das verrückte Leben endgültig alle gepackt – allen voran die Start-ups. Viele Gründer konnten sich mittlerweile mit Fug und Recht Millionäre nennen, die Belegschaften hatten sich verzehnfacht, eine monatliche Umsatzverdopplung war Standard. Erste Anzeichen von Größenwahn zeigten sich – auch bei Oliver Zeisberger. Lange vorbei waren die Zeiten, in denen der ehemalige Juso-Vorsitzende in Hinterzimmern seinen Genossen IT-Nachhilfe gab. Jetzt brummte das Geschäft. Ganze zwölf Mitarbeiter zählte seine Agentur zur Jahrtausendwende, mit den üblichen Auswüchsen. »Ich hatte schon bei sechs Mitarbeitern einen Unternehmenssprecher eingestellt«, lacht der Gründer. Da saß dieser arme PR-

Experte nun und musste rund um die Uhr Pressemitteilungen aus einem Unternehmen produzieren, das gerade mal eine Fußballmannschaft zusammenbekommen hätte.»Nach zwei Wochen kam der zu mir und klagte: ›Mir fällt nichts mehr ein!‹«, erinnert sich Zeisberger. Auch eine beliebte ABM-Maßnahme bei vielen Startups: Man stellt einen so genannten *Cybrarian* ein. Dessen alleinige Aufgabe ist es, den ganzen Tag im Web zu surfen und die Geschäftsleitung über die neuesten Trends zu informieren.

Ironischerweise konnte es die junge Wirtschaft überhaupt nicht abwarten, sich die Insignien der alten anzueignen. Kaum war das Geld auf dem Konto eingegangen, hatte die papierlose New-Economy-Elite zum Beispiel nichts Besseres zu tun, als sich allerfeinstes Conquerer-Briefpapier einzukaufen, 100 Gramm mit Wasserzeichen und Firmenlogo im Vierfarbdruck. Das kostet schon unbedruckt 7 Cent pro Bogen.

Ganz scharf waren die Start-ups auch auf USM-Haller-Möbel, diese grausligen schwarzen Blöcke mit Chromrändern, bekannt aus Anwaltskanzleien und Spießerbüros jeder Art. Eine Kölner Internetbude hatte sich damals im Überschwang das Zeug gleich lasterweise bestellt. Erst nachdem ein kluger Mitarbeiter die Anzahl der Füße mit der eigenen Bürofläche verglich, kam raus: Nach dem Aufbau würden die Mitarbeiter die Räume nicht mehr betreten können; die Haller-Blöcke hätten den gesamten Boden bedeckt.

Geld gab es wie Heu, und so konnte nur einer den Einrichtungswahn stoppen: die Berufsgenossenschaft. Denn mit dieser urdeutschen Institution kamen plötzlich auch die kleinsten Start-ups in Kontakt. Wer Mitarbeiter beschäftigt, bekommt von den Bedenkenträgern sofort einen kiloschweren Wälzer zugeschickt, der auch die noch so kleinsten Details im Betrieb regelt. Oliver Zeisberger von Barracuda erinnert sich an den ersten Rüffel:»Der Radius der Abrundungen unser Glasschreibtische erfüllte nicht die Norm.«

Gleichzeitig stieg in ganz Deutschland auf unerklärliche Weise die Nachfrage nach Saab Cabrios, Jaguars und Audi TTs an. Und nicht nur hier schlug die Jeunesse Dotcom zu.»Im Südwesten

Mallorcas konnte man seinerzeit besser Geschäfte machen als auf jedem Gründerkongress«, berichtet ein Insider. Alle deutschen Dotcom-Mogule hatten sich dort eine Finca gekauft. Und wer beim Juwelier Christ in Frankfurt seinerzeit eine neue Rolex Oyster erstehen wollte, musste nicht nur 7000 D-Mark, sondern auch eine Menge Geduld mitbringen: Vor allem bei den Modellen GMT Master und Sea-Dweller hatte sich die Lieferzeit auf ein halbes Jahr verlängert. Erklärung der Verkäuferin, in bestem Hessisch:»Ei, da komme immä mehr so junge, gut angezogene Herren.«

Erfolg ohne Folgen

Ob es wirklich E-Biz-Kids waren, die die Luxusuhren kauften? Unwahrscheinlich. Denn die Gründer in den kleinen Webklitschen hatten gar keine Zeit, ihren Erfolg zu genießen. Dotcom-Grandeur wie im Silicon Valley mit eigenem Hubschrauber und Supermodel-Partys gab es hier zu Lande nicht. Klar, theoretisch war man auf Augenhöhe mit Onkel Dagobert. Aber zum morgendlichen Bad im Geldspeicher fehlte die Muße. Die Gründer waren vollauf damit beschäftigt, das Mega-Wachstum zu verwalten.

Bei den Netzpiloten in Hamburg etwa war die Belegschaft von 20 auf 140 explodiert; man hatte Niederlassungen in San Francisco, Mailand, Barcelona und Paris eröffnet.»Das waren alles kleine Lebensträume«, erinnert sich Gründer Wolfgang Macht, »warum waren die nicht auf fünf Jahre verteilt?« Doch sie waren nicht, und so blieb kaum Zeit, die wahr gewordenen Träume auszukosten. Im Alltag war kein Platz für Glamour: Macht fliegt von Meeting zu Meeting, fällt abends halb tot ins Hotelbett. An einen Spaziergang durch den lauen Mailänder Herbstabend ist nicht zu denken.

Die Jungunternehmer leben in einem Paralleluniversum. Macht, der Szenetyp mit Fahrradtasche, fliegt Business Class (»es ging nicht anders«) und hat längst die Senator-Vielfliegerkarte der Lufthansa im Portmonee. Die bekommt man ab 150 000 Flugmeilen im Jahr. Anderen Gründern geht es ähnlich. Auf dem Konto stapeln sich die Millionen – und man selbst lebt noch wie zu Studentenzeiten. Dooyoo-Gründer René Kaute fährt morgens mit seinem alten Opel Corsa vor, während kurz danach der Opel-Vorstand in seiner Luxuskarosse neben ihm einbiegt. Er sitzt im Aufsichtsrat der Firma. Eine fast unwirklicher Dualismus. Die Net-Kids haben, ohne es zu wollen, endgültig abgehoben. »Es war irgendwie eine geborgte Welt«, sagt Wolfgang Macht heute, »es war, als ob wir Wirtschaft spielten«.

Haben sie wirklich nichts von ihrem Erfolg gespürt? Fraglich. Aber es waren nicht das volle Konto und die himmelhohen Börsenkurse, an denen der Durchbruch abzulesen war, nicht die Fanstastillionen Klicks auf der Homepage und der Ansturm der Nutzer. All das war irgendwie abstrakt, nicht emotional, nicht wirklich spürbar. Und so überrascht es auch nicht, dass die Gründer, gefragt nach ihrem persönlichen Erfolgserlebnis von damals, meist keine Geschichten von champagnerdurchtränkten Partys und der glänzenden, schwarzen, brandneuen Mercedes-M-Klasse im Hof erzählen.

Nein, die Wildwirtschaft hat ihren Erfolg ganz unwild erlebt. Es waren eher die kleinen Momente wie: abends in den Club gehen und sehen, dass der DJ ein T-Shirt mit dem Logo der eigenen Firma anhat. Oder morgens die Tür zur Firma aufschließen: Frischer Kaffeeduft zieht durchs Büro, der Wasserspender gurgelt, das süße Mädel vom Desk wünscht brav »Guten Morgen« und hinter ihr wuseln die ersten Frühaufsteher herum. Das war Erfolg. Davon schwärmt Dooyoo-Mann Kaute noch heute: »Morgens reinkommen und sehen: So was kann entstehen.«

Auch der Exzess und die Übergröße der jungen Wirtschaft traten zunächst im Kleinen auf. Bei den Netzpiloten etwa gab es von Anfang an die Tradition des wöchentlichen Suppenessens. Jeden Mittwoch trafen sich sämtliche Angestellten mit den beiden Chefs, kochten und aßen zusammen. Eines Tages zu Boomzeiten fuhr Gründer Wolfgang Macht mit seinem Fahrrad vor der Firma vor und wunderte sich über eine Menschenansammlung neben der Eingangstür. Aber nicht nur da standen die Leute. Im ganzen Treppenhaus, bis hoch in den dritten Stock, drängelte sich die Menge. Erst nach einigen Sekunden fiel Macht auf: Heute ist Mittwoch, Suppentag, und das sind alles *deine* Mitarbeiter, die da anstehen.

Die Zeiten, in denen man jeden in der Firma aus dem Effeff kannte, neigten sich ihrem Ende zu. Bei 20 Köpfen ging das noch problemlos. Aber bei 120? Schleichend machte sich auch in der Wildwirtschaft jene altbekannte Anonymität breit, die man eigentlich unter allen Umständen vermeiden wollte. Aber aus S war über Nacht XXL geworden und die Vertrautheit war weg – für viele Gründer eine ernüchternde Erkenntnis. Jungunternehmer Peer-Arne Böttcher erinnert sich noch an ein Schlüsselerlebnis. Irgendwann während der Boomzeit war er eines Morgens vor allen anderen ins Büro gekommen. Es schellt, der 22-Jährige öffnet die Tür. Vor ihm steht ein völlig Fremder. »Ja bitte?«, fragt Böttcher. Verdutzt schaut ihn sein Gegenüber an. Dann stammelt er: »Ich arbeite hier, ich bin der Neue!«

Typisch Internetzeit ...

Nightlife

- Lounge-Partys, Launch-Partys und Partyhopping dazwischen
- sich die Kante geben und das Ganze »Netzwerken« nennen
- beim After-Biz-Club die Kunden abfüllen
- auf der After-Job-Party die Sekretärin anbaggern
- Asahi-Bier, aber nur, wenn es gesponsert ist
- Caipirinha, aber nur, wenn er gesponsert ist
- bei der Homeparty die Musik vom Laptop abspielen, gegen zwei Uhr nachts bei Napster die neue *Bravo-Hits* saugen und heimlich zu Britney Spears tanzen
- alles, was einem nicht passt, als »total Old Economy« abkanzeln, zum Beispiel Parkverbote oder Ladenschlusszeiten

- zum First Tuesday gehen – allerdings nur wegen der Schnittchen
- in der Disco Visitenkarten verteilen

Musik

- fürs Net-Set: Kruder & Dorfmeister, Mouse on Mars, Portishead, Super Discount, Café del Mar, in Hamburg auch Fünf Sterne Deluxe
- für alle: *Flat Beat* von Mr. Oizo
- für Asis: *Ich vermiss' Dich* von Zlatko

Büro

- renoviertes Loft
- atemberaubend schöne Empfangsmädels
- für Schweinegeld bei eBay einen Aibo (Roboterhund von Sony) ersteigern und nach einer Woche ausschalten, weil das Gebelle nervt
- stattdessen: seinen echten Hund ins Büro mitbringen
- Wasserspender
- Hemdenbügelservice, Massagen und frisches Obst
- bei der Arbeit Webradio aus den USA hören
- morgens einen Latte Macchiato im Pappbecher mitbringen, wahlweise auch Bagel mit Creamcheese
- iMacs
- Schreibtisch ist zu 70 Prozent mit Docking Stations für portable Elektronik belegt
- Aktienoptionen, Aktienoptionen, Aktienoptionen
- auf Comdirect.de alle 10 Minuten das eigene Depot abchecken

Mode

- Abzieh-Tattoos mit Firmenlogo, um die Old Economy zu schocken
- für Männer: mit Gesichtsbehaarung experimentieren, außerdem Glatze
- für Frauen: alles mit Schlangenlederoptik, Caprihosen, Oberteile mit Spaghettiträgern
- T-Shirts, Kickroller, Schlüsselbänder mit Logo
- eigentlich alles mit Logo
- Yak-Bags, diese Taschen mit Tragegurt quer über die Brust
- Camper-Schuhe
- Puma-Turnschuhe, auch und vor allem zum Anzug
- Audi TT oder A4, Saab, Porsche Boxster, Smart
- für Supernerds: e-Holster für das Handy
- schwarze Plastikbrillen, auch alles andere aus Plastik/Polyester

Zeitgeist

- *Big Brother, Friends* und vor allem n-tv gucken
- bei mehreren Banken ein Aktiendepot eröffnen, um mehr Infineon-Aktien abzukriegen
- erst *Econy,* dann *brandeins* lesen
- Senator-Karte haben, erste Klasse fliegen; Meilengeschacher: »Du musst nachts bei Avis einen Wagen mieten, auf United umbuchen und dann in Quantas-Meilen tauschen – und schon fliegste für 2000 Euro Concorde.«
- im Web surfen und sich fragen, was »Ginger«, dieser anfangs so supergeheime Elektroroller, ist
- Flat Eric, das kopfnickende Plüschtier aus der Levi's-Werbung
- alles mit Flash-Animationen cool finden, trotzdem nach einer Zehntelsekunde auf »Skip Intro« klicken

3.
nemax nation

Hastu die Wertpapierkennnummer?

Juli 1999. Wir schwitzen. Knallrot ist im Fernsehen die Wetterkarte gefärbt, fast so rot wie in Spanien. Sommer, Sommer und kein Ende in Sicht. 30 Grad im Schatten, schwülwarm, für den Abend sind Gewitter angesagt. Zäh quält sich die Love Parade durch Berlin. Dafür räumt die Polizei hinterher im Tiergarten mit einem Wasserwerfer auf. Die Raumstation Mir in der Umlaufbahn verliert Sauerstoff. Der Krieg im Kosovo scheint vorbei. Schumacher rast in Silverstone in einen Reifenstapel und kommt mit ein paar Knochenbrüchen davon. Die Presse schreibt vom »Horror-Crash«. Wir chillen unter dunkelgrünen Platanen im Kölner Stadtgarten, grillen im Weinbergspark in Berlin Mitte oder sitzen im Prinz & König am Hamburger Gänsemarkt. Und reden, reden, reden. Geht es weiter bergauf? Wann hat das drahtlose Internet seinen Durchbruch? Oder kommt sogar der Glasfaseranschluss bald für jedes Haus? Alle faseln von irgendeiner »Spitze des Eisbergs«, während sie gelangweilt mit dem Strohhalm das Eis am Grunde ihres Caipi zerkleinern. Dann dreht sich die Diskussion noch ein wenig. Jeder fachsimpelt, so gut er kann. Und nach 10 Minuten kommt irgendjemand zur wirklichen Frage: Hastu die Wertpapierkennnummer?

Mittlerweile ist er längst Geschichte, der letzte Sommer vor der Jahrtausendwende. Und wenn die Veteranen des Net-Set heute von einem langen, heißen Sommer schwärmen, dann stimmt das – auch metereologisch übrigens. Der amerikanische Schriftsteller Thomas Frank wird ihm später den Spitznamen *corporate summer of love* geben – der Sommer, in dem wir uns in die Wirtschaft verliebten und die Wirtschaft sich in uns. Und mit diesem Bild hatte Frank Recht. Nach zwei Jahren Wildwirtschaft präsentierte sich die Gesellschaft wie eine Ehe von Anna-Nicole Smith: Es ging nur noch um die Kohle. Kneipengespräche kreisten unweigerlich um Kurs-Gewinn-Verhältnisse, Emissionspreise und darum, wer wo mit welchen Deals welches Porschemodell finanziert hat. Erfolg maß man auf der Skala: Boxster – 911 – GT. Das Wohlbefinden aller hing unmittelbar vom Stand des Aktienindex am Neuen Markt, dem Nemax, ab. Wir waren zu einem Volk von Zockern geworden, zur Nemax-Nation.

Und das war gut so. Denn es war höchste Zeit für unsere Revolution, unsere Version des *summer of love*. Wir putschten gegen das Establishment des ehemaligen Anti-Establishments, das uns in Schule, Studium und Schwimmvereinen mit seinem Sozigetue so genervt hatte. Leute, die meinten, dass Aktien unmoralisch sind und jede Art von Zinsertrag eigentlich Betrug. Die hinter der Abkürzung AG höchstens eine Arbeitsgemeinschaft vermuteten. Die nicht verstehen konnten, dass gebügelte Hemden schön sind – auch wenn wir jetzt selbst keine mehr trugen. Diese Sozialkundelehrer und Sparbuch-Spießer mit unserem geballten Materialismus zu schockieren hat einen Riesenspaß gemacht. Es war schön, die entsetzten Gesichter zu sehen, wenn man von einem Bekannten erzählte, der als Daytrader den Schotter mit der Schubkarre nach Hause fuhr, während er den Rest seiner Zeit vor der Playstation herumgammelte. »Wie, der arbeitet gar nicht für sein Geld?« Nein, nicht in eurem Sinne.

Unser *summer of love* fand nicht in Woodstock, sondern an der Stock Exchange statt. Wir waren Bloomberg-Gucker und nicht mehr Blumenkinder. Uns interessierte die IPO und nicht die APO. 30 Jahre nach den Hippies hatten wir eine neue Revolution angezettelt, die nun wirklich gar nichts mehr mit dem zu tun hatte, wofür unsere Eltern damals mit Rudi Dutschke über die grüne Grenze gegangen waren. Hatte der amerikanische Protestsänger Gil-Scott Heron in den Sechzigern noch behauptet:»The Revolu-

tion won't be televised«, konnten wir mit gutem Gewissen sagen:
Unsere Revolution wird im Fernsehen übertragen, und zwar jeden
Abend – auf n·tv.

»Wir rocken jetzt die Banken«, so lautete auch der Schlachtruf
zweier Freundinnen, die Anfang 2000 im Jugendmagazin der
Süddeutschen Zeitung von ihrem neuesten Abenteuer berichteten:
ihrer ersten Geldanlage in Aktien. Erstaunt über Freunde und
Bekannte, die plötzlich n·tv statt Bravo-TV guckten, stürmten die
Mädels in eine Bankfiliale. Auch sie wollten herausfinden, was es
mit diesem Aktiending auf sich hat. Gleichzeitig riefen auf dem
Kölner Rosenmontagszug die Jecken ihrem Prinzen Ralf dem
Zweiten nicht mehr »Kamelle, Kamelle«, sondern »Aktien,
Aktien« zu. Genau das war der Geist der Stunde. Alle wollten dabei
sein, beim größten Karneval in der Geschichte des Kapitalismus.

Natürlich waren auch vor dem Dax nicht alle gleich. Das Zauber-
wort für Fortgeschrittene lautete: Friends & Family. Wer in diese
Gruppe fiel, gehörte zum Aktienadel. Geht eine Firma an die
Börse, gibt es nämlich für Mitarbeiter und das Umfeld des Unter-
nehmens Aktien zum Vorzugspreis. Anders als der Plebs bekom-
men die Teilnehmer an diesem so genannten Friends & Family-
Programm die Papiere garantiert zum Ausgabekurs, während der
Stino (Stinknormale) erst warten muss, bis die Spastkasse mit
seiner Kauforder aufs Parkett geschlurft ist. Unter Umständen
sind bis dahin die geilsten Kursgewinne natürlich schon gegessen.
Und deshalb wollten wir damals alle zum Freundeskreis eines
Börsenneulings gehören.

»Plötzlich riefen Bekannte aus meiner Schulzeit bei mir an«,
erinnert sich Oliver Zeisberger. Was machte den Internetunternehmer für die Ehemaligen so sexy? Ganz einfach: Er hatte früher
einmal als freier Mitarbeiter bei Pironet gearbeitet. Und die Kölner
Firma war damals, im Februar 2000, eine heiße Adresse. Wie
vielen anderen Internetbuden stand auch Pironet eine hammer-
mäßige Börsenstory ins Haus. Kursgewinne von mehreren hundert Prozent wurden erwartet, und entsprechend begehrt waren die
Plätze im Boot. Dass Zeisberger schon lange nicht mehr bei Piro-

net arbeitete, war den Schulkameraden schnuppe. Er hatte irgendwie, irgendwo, irgendwann mal was mit denen zu tun gehabt, daran konnten sie sich erinnern. Und das reichte. Zeisberger lacht sich noch heute kaputt:»Die wollten natürlich alle Friends & Family!«

Büros glichen damals Börsensälen. Unsere erste Handlung, wenn wir morgens ins Büro kamen, war: beim Online-Broker Comdirect die aktuellen Kurse abfragen und unseren über Nacht gewonnenen Reichtum genießen. Und diese Abfrage wiederholte man natürlich während des ganzen Tages im Halbstundentakt. »Das war ein tolles Gefühl: ›Schön, wieder 1000 Euro mehr‹«, schwärmt Start-up Unternehmer Zeisberger. Die Netzwerkverwalter von Comdirect erkannten den neuen Infobedarf und rüsteten nach – mit dem *Comdirect Ticker*. Wer dieses Programm installierte, musste nicht einmal mehr die Internetseite des Brokers aufrufen. Es blendete am Bildschirmrand ein Tickerband ein – wie auf n-tv.

Es ging nicht darum, ernsthaft für das Alter vorzusorgen oder die Eigentumswohnung zu finanzieren, obwohl einige Anleger so etwas taten. Die waren eine besonders unangenehme Spezies. In jeder Stammtischrunde gab es diese Klugscheißer, die von KGV und EBITDA redeten und überhaupt sehr wissend taten. In Wirklichkeit hatten sie natürlich auch keinen Schimmer. Es ging ihnen nur darum, ihrer bauchmäßigen Zockerentscheidung einen rationalen Anstrich zu geben. Diese Klientel hatte wohl auch das Wirtschaftsmagazin *Bizz* im Blick, als dessen Redaktion im Mai 2000 den Beitrag»So lesen Sie eine Bilanz« brachte. Da erfuhren wir dann nach vier Seiten, dass»EKR=JÜ/EK« und »KGV=K/EPS« ist. Aha.

Aber mal im Ernst: Wir wollten einfach nur mitzocken in diesem Spiel, das weder Grenzen noch Verlierer zu kennen schien. Der Sozialwissenschaftler Florian Rötzer diagnostizierte damals eine»steigende Wertschätzung des Spielerischen« in der Gesellschaft, und die Trendforscherin Corinna Mühlhausen sah gar eine »gigantische game-culture« in Deutschland heraufdämmern. Das traf den Nagel auf den Kopf: Spiel, Spaß und Entertainment waren unsere neuen Grundwerte, die wir von allem und jedem verlangten. Werbung? Klar, aber bitte lustig und unterhaltsam. Produkte? Ja, aber nur, wenn sie nicht »Arbeit« kommunizieren, sondern Spaß, wie die kunterbunten iMacs von Apple. Und auch beim Thema Geld sollte schon ein bisschen Thrill dabei sein. Egal, was die verbitterten Kleinanleger heute sagen: Wir wussten um den Glücksspielfaktor am Neuen Markt. Oder glaubte irgendjemand ernsthaft, dass ein spanischer Suchmaschinenbetreiber für seine Rente sorgen würde? Wohl kaum. Die meisten von uns wollten bloß mitzocken. Der neue kategorische Imperativ lautete: Faites vôtre jeux! Und wir haben unser Spiel gemacht.

Ich wollt' ich wär kein Huhn

12. Februar 2000. »Rückenschmerzen, brennende Augen, Gelenksteife, unruhiger Schlaf!«, titelt die Bild-Zeitung an diesem Samstagmorgen. Weiß auf schwarz prangt die Schlagzeile auf Seite eins, just in jener Typografie, die sonst nur Todes- oder Katastrophenmeldungen vorbehalten ist. Aber schließlich ist die Nachricht ja auch katastrophal: Eine heimtückische Volkskrankheit hat Deutschland im Griff. Wir sind schockiert. Lesen Sie weiter auf Seite 8! Nach atemlosem Umblättern erfahren wir hier vom armen Ralf P. (50) aus Hamburg. Ihn hat die neue Krankheit besonders schlimm erwischt. Im Halbschlaf sei er letzte Nacht hochgeschreckt, erzählt der Gepeinigte: »Ich hörte ein lautes ›Gaack‹«, so seine atemlose Schilderung. Davon sei er wach geworden – nun ja, und von dem Reflex, direkt loszuballern. Denn als erfahrener Moorhuhnjäger weiß Ralf P.: Wenn das Federvieh so nah ist, bringt ein Abschuss ganze 25 Punkte.

Ah, das Moorhuhn – darüber werden sich die Historiker der Zukunft heftig die Köpfe zerbrechen. Denn nicht das nahende Millennium, der Y2K-Bug oder das von Spaßbremse Nostradamus angekündigte Ende der Welt beschäftigte den Menschen des aus-

Ich wollt' ich wär kein Huhn!
Titelseite Bild, Februar 2000
© Bild

gehenden Jahrtausends. Nein, damals war – neben dem Wert des eigenen Aktiendepots – kaum etwas wichtiger als die Jagd auf virtuelle Broiler. Nemax hin, Dax her, was in unserer Hackordnung zählte, war der persönliche Highscore bei der Moorhuhnjagd. Stolz wurde er vor sich hergetragen, während im Flurfunk gemunkelt wurde, dass »einer bei RTL die 1000 geschafft hat«. Du bist, was du erschießt, lautete die Devise. So hätte die *Bild* eigentlich nicht Ralf P. (50) schreiben müssen, sondern Ralf P. (850). So lautete nämlich der persönliche Rekord des Moorhuhn-Junkies, wie wir im Laufe der Story erfahren.

Die verspielte Gesellschaft – nirgendwo sonst hat sie sich so unverblümt gezeigt wie beim großen Halali zur Hühnerjagd. Auf dem Bildschirm glupschäugige Broiler abzuballern war plötzlich okay. Mehr noch: Es war sozial akzeptiert zu zocken. Manager, Unternehmenslenker, Intellektuelle – hinter der Flinte waren sie alle gleich. Was zählte, war die Punktzahl, sonst nichts. Es steckte nicht mehr, so wie bei Schiller, »hoher Sinn im kindlichen Spiel«. Nein, zu spielen war Selbstzweck und akzeptierte Beschäftigung in Freizeit (und Arbeitszeit) geworden. Eine Schar gackernder Hühner hatte über urdeutsche Tugenden wie Pflichtbewusstsein, Fleiß und Selbstdisziplin gesiegt. Ganz nebenher verhalfen die Moorhuhn-Macher damit einer Milliardenindustrie zum Durchbruch: dem digitalen Entertainment. Die Hersteller von Computerspielen verdienen heutzutage mehr als Hollywood. Und fragt man hier zu Lande Menschen jenseits der 50, wann sie mit dem Computerspielen begonnen haben, so sagen fast alle: mit dem Moorhuhn. So gesehen war die Zeit hinter der Mausflinte das reinste Konjunkturprogramm.

Die Broilerjagd entwickelte sich zur Einstiegsdroge für die zockende Gesellschaft schlechthin. Sie war wie Crack: billig, leicht zu beschaffen, schnell süchtig machend. Jedermann konnte sich das Spiel kostenlos im Netz herunterladen und auf seiner Festplatte speichern. Und dann ging es dem schottischen Moorhuhn »Lagopus lagopus scoticus« auch schon an den Kragen. In der Mittagspause mit der Mausflinte das Vieh vom Himmel zu holen war zwar verboten, wurde aber von mitzockenden Kollegen konspirativ gedeckt, wenn nicht sogar unterstützt. Plötzlich durfte man in die Kindheit zurückfallen. Und kindisch war das Spiel allemal. 90 Sekunden lang flatterten die putzigen gelb-braunen Hühner vor den virtuellen Highlands herum. In dieser Zeit musste der Spieler möglichst viel Federvieh niedermetzeln. Dabei gab es, ganz unwaidmännisch, die meisten Punkte für ein Huhn, das man unmittelbar vor dem Lauf erlegte.

Anfang 2000 hatte sich das Spiel zur Volksseuche entwickelt. Millionenfach wurde es aus dem Internet heruntergeladen, angeheizt von einem Hype, der bis heute seinesgleichen sucht. Dabei waren die Anfänge der virtuellen Broilerjagd eher bescheiden. Für eine Promotion-Aktion in Gaststätten ließ der Whiskyhersteller Johnnie Walker im Herbst 1998 das simple Spiel entwickeln, die Entwicklungskosten beliefen sich auf schlappe 30 000 Euro. Die Kneipentour ging vorüber, und das Spiel verschwand wieder in der Schublade.

Bis irgendjemand auf die Idee kam, die Moorhuhnjagd per E-Mail an Freunde und Bekannte weiterzuleiten. So kam der Schneeball ins Rollen: Einige Radio- und Fersehstationen bekamen Wind von der Sache – nicht zuletzt, weil die Redakteure selbst nur noch ballerten, anstatt zu arbeiten. Aus der Medienclique heraus trat das Huhn den Marsch durch die Institutionen an, über Agenturen,

Universitäten und Unternehmen bis in Behörden, soweit PC-mäßig ausgestattet. Den vorläufigen Höhepunkt des Hypes markierte die Meldung in der *Bild-Zeitung* – ein historischer Moment, schließlich hatte es bis dato noch nie ein Computerspiel auf Seite eins gebracht. Johnnie Walker konnte vom Huhn-Hype übrigens nicht profitieren. Insider berichten, dass trotz der Aktion »keine einzige Flasche mehr verkauft wurde«.

Statt uns den Spaß am Spielen zu lassen, schoss die *Bild* natürlich quer. Von »Sehnenscheidenentzündung, Augen- und Kopfschmerzen« war in dem Artikel die Rede, kurzum: das Moorhuhn durfte nicht Spaß machen, sondern höchstens krank. »Ich habe in meiner Praxis schon Patienten, die spielen die ganze Nacht, können morgens nicht zur Arbeit gehen«, beklagte sich da ein Nürnberger Mediziner mit dem schönen, sehr ausgedacht klingenden Namen Mathias Schlatterbeck. Und ein wütender Firmeninhaber aus München drohte der Werbeagentur hinter dem Spiel: »Ich zeige sie an wegen Schädigung der Volkswirtschaft.«

Überhaupt die Arbeitgeber: Von der erfrischenden Wirkung einer Moorhuhn-Runde wollten sie anscheinend nichts wissen. Die Unternehmensberatung Mummert + Partner aus Hamburg etwa rechnete sogar die geschäftsschädigende Wirkung des Spielchens aus: »Mit 1,92 Megabyte nimmt das Moorhuhn in etwa so viel Platz in Anspruch wie eine 30-seitige PowerPoint-Präsentation«, ließ man in einer Pressemitteilung verlauten. Aus diesen Zeilen sprach nicht nur platte Angstmache, sondern auch tiefes technisches Unverständnis. Immerhin waren die Festplatten in einem Bürorechner seinerzeit schon vier Gigabyte groß – und boten damit genug Platz für ca. 2083 komplette Moorhuhn-Programme.

Irgendwann Ende 2000 ereilte die Moorhühner das typische Schicksal eines Hypes: Kein Hahn – oder besser gesagt Huhn – krähte mehr danach. Die Erfinder des Federviehs, die Bochumer Firma Phenomedia, verkaufte die Rechte am Geflügel an den Spielehersteller Ravensburger und machte fortan nur noch mit Bilanzschwindeleien auf sich aufmerksam. Es folgten noch einige Fortsetzungen des Spiels, die größtenteils floppten. Irgendwann machte die Phenomedia dicht und die *Welt* schrieb: »Sie flogen nur einen Sommer«.

Und was bleibt? Zunächst einmal ein Moorhuhngehege, das die Macher seinerzeit einem Aachener Tierpark geschenkt hatten (ein Firmensprecher bestand übrigens darauf, dass das »keine Wiedergutmachungsaktion« sei). Aber viel wichtiger ist das gesellschaftliche Erbe der abgeschossenen Broiler: Denn die glupschäugigen Hühner hatten uns zu einer Nation von Bildschirmzockern gemacht.

Die Geldgrippe grassiert

Je näher das Jahr 2000 rückte, desto mehr ähnelte die Wirtschaftswelt der Love Parade: Jedes Jahr machten mehr Leute mit, jedes Jahr wurde heftiger gefeiert (damals ging es mit der Love Parade noch steil bergauf). Ob an der Börse oder mit der eigenen Company – für jeden noch so zaghaften wirtschaftsmäßigen Gehversuch wurden wir mit einem warmen Geldsegen belohnt. Selbst Spätberufene und Sparbuchkonvertiten beschenkten die Finanzmärkte großzügig. Es ging olympisch zu auf dem Börsenparkett: Dabeisein war alles und garantierte im Prinzip schon den Gewinn.

Wer zum Beispiel seinerzeit Manfred Krug Folge geleistet und für 2000 Euro Aktien der Deutschen Telekom gekauft hatte, konnte sich kurz nach der Jahrtausendwende über rund 14 000 Euro auf seinem Konto freuen. Mit ganz anderen Beträgen wurden die Mutigen belohnt: Wer den gleichen Betrag für Yahoo-Aktien ausgegeben hatte, konnte schon mal beim Porsche-Center anklingeln; mit 50 000 Euro war locker der Boxster und fast sogar der eigene 911 drin. Oder noch weiter gerechnet (sich reich rechnen, auch so eine Neunziger-Marotte): Hätte man den Kaufpreis des Porsche in Yahoo investiert – man wäre zur Jahrtausendwende Millionär gewesen.

Wer wird Millionär? Damals lautete die Antwort: Immer mehr. Die Ökonomie produzierte auch ohne Günther Jauchs Quizshow

Reiche im Rekordtempo: Rund 270 Menschen wurden im Boom-jahr 1999 Millionär – pro Tag. Das war Deutschlandrekord! 2,6 Millionen Menschen konnten sich hier zu Lande ab sofort guten Gewissens als reich bezeichnen – mehr als je zuvor. Das ermittelte seinerzeit das Marktforschungsinstitut Datamonitor. Nicht mehr Erbe, der Lottogewinn oder ein verschollener Rembrandt im Dachstuhl sorgten für siebenstellige Kontoauszüge, sondern die Segnungen der Wildwirtschaft.

Rund die Hälfte aller Neu-Millionäre waren nämlich Selbstver-diener – also Menschen, die im Berufsleben standen und ihren Reichtum nicht ererbt hatten. Darin unterschied sich das wohlha-bende Net-Set vom Geldadel früherer Tage: Den neuen Reichen fehlt einfach die Geduld, mit dem gewünschten Lifestyle bis zum Erbfall zu warten. Stattdessen bauten sie schon in jungen Jahren ihr Vermögen auf – mit Börsendeals oder besser gleich mit der eigenen Internetfirma. Und so dauerte es nicht lange, bis die *Welt* am 19. April 2000 diagnostizierte:»Internet macht Deutsche reicher.«

Mit den neuen Reichen hielt auch bei uns Einzug, was in den USA unter dem Begriff»Affluenza«schon länger bekannt war: Wohlstand (affluence), der sich so schnell ausbreitet wie eine Grippe (influenza).»Der Millionär von nebenan war damals nichts Besonderes mehr«, erinnert sich Max Otte, seinerzeit Professor an der Boston University und Kenner der US-Anlegerszene. Es gab sogar ein gleichnamiges Buch mit Anlagetipps: *The Millionaire Next Door.* Dass die Geldgrippe jenseits des Atlantik noch heftiger ausbrach als bei uns, hatte einen einfachen Grund: In den USA sind seit jeher dreimal so viele Aktien in Privatbesitz wie in Deutschland. Statistiken bewiesen den neuen Reichtum jenseits des Atlantiks eindrucksvoll: Die Zahl der zehnfachen Millionäre war dort seit Mitte der Neunziger um fast 50 Prozent gestiegen. In der Neuen Welt hatte die Geldgrippe längst epidemische Ausmaße angenommen.

Aber eigentlich waren die neuen Reichen arme Menschen. Das jedenfalls wollten uns US-Psychologen weismachen. Vor allem

Seelenklempner aus Silicon Valley glaubten nämlich, bei ihrer Kundschaft eine neue Krankheit diagnostiziert zu haben: Sudden Wealth Syndrom, eine schwere Gemütskrankheit infolge plötzlichen Wohlstands. Im Ernst! Die Frage »Wohin mit dem Geld?« stürze die armen »Siliconäre« in eine Sinnkrise, warnten die Psychologen. Komisch: Auf uns wirkten die über Nacht reich gewordenen Börsenzocker überhaupt nicht traurig. Und den Eindruck, als ob ihnen die Ideen zum Geldausgeben fehlte, vermittelten die Netzmillionäre auch nicht. Wie sonst ließ sich der Erfolg von Unternehmen wie der britischen Firma Pear Tree erklären? Die Schreinerei baute Baumhäuser für Erwachsene zum Preis von 30 000 Euro aufwärts. Überflüssig zu erwähnen, dass die Kundschaft größtenteils aus Dotcom-Glückskindern bestand.

Hier zu Lande jedenfalls wurden keine Fälle der Reichtums-Depression gemeldet. Eher im Gegenteil. Der kapitalistische Karneval strebte seinem Höhepunkt entgegen. Gerade auf dem Scheitelpunkt des Booms Anfang 2000 mutierte die Börse von einer Love Parade zum Lemming-Happening. Jeder stürzte nur noch hinterher. Von der Geldgrippe wollte in Deutschland eben jeder gerne infiziert werden. »Geldrausch« titelte die *Bild* am 22. Februar, und gleich darunter: »Frauen spekulieren mit dem Haushaltsgeld. 300 Prozent Gewinn mit Internet. Kann ich auch reich werden?« Die professionellen Bedenkenträger traten natürlich ebenfalls auf den Plan. Der *Stern* fragte: »Wann platzt die Blase?«, was auch ein wenig eklig klang, und die *Süddeutsche Zeitung* kommentierte den Börsengang des Chiphersteller Infineon im allerfeinsten Pädagogenpathos: »Irgendwann kommt das böse Erwachen«.

Na und? Wir hielten es mit dem Ökonomen Keynes: »In the long run, we're all dead«, zuckten mit den Schultern und zeichneten Lycos-Aktien. Klar kommt irgendwann der Kater. Aber wen interessiert das schon auf dem Höhepunkt der Party? Wir alle waren heiß auf Aktien – so heiß, dass der *Focus* sogar von einer »Überhitzung« schrieb und das Wort gleich in *Meyers Konversationslexikon* nachschlug: »Übergreifen der Spielsucht auf Kreise der

Gesellschaft, welche kein geschäftliches Verständnis besitzt.«
Etwas einfacher könnte man es so ausdrücken: Im Sog dieses
Booms drängte eine Klientel an die Börse, für die Reichtum bisher
eine Ausspielung am Merkur-Daddelautomaten bedeutet hatte.
Und so bleibt uns ewig das Anlage-Abenteuer eines unterneh-
mungslustigen Bekannten in Erinnerung, der bis dato nur als
fanatischer Computerspieler aufgefallen war und seinem Rechner
sogar mit Wasserkühlung zu mehr Leistung verholfen hatte. Nun
wollte er also an der Börse seinen Counterstrike starten. Da für das
PC-Tuning alles Geld draufgegangen war, lieh sich der Zocker
kurz vor dem Crash 30 000 D-Mark von seinem Bruder (der übrigens mit gebrauchten Militaria handelt). Mit dem Geld wollte er in
die große Ausspielung am Neuen Markt einsteigen. Selbst unsere
mahnenden Hinweise auf bereits sinkende Kurse konnten ihn
nicht umstimmen. Ganz im Gegenteil: Wir standen als Spielverderber, als Weicheier da. Sein schlichter Kommentar zu allen
Warnungen:»Ey, hast du keine Eier oder was?«

Party like it's 1999!

Sommer 1999, Köln, Mediapark.»Uuh Baby, I feel right, the
music sounds better with you ...« Dann die Gitarre: Dibidip, dibidip.»Love might bring us back together.« Okay, okay, das Stück ist
von '98, aber selbst nach einem Jahr gehen die Leute immer noch
auf Stardust ab. Das PR-Schneckchen neben uns hat zum Tanzen
sogar ihren Caipi zur Seite gestellt.»Ooh Baby« brüllt sie und zeigt
den Jungs drumherum ihr Zungenpiercing. Definitiv ein heißes
Babe. Sie trägt ein schwarzes Spaghettiträger-Top und eine
schwarze Caprihose – wie ungefähr 99,9 Prozent aller Frauen im
Raum. Alles von H&M natürlich, so wie die Klamotten der restlichen Gäste. Die Jungs haben Cargohosen an und tragen Puma-
Sneakers. Einige haben Ziegenbärte, manche sogar blond gefärbt.
Sie sind alle um die 25. Die Älteren stehen in der Büroküche und
rauchen Zigarre. Total Neunziger – aber lifestylemäßig so gerade

noch akzeptabel, schließlich haben in Hamburg gerade die ersten Zigarren-Clubs aufgemacht.

»Uuh Baby.« Die Bassdrum wummert. Direkt neben der improvisierten Tanzfläche zwischen Büroschreibtisch und Gang hat der Gastgeber einen Videobeamer aufgestellt. Es läuft James Bond, Thunderball, einer der besseren mit Connery. Daneben drängeln sich ein paar Gäste um einen iMac. »Boa, wie schnell«, staunt ein Metallbrillenträger jenseits der 40. O Gott, klassischer Fall von E-Mail-bei-T-Online-Typ! Das echte Net-Set mit den schwarzen Plastikbrillen nimmt das Megabit-Tempo der Standleitung natürlich unbeeindruckt hin. Etwas gelangweilt klicken die Ziegenbärte rum. Nur ab und zu fällt ein Wort, wenn es gilt, ein cooles Flash-Intro oder Java-Script zu loben. Rundherum geben die verglasten Bürowände den Blick auf den riesigen und ebenso zugigen Innenhof des Mediaparks frei. Nebenan vor dem Viva-Hochhaus stehen sich einige Teenies die Beine in den Bauch, in der Hoffnung, dass Mola oder die »Band ohne Namen« ihre Nasen sehen lassen.

Drüben im Cinedom drängeln die Dorfdeppen, um noch Karten für den neuen *Star-Wars*-Film zu kriegen. Und während sich die Nacht langsam über die Domstadt legt, schleichen die ersten Gäste leise zur Tür raus. Zu irgendeiner Lounge-Party. Oder war es doch eine Launch-Party? Egal. »Uuh Baby.«

Prince hatte es ja prophezeit: »Tonight I'm gonna party like it's nineteenninety-nine!« Aber als der Minimann aus Minneapolis 1983 diese Zeilen schrieb, dachte er wahrscheinlich eher an eine rauschende Silvesternacht. Dass sich »Party« um die Jahrtausendwende zu einem Dauerzustand entwickeln würde, hat er sicher nicht geahnt. Aber genauso war es: »Unser Arbeitsplatz waren die Partys«, erinnert sich der ehemalige Internetunternehmer Peer-Arne Böttcher heute, »es gab jeden Abend Möglichkeiten, ein Geschäft zu machen«.

Natürlich haben wir das Feiern nicht erfunden. Schon vor uns waren Generationen junger Menschen gut darin, einen draufzumachen. Doch uns konnte keiner das Wasser reichen, wenn es darum ging, dem Anlass einen businessmäßigen Anstrich zu

geben: Kam die erste Kohle vom Investor, schmiss man die Grün-
dungsparty. Ging irgendeine Webseite ans Netz, nahm man die
Launch-Party der Firma mit. Später dann kamen die ersten Einladungen zu IPO-Partys, die anlässlich eines Börsengangs gefeiert
wurden (Einladungen flatterten damals natürlich nur per E-Mail
ins Haus, als Flash-Animation). Schließlich sollten wir auch noch
die Entlassung auf der Pink-Slip-Party feiern. Und fiel uns gar
nichts mehr ein, konnte man das Besäufnis im Nachhinein noch
zu dem oft strapazierten Networking-Event verklären. Wobei
jedem klar war, dass Networking eigentlich nur Not working
bedeutete.

Der First Tuesday war so ein Anlass zum vermeintlichen Netzwerken. An einem Dienstag im Jahr 1998 fand die Veranstaltung
das erste Mal in London statt. Hier trafen sich Menschen, die
Ideen zum Geldverdienen im Internet hatten, und solche, die diese
Ideen finanzieren wollten. Zur Orientierung mussten alle Gäste
Namensschilder mit kleinen farbigen Punkten tragen: Wer eine
Idee hatte, klebte sich einen grünen Punkt ans Revers, Finanziers
einen roten. Berater, Journalisten, Anwälte und sonstige Trittbrett-
fahrer machte man mit einem gelben Punkt kenntlich. Nebenbei:
Für die neue Wirtschaft erwies sich dieses Kastensystem schnell
als zu starr. Die Biografien waren längst ins Schwimmen gekommen, nur einen Beruf übten die wenigsten aus. Und so wurden
auch auf den First Tuesdays immer häufiger Menschen mit der
vollen Ampel am Revers gesichtet.

Die Pünktchen waren übrigens ziemlich klein, weshalb sich die
Gäste eng auf die Pelle rücken mussten. Gehässig erinnert sich ein
Teilnehmer:»Da hat der Berater nach zu viel kostenlosem Char-
donnay die Sekretärin angepackt!« Aber genau hier – und nur hier
– liegt der nachhaltige Erfolg des First Tuesday: Es war ein genialer
Baggermarkt. Auf den Events wurden Beziehungen geknüpft, die
die Lebensdauer der Business-Pläne bei weitem überschreiten
sollten.

Seinem ursprünglichen Zweck diente der First Tuesday dagegen
selten.»Ich habe von keinem einzigen Deal gehört, der da eingetü-

tet wurde«, berichtet ein Insider. Kurzum: Der erste Dienstag im Monat war typisches Not working. Man labte sich an den Schnittchen, die großzügige Sponsoren zu Boomzeiten auffuhren, spülte sie mit dem japanischen Szenebier Asahi runter und versuchte, das andere Geschlecht auf sich aufmerksam zu machen. Geschäfte einfädeln – wie denn? Von Anfang an gab es beim First Tuesday zu wenig Rot- oder Grünbepunktete; echte Gründer und willige Geldgeber waren Mangelware. Stattdessen traten sich Berater und Presse auf die Füße. Und so ähnelte die Farblandschaft auf dem First Tuesday oft einer kaputten Ampel: nur noch Gelb.

Was mit Business begann, wird zum Bums – so erging es auch den seinerzeit so angesagten After-Job-Partys. Hier sollten sich Büromenschen zum lockeren Stelldichein nach getaner Führungsarbeit einfinden. Anfangs ging die Sache auch auf: Ohne Umziehen und Aufbretzeln trudelten Anzug- oder Kostümträger gegen 6 in den Diskotheken ein. Die erste After-Work-Party fand Ende 1999 im Hamburger Café Schöne Aussichten statt. Bei den ersten Feten reichte die Eintrittsschlange noch um den Block. Für alle über 30-Jährigen, die mangels Zeit sämtliche Trends der letzten Jahre verpennt hatten, waren die Partys ein Paradies. »Ich bin seit ein paar Jahren selbst am Wochenende kaum noch richtig ausgegangen, weil die Nachtclubs nicht mehr so auf meiner Linie sind wie mit Anfang zwanzig«, bekannte eine Bankkauffrau im Magazin *Bizz*.

Hier, auf der After-Work-Party, konnte man feiern wie in den guten, alten Achtzigern. Die Gäste behielten ihre Businesskleidung an (heißt: keine schwierigen Styling-Entscheidungen), und auch musikalisch gab es keine Überraschungen. Im After-Work-Club legte der DJ weniger clubmäßige Beats auf, und dafür eher das Generation-Golf-Konsensprogramm (*I will survive*). In Berlin fanden die Feier-Abende in der Caroshi Bar statt. Wie passend – Karoshi ist japanisch und bedeutet: Tod durch Überarbeitung.

So weit, so gut. Doch die Beziehungsbörse für MBA-Absolventen wurde recht schnell vom Mainstream gekapert und entwickelte sich zu einer Art cross-sozialem Aufreißbasar. Zu den Gut- und

Besserverdienenden gesellten sich rasch Damen, die ihren gesell-
schaftlichen Aufstieg auf der Tanzfläche befördern wollten. Die
Folgen: radikaler Tussenüberschuss, unwürdiges Massenbaggern.
In Bonn etwa bewarb ein örtlicher Veranstalter seine After-Job-
Party mit dem Satz:»Mit der Putzfrau kommen.« Spätestens nach
der Jahrtausendwende hatten die Events nichts mehr mit der
Wildwirtschaft und eigentlich auch nichts mehr mit uns zu tun.
Also weiter.

Fragt man heute die Ehemaligen der Start-up-Szene, kristalli-
siert sich Folgendes heraus: Die beste New-Economy-Party war
unsere. Und geprasst haben immer nur die anderen. So schwärmt
Peer-Arne Böttcher noch heute von seiner Housewarming Party
zur Einweihung der neuen Büroräume, Zitat:»Da tropfte der
Schweiß von der Decke!« Während Jens Leinert von der Frankfurter Telemall sich besonders gerne an den Auftrag eines lokalen
Stripclubs erinnert. Dessen Besitzer bezahlte die fertig programmierte Homepage in Naturalien. Bei der Ankunft im Club»Golden
Gate« präsentierte er den Webdesignern einen Tisch randvoll mit
hochprozentigen Getränken – in Flaschen wohlgemerkt. Der Rest
des Abends ist Schweigen, na ja, fast:»Wir haben uns aufgeführt
wie Graf Koks«, lacht Leinert.

Und so geht es weiter: Wenn die Veteranen der Wildwirtschaft
ins Schwärmen geraten, scheint es nur Mega-Events gegeben zu
haben. Caipirinha, Sushi-Büfetts, alles gesponsert natürlich, Stand-
partys auf der Cebit, System und Internet World. Wow, das ging
ab. Diagnose: Da hat die rosa Brille ganze Arbeit geleistet. Niemand erinnert sich an die vielen schlechten Partys: die lauen
Abende in der Sperrmüll-Sitzecke, Marke: kein Geld für den echten Eames Lounge Chair, an denen wir zu Kruder & Dorfmeister
mit dem Kopf nickten, scheinen dagegen nie stattgefunden zu
haben. Nur die Sparsamkeit aus dieser Zeit hatte man sich selbst-
redend erhalten. Das immer wiederkehrende Bekenntnis: *Wir*
haben das Kapital der Investoren nicht verblasen.

Umso erstaunlicher ist es, wie viele Partys trotz der vermeintlichen Bescheidenheit finanziell überausgestattet wirkten. Szenen

wie diese von der Internet World in Berlin waren nichts Ungewöhnliches: Standparty der Kölner Agentur Novista mit Häppchen,
eingeflogenem Kölsch, Liveband und allem drum und dran. Doch
plötzlich, es ist gerade mal 10, droht die Superstimmung unversehens zu kippen. Die Band war nur bis 10 bezahlt. Außerdem sind
Partys um die Uhrzeit ohnehin vom Messeveranstalter verboten.
Doch an solchen Old-Economy-mäßigen Kleinlichkeiten soll die
rauschende Partynacht nicht scheitern, beschließt die Geschäftsführung. Und so reicht die Marketingleiterin der Band kurzerhand
einen Scheck mit einem fünfstelligen Betrag rüber. Die Vertrags-
strafe für die Überziehung auf dem 100-Quadratmeter-Stand
nimmt man auch nonchalant in Kauf. Voilà, das *Wayne's-World*-
Motto hatten wir echt drauf: Party on!

Grandeur von ganz anderen Dimensionen gab es auf der Feier
der Berliner Webagentur Pixelpark anlässlich des Börsengangs im
Oktober 1999. Zunächst mussten sich die zahlreich erschienenen
Gäste in einen circa 20 mal 20 Meter kleinen Raum zwängen.
Dann stürmten Animateure herein und drückten die Menge gegen
die Wand. Nach wenigen Sekunden gab sie nach, fiel mit einem
lauten Krach – und gab den Blick frei auf eine mehrere 100 Meter
lange Halle. Quer durch den ehemaligen Lokschuppen erstreckten
sich Reihen von festlich gedeckten Tischen. Ein ganzes Heer
livrierter Kellner stand bereit, um die 1000 Pixelpark-Mitarbeiter
aus aller Welt Erste-Klasse-mäßig zu beköstigen. Selbst die ange-
reisten, größenmäßig verwöhnten Amerikaner schwärmten im
Pixelpark-Intranet noch wochenlang von dem Event.

Viva Las Vegas!

Doch das ist alles nichts im Vergleich zur größten Party des
Internetzeitalters. Zugegeben, der Superlativ heißt ja erst mal
nichts. Doch im Gegensatz zu allen bisher erwähnten »größten«
Events verdient dieser das Label wirklich. Auf der Party des Jahrhunderts traten an einem Abend die Rockopas von Kiss nebst der

Swinglegende Tony Bennett auf. Damit nicht genug: Die britischen Altrocker The Who vereinigten sich extra für ihren Auftritt auf der Party wieder. Ach ja, und für den Veranstalter endete der Abend sogar mit einer langjährigen Haftstrafe.

Aber alles schön der Reihe nach. Es begann ganz harmlos, wie eine typische Erfolgsstory aus dem Silicon Valley. Adam Fenne, ein junger Unternehmer, stellt 1998 mit großem Erfolg eine neue Technologie vor. Mit seiner Software, dem Pixelon-Player, können Videobilder in Fernsehqualität live über das Netz ausgestrahlt und empfangen werden. Angeblich. Es ist ein beeindruckendes Produkt, und Fenne hat schon nach wenigen Präsentationen einen Deal in der Tasche: Stolze 30 Millionen Dollar zahlen Investoren dem Youngster für seine Erfindung.

Was sie nicht wussten oder vergessen hatten zu prüfen: Adam Fenne heißt in Wirklichkeit David Kim Stanley, hat mehrere ältere Menschen in der Gemeinde, wo sein Vater Pfarrer ist, um 1,25 Millionen Dollar betrogen und flüchtet seitdem vor dem Gesetz. Doch damit nicht genug: Sein Videoplayer ist nichts anderes als eine Standardsoftware von Microsoft mit einer nur leicht veränderten grafischen Oberfläche. Später kommt raus, dass Stanley die betreffenden Logos sogar eigenhändig entfernt hat. Bei der Präsentation verwendet er heimlich nur stinknormale Microsoft-Produkte und -Hardware. Um das vor seinen Angestellten geheim zu halten, erfindet der Betrüger sogar eine groteske Legende: Sollte jemand den Server öffnen, explodiere eine spezielle Säurekapsel im Innern und zerstöre die geheimen Komponenten, warnt er.

Irgendwie muss Stanley geahnt haben, dass sein Schwindel bald auffliegen würde. Jedenfalls entscheidet er sich, die Gründung seiner Firma Pixelon auffällig extravagant zu feiern: Ganze 16 Millionen Dollar steckt der Gründer in die Feierlichkeiten – unter lautem Protest seines Aufsichtsrates. Und was für eine Party sollte der so genannte iBash werden! Am 29. Oktober 1999 ist es soweit: Pixelon hat das gesamte MGM Grand Casino in Las Vegas gemietet und stellt eine Show auf die Beine, von der das Net-Set rund um die Welt noch heute mit Ehrfurcht spricht: Zu Beginn treten sämtliche weiblichen Superstars der amerikanischen Country-Szene gleichzeitig auf, gefolgt von den geschminkten Glamrockern von Kiss. Im noblen Casino swingt währenddessen Tony Bennett über die Bühne, natürlich begleitet von einem kompletten Orchester. Und um 10 Uhr abends schließlich spielen The Who – zum ersten Mal seit 1972 wieder gemeinsam. Nur für den Auftritt beim iBash haben sich die Alt-Mods um Pete Townsend wie gesagt zusammengerauft.

Es wird ein rauschender Abend. Über 10 000 Gäste kommen nach Vegas – angelockt von hoch subventionierten Ticketpreisen um die 10 Dollar. Das Publikum ist hin und weg – ganz im Gegensatz zu den Surfern vor den Bildschirmen. Eigentlich sollte das Konzert als Werbeaktion nämlich live im Netz übertragen werden. Aber irgendwie klappt das nicht so recht, wahrscheinlich wegen der heimlich verwendeten Microsoft-Produkte. Jedenfalls sehen die Surfer daheim nur daumenkinoartiges Zucken auf ihren Schirmen.

Stanley selbst hat das nicht gejuckt. Er soll bei The Who in der ersten Reihe gestanden und ekstatisch gejubelt haben. Das war *seine* Party, und insgeheim wusste er, dass es für sehr lange Zeit die letzte sein würde. Er feierte nach dem Prince-Motto:»Tonight I'm gonna party like it's nineteenninety-nine!« Und das war auch geschickt so. Am 13. April 2000 verurteilte ein Gericht in Virginia David Kim Stanley zu acht Jahren Haft ohne Bewährung.

Ab sofort sind wir alle Geeks

Irgendwann 1999 oder 1998 muss das gewesen sein, beim Umzug. Oder war es beim Kelleraufräumen? Egal, jedefalls hatten wir plötzlich diese alte Mini-Kochplatte in der Hand. So eine zum In-die-Steckdose-stecken, für die Studentenbude. Keine Ahnung, warum die noch keiner weggeworfen hat. Die Platte war übersät mit braunen Flecken von übergekochter Miracoli-Soße, schwarz verkohlt dort, wo sie schon eingekocht ist. Nur vorne drauf, neben den biligen Plastikknöpfen, schien noch ein wenig die alte weiße Lackierung durch. Und da stand es: E-Mail. Ach nee, *Emaille!* Nur einen Sekundenbruchteil brauchte unser Hirn für die Korrektur. Ein kurzer Moment, der uns zeigte, dass wir nicht mehr die Alten waren.

Wir hatten uns, ohne es zu merken, zu Technikfreaks entwickelt. Statt Emaille lasen wir E-Mail, und wenn jemand im Sommer sagte, er gehe surfen, rutschte uns automatisch »Was, bei dem schönen Wetter?« raus. Bits und Bytes bestimmten unser Leben. Am Arbeitsplatz war der Mailterror ausgebrochen, weil jeder in Outlook den Knopf für »An alle antworten« entdeckt hatte. Doch das Medium verleidet hat es uns nicht. Denn kaum zu Hause angekommen, schalteten wir hier den PC an, um in Chatrooms rumzuhängen oder bei eBay das mehr oder weniger mühsam verdiente Geld für Ü-Ei-Figuren durchzubringen. Kurzum: Wir waren geworden, was wir waren.

Denn 15 Jahre zuvor hatte sich unsere Welt schon einmal um Computer gedreht. Commodore 64, Atari und Amiga hießen die Maschinen, vor denen wir damals jede freie Minute verbrachten. Freilich sah die Sache seinerzeit ganz anders aus. Es gab nur acht Bit, keine Festplatte, und Datenfernübertragung bedeutete, mit der Schachtel *Nashua*-Floppys unterm Arm zu anderen Computerfreaks zu radeln. Das waren komischerweise meist Kinder aus nicht ganz so gutem Haus; bei denen saß der Vater den ganzen Tag im Unterhemd vor dem Fernseher und grölte Sachen wie »Meine Fresse!« Und weil er da ständig vor der Glotze hockte und grölte, anstatt sich mit seinem Sohn zu unterhalten, bekam der Herr Papa ein mega-schlechtes Gewissen und überschüttete den Filius zum Ausgleich mit der neuesten Hard- und Software. An dieser Stelle wurde die Sache für uns interessant. Und so saßen wir dann im Halbdunkel des perfekt ausgestatteten Heimcomputer-Jugendzimmers, spielten Impossible Mission, während im Radio die Eurythmics mit *1984* liefen. Orwell war damals voll angesagt.

Im Italienurlaub im Juli lungerten wir in den dunklen Sala-Giocchi an der Strandpromenade herum. Wir zockten Galaxian,

Pac-Man oder Frogger an diesen räudigen, sonnennölverklebten Arcadeautomaten. Mutter sagte immer:»Geht doch mal raus!« Doch uns interessierte nur, den Highscore zu knacken. Bis sich unser Interesse irgendwann Mitte der Achtziger in Richtung Stranddisco verschob. Da waren plötzlich andere Dinge wichtiger: Es galt das nächste Bier, die nächste Party zu finanzieren. Schnell vertickten wir den alten Acht-Bit-Brotkasten, über eine Anzeige in *Such & Find* natürlich, eBay gab es ja noch nicht. Die Disketten verschenkten wir gleich mit – und das war's. Unsere Affäre mit allem Digitalen schien zu Ende zu sein.

Dachten wir zumindest. Bis sich das Web auf leisen Sohlen von hinten anschlich, irgendwann Ende der Neunziger. Da redeten plötzlich alle vom Internet, damals noch mit Artikel davor, also *diesem* Internet, und schnell war klar: Wer in Zukunft»in« sein will, muss drin sein. Erst kam Word, dann Castle Wolfenstein und schließlich das World Wide Web. Die Auffahrt zur Datenautobahn (noch so ein typisches Wort aus der Zeit) war allerdings beschwerlich. Modem anschließen ging ja noch. Aber dann wollte man auch was hören. Also musste die Soundkarte in die Kiste und am besten gleich gigantische 32 Megabyte Speicher mit dazu. Und ehe man sich's versah, kniete man unter dem Schreibtisch und prokelte am Allerheiligsten des Computers herum – dem Motherboard. Davor galt es allerdings, eine psychologische Hürde zu überwinden: die Ehrfurcht vor der Technik. Schließlich stammten wir noch aus der Zeit, in der es Privatmenschen amtlich verboten war, eine Telefondose aufzuschrauben.

Aber wir lernten, und zwar schnell. Bald kannte jeder den Unterschied zwischen EDO-RAM und SDRAM-Speicher, wusste, was ein Interrupt ist und hatte die oberste Regel des Informationszeitalters verinnerlicht: Du kannst nie genug Arbeitsspeicher haben. Plötzlich nannten wir Software nicht mehr nur beim Namen, sondern hängten auch gleich deren Versionsnummer dran.»Hast du schon Word Viernull?« galt als legitimer Gesprächsauftakt und Programme aufspielen zu können als unerlässliche Kulturtechnik. In der Kneipe konnte man Mädchen sagen hören:»Der konnte nicht mal Windows installieren«, mit einem Unterton, als gehe es um sexuelle Dysfunktionen. Morgens im Büro las man als Erstes den *Heise-Ticker* (eine Gewohnheit, die viele Ehemalige der Wildwirtschaft noch heute pflegen) oder *Slashdot*, ein Internetforum mit dem bezeichnenden Slogan »News for Nerds« – Nachrichten für Computerfreaks. Grafikkarten kauften wir nur nach ihrem Abschneiden im Test der Zeitschrift *c't*, einem Magazin, das früher nur Hardcore-Computerfreaks bediente. Aber spätestens 1999 war die Zeitschrift im Mainstream völlig akzeptiert – nicht zuletzt, weil mittlerweile jeder einen kleinen Computerfreak in sich trug. Aah, die gute alte Zeit: Im warmen ICE nach Hannover Laatzen/Messe sitzen und in der *c't* schmökern. Der Trip zur Cebit war damals natürlich auch Pflicht.

So schritten wir voran in die Informationsgesellschaft, und mit uns der Rest der Republik. 1997 hatte Mutter noch angerufen und verzweifelt verkündet, ihr Computer sei kaputt. Warum?»Im Browser ist ein Feld ›Links‹, aber das steht rechts!« Spätestens zur Jahrtausendwende hatten uns die Eltern in Sachen Infotech teilweise sogar überholt. Auf einem ganz neuen Niveau bewegten sich die Anfragen auf der familiären Hotline, also bei uns auf dem Handy. Plötzlich wollte Mutter den POP3-Server von T-Online wissen, und Vater erkundigte sich, oder er SMTP oder IMAP für seine E-Mails verwenden solle. Kurzum: Die ganze Welt um uns herum war vom Computer besessen. Und der amerikanische Guru Fred Moody fasste unsere neue Obsession treffend so zusammen: »Wir sind jetzt alle Geeks!«

Der Homo pentium lernt aufrecht gehen

Geeks oder Nerds – in den Teeniefilmen der Achtziger waren sie uns zum ersten Mal begegnet. Unattraktive Typen, mit notdürftig geklebter Brille und Taschenrechner im Revers, die sich nur für Computer interessierten und bei der Weiblichkeit keine Schnitte hatten. Ihre Antagonisten spielten meist bullige Footballspieler,

liiert mit blonden Cheerleadern. Am Ende des Films haben die
Geeks meist gesiegt, indem sie dank ihres Technikwissens ein
Rennen gewannen, Restaurants eröffneten oder so ähnlich. Im
Hintergrund liefen dazu jedenfalls die Pointer Sisters, oder etwas,
was so ähnlich klang. Aus der Rückschau muss man sagen: Das
Happyend kam in diesen Streifen meistens ziemlich gezwungen-
sozial rüber, so gebt-den-Außenseitern-auch-ne-Chance-mäßig.
Total unrealistisch. Denn im wirklichen Leben wollte damals
niemand was mit Geeks zu tun haben. Sie waren ungesellig, asexu-
ell, interessierten sich für CB-Funk oder löteten in ihrer Freizeit
irgendwas. Überhaupt löten: In einer Glosse über Nerds schrieb
der Schriftsteller Max Goldt einmal passend:»Löten war früher
eine der wichtigsten Beschäftigungen außerdienstlich unterforder-
ter Männer.«

Und mit diesen Lötern wollten wir nichts zu tun haben – bis
Mitte der Neunziger. Da waren Typen, die löten konnten, plötzlich
sehr gefragt. Denn sie wussten etwas, was wir nicht wussten. Nur
über sie führte der Weg ins Netz. Wer baut einem das Modem ein?
Der Geek aus dem Bekanntenkreis. Wer zeigt, wie man Doom im
Netzwerk spielt? Der Nerd von nebenan. Wer hilft bei den berüchtigten Hardwarekonflikten? Der Informatiker aus der WG gegenüber. Für den Nachmittag der Reparatur musste man den Computerfreak natürlich ins Haus lassen, da half nichts. Hoffentlich
sieht's keiner – oder schlimmer noch: Nachher grüßt der Typ mich
auch noch in der Uni. Egal, wir wollten endlich Doom zocken. Also
musste man die geballte Uncoolness ertragen. Im Nachhinein
waren die Bastelsessions eigentlich immer ganz lustig: Wir guckten zu, wie der Nerd freudig erregt unterm Tisch rumrutschte.
Aha, so geht das. Schon bald kauerten wir daneben und begannen
mitzureden. So lernten wir mit der Zeit die Geeks kennen und
schätzen. Und irgendwann bewunderten wir sie.

Wie sagt der Brite so schön: Imitation ist die ehrlichste Form der
Bewunderung. Und wir hatten das neue Objekt unserer Bewunde-
rung gefunden: den Geek, den neuen Menschen für ein neues
Zeitalter. Sein Zuhause war der Cyberspace. Er wusste, was Linux

ist. Er konnte mit verbundenen Augen den Festplatten-Controller auswechseln. Er beherrschte die Technik – und nicht andersrum. So wollten wir auch sein! Ernsthaft zum Geek zu mutieren stand natürlich außer Frage. Viel zu anstrengend wäre es gewesen, sich das geballte Wissen anzueignen. Außerdem bestand die Gefahr, zu authentisch rüberzukommen und dann auch keine Schnitte mehr bei Frauen zu haben. Also ließen wir es mit dem Aussehen bewenden. Coole Szenetypen befleißigten sich plötzlich des Nerd-Looks, trugen T-Shirts mit Softwarelogos, spießige Pullunder, abgewetzte Cordhosen. L'Oreal brachte Haarspray speziell für den Gerade-aufgestanden-Strubbellook heraus – ein Effekt, den die Computerfreaks bis dato ganz natürlich hinbekommen hatten. Auch Frauen ernannten sich kurzerhand zum *Geek-Girl*, fanden Zahnspange und Hornbrille cool. Unter dem Linux-Spaghettitop trug frau nicht mehr La-Perla-Spitzenwäsche, sondern den *403-Thong* – ein String-Unterhöschen, benannt nach einer Fehlermeldung im Internet. Vorne im Schritt draufgedruckt war zu lesen: »403 – Forbidden. You don't have permission to access/girl on the server« Ein echter Geek-Witz.

Sollte damit das Geek-Girl ihren Geek nicht betören können, half nur noch ein Hauch *001*, das erste Parfum speziell für Internet- und Computerfreaks. Dessen Hersteller versprach: *Sie* braucht nur einen Spritzer des Duftwassers aufzutragen, und schon lässt *er* seinen Rechner links liegen. Eine spezielle Duftnote würde selbst hart gesottene Computerfreaks wieder für weibliche Offline-Reize interessieren: Mandelblüten, toskanische Magnolien – und frisch formatierte Festplatten. Im Ernst: Ein Hauch von Hardware sollte nämlich die holde Weiblichkeit umwehen. Und um den in den hellblauen Flakon zu bekommen, hatte der Hersteller Coty, immerhin Produzent so renommierter Marken wie Davidoff, Joop und Jil Sander, keine Mühen gescheut. Unter Laborbedingungen schmorte man Polyester in einem Trockner an. Die Dämpfe wurden analysiert und chemisch nachgebaut. Das Ergebnis sei ein Anklang von »Elektrostatik«, so die Duftdesigner. Elektriker kannten dieses Aroma allerdings unter einem profaneren Namen: Kabelbrand. Abgerundet wurde das Bouquet von 001 durch den Duft von Hardwarekomponenten, fabrikneu und frisch in einem Rechnergehäuse eingebaut – pure Pheromone für jeden PC-Freak.

Plötzlich wollten wir nicht nur wie ein Motherboard riechen, sondern uns auch mit Technik auskennen. Es reichte nicht mehr, den Todesgriff *Steuerung + Alt + Entfernen* zu kennen. Nein, Details mussten her. Wir faselten von UNIX, dem neuen USB-Standard, den leisesten CPU-Lüftern – und hatten insgeheim natürlich keinen blassen Schimmer. Aber es machte Eindruck, und darauf kam es an. Man wollte wie ein alter Hase aussehen. Angeber ließen deshalb ins Gespräch einfließen, dass sie »schon '94 E-Mail hatten«. Überhaupt *E-Mail-Namedropping* war schwer angesagt. Fest stand: Wessen Adresse mit @t-online oder @aol endete, gehörte nicht dazu. Das echte Net-Set hatte natürlich eine eigene Webseite. Gleichzeitig galt es als total uncool, davon zu reden. An ihrer Homepage prokelten nur T-Online-Typen rum. Man nutzte seine eigene Webseite allenfalls für E-Mail oder um geknackte Software zu parken.

Wer es richtig hart mochte, konnte sich sogar zum Hacker ausbilden lassen. In Paris hatte seinerzeit die weltweit erste Akademie für Datendiebe eröffnet. Für eine Kursgebühr von 135 D-Mark pro Tag brachten dort erfahrene Computerknacker Normalsterblichen die hohe Kunst des EDV-Einbruchs bei. Name der ungewöhnlichen IT-Fortbildung: Hackademy.

Ironisches Detail: Während wir zu Geeks mutierten, versuchten die Geeks, mehr und mehr wie wir zu werden. Die TU München bot seinerzeit ihren Informatik-Studenten sogar einen Kurs mit dem Titel »Fit für die Karriere« an. Ziel des Seminars: Den Geek auf die Welt jenseits des Bildschirms vorzubereiten. Der Homo pentium sollte lernen, aufrecht zu gehen. Auf dem Programm standen Begrüßungsregeln, Tischmanieren, Kleiderordnung und lockere Konversation. Kurz: Die Techno-Autisten sollten sozialkompatibel gemacht werden. Neun Stunden nonstop bombardierte

man sie dafür mit Knigge Version 1.0. Zur Kontrolle kam mittags
direkt ein Drei-Gänge-Menü auf den Tisch – mit so genanntem
»Problemessen« vom Geflügel bis hin zu Gambas. Dann brachte
ein Etikettetrainer den Nerds bei, wohin Salat und Serviette kommen und warum nervöse Maushände keine Suppe bestellen sollten. Zitate des Kursleiters: »Das plätschert dann so.«

Allein mit den Manieren ließen es die Geeks nicht bewenden.
Als Nächstes war der Look dran. Während wir aussehen wollten
wie Nerds, wollten die Nerds aussehen wie wir (vor unserem Ein-
schwenken auf den *Geek-Look* natürlich). Kompliziert, oder? Ziemlich, deshalb musste professionelle Beratung her, zum Beispiel von
Christie McClelland. Die Amerikanerin versprach seinerzeit ihren
Kunden: Aus Freunden der Megahertz mache ich Mega-Herzens-
brecher. Ihre Firma *Geek Boy Services* hatte sich darauf spezialisiert, Exemplare der Gattung Homo pentium modisch kompatibel
zu machen. Dafür verlangte sie von jedem Kandidaten vorab 1000
Dollar – 700 Dollar davon mussten für neue Kleidung ausgegeben
werden, der Rest war ihr Honorar. Auf der Webseite von *Geek Boy
Services* fasste die Unternehmerin ihr Programm, frei übersetzt, so
zusammen: »Coole Ischen werden mit dir einkaufen gehen«. Die
Ischen, das waren sie und ihre Angestellten.

Computerfreaks und Mode – mit Hilfe von McClelland sollten
das keine abstoßenden Pole, unvereinbar wie Windows und Linux,
mehr sein. Sie verpasste den Geeks eine optische Generalüberho-
lung. Der typische Ablauf: Station eins: Ein hipper Klamottenladen
in San Francisco. Hier behebt McClelland die textilen Totalab-
stürze der Computerfreaks. Und das heißt: Bye, bye, geliebtes
Logo-T-Shirt. Stattdessen verpasst die Stilberaterin ihren Kunden
zeitgemäße Mode: bedruckte Kurzarm-Hemden und eng anlie-
gende Polyesterhosen mit reichlich Reißverschlüssen, dazu ein
paar modische Boots. Und um das Update perfekt zu machen,
verabredet die Modeberaterin direkt noch einen Friseurtermin
– schließlich hätten die meisten Geeks »ja noch ihre Frisur aus der
Grundschule«, so McClelland. Zum Schluss gibt sie noch Tipps zu

Wohnungseinrichtung, angesagter Musik und Nachtleben – alles soll schließlich zum neuen Lifestyle-Image passen.

Über das Ergebnis des Crashkurses in Sachen Coolheit ließ sich indes streiten: Zu bestaunen war es zum Beispiel im Selbstversuch eines Reporters von *Business 2.0*. Auch er hatte sich von McClelland zum potenziellen Frauenmagneten ummodeln lassen. Das Resultat war nach deutschem Maßstab ein Look, der irgendwo zwischen H&M und Hauptschule angesiedelt war. Oder in den Worten des Journalisten: »Jetzt sehe ich aus, als ob ich Keith Richards Drogen verkaufen will.«

Das war die neue verdrehte Welt: Geeks machten auf Herzensbrecher, wir auf Hacker. Die Nerds lernten Hummer zu zerlegen und wir eine Festplatte zu defragmentieren. Ganz freiwillig war unsere Technikbegeisterung nicht immer. Denn wer nicht ans Netz angeschlossen war, drohte auch offline den Anschluss zu verlieren. Die Karrierepresse überbot sich mit düsteren Horrorszenarien. So schrieb die *Welt* im Oktober 1999 unter dem Titel »Sind Sie netfit?«: »Computerlaien müssen bei anstehenden Beförderungsrunden aussetzen.« Angehängt war ein kleiner Selbsttest mit Fragen wie: Unter einer E-Mail steht Doppelpunkt, Bindestrich, Klammer zu – was bedeutet das? Mögliche Antwort a) »Der Verfasser hat sich vertippt.«

Apropos Smiley, auch so ein Neunziger-Ding. Ein untrügliches Zeichen dafür, dass die Technik endgültig von uns Besitz ergriffen hatte, erreichte uns im November 1999 per Fax. Darauf hatte der Absender irgendeine lustige Botschaft gekliert, mit einem Smiley dahinter. Aber er hat ihn nicht gerade gemalt, nein, 90 Grad gedreht, wie getippt ;-) Darin steckte der ultimative Beweis: Wir *waren* alle Geeks.

Vorsprung durch Technik

»Es ist unvorstellbar, dass alte Vorurteile und Feindschaften
weiter existieren, nachdem dieses Instrument des Informations-
austausches zwischen allen Nationen der Erde geschaffen wurde.«
Klingt nach klassischem Boom-Bullshit, oder? Tatsächlich stammen diese weihevollen Zeilen aus dem vorletzten Jahrhundert. Mit
diesen Worten begrüßten englische Enthusiasten 1858 das erste
transatlantische Telegrafenkabel von Irland nach Neufundland.
Ganze sechzehneinhalb Stunden brauchte die Grußbotschaft von
Queen Victoria an den amerikanischen Präsidenten damals. Trotzdem glaubte man, dass die neue Technologie künftig Missver-
ständnisse und Konflikte vermeiden könnte und endlich den
Weltfrieden herbeiführen würde. Übrigens schienen schon damals
neue Technologien Partys zu provozieren: Die New Yorker ließen
es am Abend des ersten Telegramms auf dem Union Square so
richtig krachen. Eine ähnlich wilde Feier hatte man bis dato noch
nicht gesehen.

141 Jahre später wiederholte sich die Geschichte. Wieder begeisterte sich die Öffentlichkeit für ein neues Medium. Wieder wuchsen die Visionen ins Unermessliche. Wieder sponnen Experten
über den kommenden Weltfrieden. Zur Jahrtausendwende
erreichte die Technikbegeisterung ihren Höhepunkt. Mit dem
World Wide Web hatte Optimismus seine neue Steigerungsform
gefunden: den *Technoptimismus*. Der Heilsbringer hieß diesmal
nicht Telegrafie, sondern Internet. Wir waren besessen von den
neuen Möglichkeiten, und Cybergurus aller Couleur lieferten uns
die passenden Luftschlösser bezugsfertig mit. Nicholas Negro-
ponte, Technoguru vom MIT, faszinierte sein Publikum mit
Visionen vom Ende des Nationalismus. Sein Kollege Michael
Dertouzos sah einen »computerunterstützten Frieden« heraufdämmern. Und der New Yorker Rabbi Irwin Kula verkündete im Zentralorgan der Hochjubler *Fast Company* sogar: »Die New Economy
definiert neu, was es heißt, Mensch zu sein.« Ob er damit die

Spendernieren meinte, die kurz darauf erstmals bei eBay angeboten wurden?

Heute, nachdem wir für unsere Blauäugigkeit einige blaue Augen kassiert haben, ist es leicht zu sagen: Wir waren bekloppt. Doch zu Zeiten des Netzbooms schien die neue Technologie Internet tatsächlich viele Probleme zu lösen. »Vorsprung durch Technik« – der alte Audi-Slogan war das Motto einer technikverliebten Generation geworden. Unser grenzenloser Optimismus ließ die Bäume in den Himmel wachsen. Umweltverschmutzung? Kein Problem. Künftig shoppen wir alle im Web; dann muss statt vieler Familienkutschen nur noch ein Liefer-LKW zum Supermarkt fahren. Das spart Sprit und schont die Umwelt. Eine Zeitung titelte damals sogar überschwänglich: »Kauf online, rette die Erde«. Bücher wollten wir nur noch als e-Book konsumieren, Musik nur noch als MP3-Datei, und wieder würde man Verpackung, LKW und Flugzeugflotten einsparen. Die gesamte Wirtschaft wird »gewichtslos«, verkündete damals der Bonner Informationsdienst *Trendletter*. Ob der Postbote mit dem kiloschweren Paket von Amazon unterm Arm wohl zugestimmt hätte? Und wie die Umwelt geschont wurde, als wir die allerneueste *Men-in-Black*-Actionfigur aus dem Web per Express-Luftpost einfliegen ließen, blieb auch unklar.

Egal, damals glaubten wir an den neuen Deus ex Machina. Fortschritt war erstmals seit dem Space Race der Sechziger wieder ein Thema. Nach den düsteren Technoszenarien, die die achtziger Jahre beherrschten, verhieß der Siliziumchip wieder Gutes. Der Bestsellerautor Michael Crichton fasste dieses Gefühl unlängst so zusammen: »Es war, als seien wir wieder zu unserem alten Optimismus über uns und unsere Maschinen zurückgekehrt; das war etwas, das wir in unseren Zwanzigern oder Dreißigern verloren hatten.« Das Internet erschien uns als Fortschrittsbeschleuniger schlechthin. Es sollte soziale Ungleichheiten beseitigen, Politik transparenter machen, autokratische Regime stürzen und Friede, Freude und Eierkuchen bringen. Schwerter zu Serverfarmen – so etwa hätte das Motto der neuen Friedensbewegung lauten können.

Eine Technik befriedet die Welt – dieser Gedanke kursierte übrigens schon einmal, und zwar in der Pionierphase der Luftfahrt: Damals dachte man, Flugzeuge würden Armeen überflüssig machen, da die ja jetzt aus der Luft angreifbar wären und Krieg so keinen Sinn mehr ergäbe.

Auch in der Wirtschaft sollte der Faktor »e« wahre Wunder wirken. Die Gurus versprachen, dass Unternehmen, Maschinen, Lieferanten durch die allumfassende Vernetzung neue Effizienzrekorde aufstellen würden. Experten glaubten sogar schon Beweise dafür entdeckt zu haben. So war der Energieverbrauch in den USA zwischen 1997 und 1998 nicht angestiegen, die Wirtschaftsleistung dagegen schon. »Papier wurde durch Elektronen ersetzt, LKW durch Glasfaserkabel«, folgerte ein Think Tank in Washington daraus. Wenn das keine Indizien für das neue Wirtschaftswunder waren! Und so stand uns kurz bevor, was der Autor Artur P. Schmidt in seinem programmatischen Buchtitel vorhersagte: *Wohlstand_fuer_alle.com*. Im Jubel über den neuen Netz-Wohlstand sind anscheinend auch die Umlaute untergegangen.

Nur einmal setzte unsere Technikbegeisterung kurz aus: Am 31.12.1999, so gegen 23 Uhr 55. Denn in wenigen Minuten sollte ja schließlich, frei nach R.E.M., das »Ende der Welt, wie wir sie kennen« kommen. Das Jahr 2000 stand vor der Tür und damit auch das gleichnamige Problem. Computer sollten abstürzen und schlimmstenfalls den Weltuntergang hervorrufen. Zugegeben: Bis dahin hatten wir Kassandrarufern wie dem deutschen Informatikprof Klaus Brunnstein nie geglaubt. Aber steter Tropfen höhlt den Stein. Und wenn der in TV-Talkrunden zum hundertsten Mal herumposaunte, dass zum Jahreswechsel Atomkraftwerke explodieren, Flugzeuge vom Himmel fallen sowie Internet, Strom- und Wasserversorgung zusammenbrechen würden, kam man irgendwann ins Grübeln. Gibt es ihn vielleicht doch, den Y2K-Bug?

Schuld am drohenden Weltuntergang waren Programmierer in den sechziger und siebziger Jahren. Weil ihnen die Jahrtausendwende so unendlich weit entfernt vorkam, reservierten sie für Jahresangaben nur zwei Stellen in ihren Programmcodes. Und genau diese Sparsamkeit sollte in der kommenden Schicksalsnacht schlimme Folgen haben: Wenn »99« auf »00« umspringt, sollten Rechner rund um die Welt abstürzen oder verrückt spielen – vielleicht. Mit diesem Vielleicht ließen sich 1999 hervorragende Geschäfte machen. Servicetechniker rückten aus, um Computern mit einem kleinen Aufkleber »Y2K-Sicherheit« zu bescheinigen. Softwarefirmen vertickerten »Jahr-2000-Crash«-Check-CDs. Jeder versuchte, so gut es ging aus der Angst Gewinn zu schlagen, auch Oliver Zeisberger, der Kölner Internetunternehmer. Er machte über die Jahrtausendwende Urlaub in Namibia, wollte aber trotzdem ein bisschen von der Jahr-2000-Panik profitieren. Also deklarierte er beim Finanzamt seinen Trip als Geschäftsreise. »Ich sagte, ich wolle einem befreundeten Unternehmer im Namibia helfen, das Y2K-Problem zu bekämpfen«, lacht Zeisberger. Nach eingehender Prüfung lehnte der Fiskus die Geschäftsreise ab.

So richtig ins Panik-Horn stießen die Redakteure des Wirtschaftsmagazins *Bizz*, das ohnehin selten um einen nutzwertigen Tippkasten verlegen war. Auf ganzen acht (!) Seiten spielten die Journalisten alle noch so abstrusen Szenarien durch. Muss ich wegen Y2K Überstunden machen (Antwort: »Der Vorgesetzte muss die Mehrarbeit entsprechend vergüten«)? Soll ich vor dem Y2K einen Operationstermin ausmachen (lieber nicht)? Bis hin zur Einkaufsliste für völlig Paranoide: pro Person zwei Kilogramm Fleisch-, Fisch- und Wurstkonserven, vier Kilogramm Fertiggericht und so weiter. »Eventuell sollten Sie auch ein leichtes Beruhigungsmittel zur Hand haben.« Außerdem empfahlen zitierte Experten die Anschaffung eines Campingkochers sowie eine »Reserve von Brauchwasser« anzulegen. Was damit gemeint war: Die Leser sollten vor Silvester ihre Badewanne voll laufen lassen. Ach ja, und für den Fall des großen Blackouts gelte es, für »spannende Lektüre« zu sorgen. Das Magazin aus dem eigenen Haus war damit wohl nicht gemeint.

Und am 31. Dezember saßen sie nun da, die *Bizz*-Leser: Vollgepumpt mit Baldrian, eingekeilt zwischen Müllsäcken, Gemüsekonserven, 30 Liter Mineralwasser und einer voll gelaufenen Bade-

wanne. Und es passierte: absolut nichts. Nada. Zero. Nicht einmal
der versprochene Stromausfall war uns vergönnt. Es war einfach
enttäuschend. Spätestens um zehn nach 12 musste es auch der
Letzte eingestehen: Das Jahr-2000-Problem war zum größten
Nicht-Ereignis in der Geschichte der Menschheit geworden. Nie
zuvor war an so vielen Orten gleichzeitig derart konsequent nichts
passiert. Kein Flugzeug fiel vom Himmel, kein AKW explodierte
und nur eine Hand voll Rechner weltweit muckte auf. Eines der
wenigen Y2K-Opfer war der Kunde einer amerikanischen Video-
thek. Der arme Mensch sollte am ersten Januar 90 000 Dollar
Gebühr für 100 Jahre Ausleihzeit bezahlen. Beziehungsweise
90 001 Dollar, weil er obendrein die Kassette nicht zurückgespult
hatte.

Irre im Ingwernet

Wie nahe unsere Technikbegeisterung an der blanken Debilität
entlangschrammte, zeigte auch der Fall *es*. Was war *es*? Hinter
diesem schlichten Codenamen sollte sich die bahnbrechendste
Innovation des neuen Millenniums verbergen. Das jedenfalls
behauptete ihr Schöpfer, der amerikanische Erfinder Dean Kamen.
Als er *es* ankündigte, war das neue Jahrtausend gerade mal ein Jahr
alt. Hätte es für Hybris eine Olympiade gegeben, Dean wäre die
Goldmedaille sicher gewesen. Silber ging an Jeff Bezos, der der
Erfindung attestierte:»Es werden sich ganze Städte darum bilden«,
und Bronze an Apple-Chef Steve Jobs, der tönte:»Das Produkt ist
so revolutionär, dass es keine Probleme geben wird, es zu verkaufen.« Das klang ja alles ganz toll. Der Haken an der Sache war nur:
Niemand hatte auch nur einen blassen Schimmer, was *es* überhaupt ist.

Niemals zuvor hatte es Hype in einer reineren Form gegeben.
Millionen von Menschen redeten über nichts – fast so wie beim
Jahr-2000-Problem. Erfinder Kamen gab keine einzige Informa-
tion über sein revolutionäres Produkt heraus. Im Nachhinein muss

man sagen: Das war genial. Denn so begann vor allem das Net-Set binnen kurzer Zeit, wild zu spekulieren. Das New-Economy-Kampfblatt *Wired* vermutete hinter *es* oder *Ginger* (übersetzt: Ingwer, der zweite Codename) eine »Neuauflage des Energie sparenden Sterling-Motors«, das *Hamburger Abendblatt* sogar eine Anti-Schwerkraft-Maschine. Völlig losgelöst waren die Spekulationen. Ist *es* ein motorisiertes Kickboard (hätte schließlich gut in die Zeit gepasst), ein Mini-Hoovercraft oder gar ein Gerät zum Beamen wie bei Raumschiff Enterprise? Wir rätselten, was das Zeug hielt. Das Netz mutierte zum reinsten *Gingernet*. Do believe the hype war wieder angesagt. Und die Presse, nach zwei Boomjahren schon geübt im Hochkochen, griff wie üblich nach den Sternen. In einer Reihe mit Henry Ford, Bill Gates und Thomas Alva Edison sah man Erfinder Kamen schon. Dass seine bisherigen Konstruktionen, etwa ein Treppen steigender Rollstuhl, vom Markt, vorsichtig gesprochen, zögernd aufgenommen wurden, störte niemanden.

Der technologieassistierte Schwachsinn kannte keine Grenzen: Kamen erhielt 250 000 Dollar Vorschuss von einem US-Verlag für sein Buch über *es*. Blankoschecks verstopften den Briefkasten des Erfinders. Tausende von Vorbestellungen trudelten ein, trotz der stolzen Anzahlungssumme von 500 Dollar. Telefonisch boten ihm irgendwelche Exzentriker ein Vermögen für eine Beteiligung an. Auf eBay wurden Unsummen für *es* offeriert – freilich ohne dass jemand überhaupt wusste, worum es sich handelt. Das Magazin *brandeins* sah hier völlig richtig »Irre im Netz« am Werk. Statt verarschen solle man künftig bitte *vergingern* sagen, schlug der Autor vor. Psychologisch war die Sache klar: Niemand wollte die nächste große Sache verpassen. Und wenn Jobs und Bezos mit von der Partie waren, konnte es schließlich nur groß werden, Verzeihung: *es*.

Angesichts dieser galaktischen Erwartung musste die Erfindung scheitern. Als *es* oder *Ginger* schließlich enthüllt wurde, hieß es *Segway*, sah aus wie ein Rasenmäher mit Besenstiel dran und wirkte ziemlich langweilig. Ein zweirädriger Elektroroller – wir waren massiv enttäuscht. Das Ding fuhr nicht mal schnell genug, um in der 30-Zone geblitzt zu werden, war stinkend teuer und konnte weder Welthunger noch Schwerkraft ausrotten. Halbherzig kauften ein paar US-Behörden sich die Dinger, angesichts des 5000-Dollar-Preisschilds nicht gerade ein Schnäppchen. Trotz des Schneckentempos gelang es einem Cop in Atlanta sogar, einen Unfall zu bauen. Er war von der Fahrbahn auf den Gehsteig gerollert, stürzte und schlug sich das Knie auf. Irgendwann zum Erscheinen dieses Buches wird Kamen die Serienproduktion des Segway aufgenommen haben. Ob dann die Straßen voller Roller sind? Schauen Sie mal raus. Eher nicht, oder? Aber eigentlich hätten wir wissen müssen, dass der revolutionäre Roller nichts taugt. *Es* hatte ja schließlich nichts mit dem Internet zu tun.

Einmal glänzen wie Gates

November 2000. Bevor Park Jin Sung morgens loskommt, kann es schon ein bisschen dauern. Denn vor der Fahrt ins Büro macht sich der koreanische Unternehmer erst mal schick. Vorsichtig nimmt er ein hellblaues Baumwollhemd aus dem Schrank, nur nicht verknicken. Er trägt ausschließlich Button-down-Modelle, also die mit den Knöpfen am Kragen. Dann steigt er in seine beige, bügelfreie Bundfaltenhose und schlüpft in die abgewetzten Lederschuhe. Jetzt nur noch die runde Schildpattbrille aufgesetzt – und fertig. Eigentlich bräuchte er die Brille ja nicht wirklich. Aber so sieht alles noch authentischer aus. Zufrieden beäugt sich Park im Spiegel. Perfekt! Sogar die Haare glänzen richtig. Das kommt übrigens daher, dass der Jungunternehmer aufgehört hat, regelmäßig zur Shampooflasche zu greifen. Nur noch alle paar Tage wäscht sich Park die Haare. Das sei wichtig für den »natürlich öligen« Look, erklärt er.

Denn der Internetunternehmer will zumindest vom Kopf her so glänzen wie sein größtes Vorbild: William H. Gates. Genau, Bill Gates, Microsoft-Chef und Sonnenkönig der Softwarebranche. Für

Park Jin Sung ist der nämlich nicht nur ein Vorbild in Sachen Unternehmertum, sondern auch in Sachen Fashion. Billy Mode-Idol, sozusagen.

Unglaublich, aber wahr. In der aufstrebenden Netzwirtschaft des Tigerstaates galt Gates, Rekordhalter in Vermögen wie modischem Unvermögen, seinerzeit mehr als Gucci. Wer dort etwas auf sich hielt, trug den »Gates-Look« – so nah am Original wie möglich. Überflüssig zu erwähnen, dass der Streberlook außerhalb Koreas nicht gerade als cool galt. Bügelfreie Hosen, spießige Hemden, selten einen Anzug – Gates' Outfit war und ist nie wirklich locker oder elegant, sondern kreist stets um das modische Mittelmaß. Warum also kürte man ausgerechnet diesen Menschen zum Modezaren? Selbst in der Softwarebranche gab es schließlich bessere Vorbilder. Steve Jobs etwa, mit seinem schwarzen Rolli, dem klassischen Intellektuellenzwirn. Oder Larry Ellison, exzentrischer Oracle-Chef mit Vorliebe für italienische Designerstücke.

Aber nein, in Korea musste es Gates sein. Ein Fan erklärte gegenüber dem *Wall Street Journal*, warum: »Das ist der Look des Erfolgs.« Imitation war also auch hier die ehrlichste Form der Bewunderung. Und Erfolg hatte zumindest das Textilunternehmen Cheil Industries. Hier spezialisierte man sich frühzeitig auf »Gates fashion«. Elf Designer arbeiteten in der Firma ständig an neuen Teilen nach Bills Geschmack – in einer Umgebung, die aus dem Albtraum eines PC-Besitzers hätte stammen können: ein Raum, der rundherum mit Gates' Konterfei tapeziert ist. Schnappschüsse von öffentlichen Auftritten, Messen und Softwarepräsentationen.

Szenenwechsel, zur gleichen Zeit in der Wüste Nevadas. Genauer gesagt in Fernley, einem kleinen Nest 30 Meilen von Reno entfernt. Schauplatz: Eine riesige Halle im kargen Nirgendwo. Mitten im Raum ein kleiner Stapel Holzpaletten – die improvisierte Bühne. Davor eine kleine Menschenmenge, amerikanische Arbeiter, angezogen im K-Mart-Stil – mit Klamotten aus dem Supermarkt. Man sieht viele ältere Gesichter, Leute zwischen 50 und 60. Alle warten. Schließlich geht ein Raunen durch die Menge. Unruhe. Ein schmächtiger Typ mit lichtem Haar erklimmt den Palettenstapel. Er trägt ein Sportblouson und beige Hosen. Je höher er klettert, desto lauter wird das Publikum. Schließlich, oben angekommen, reißt er die Hand in die Luft und brüllt wie ein Rockstar:»Hallo, Fernley!«

Die Menge dreht völlig durch, johlt, applaudiert ihrem Star minutenlang. Mit nur einer Handbewegung bringt der Palettenmann sie zum Schweigen.»Fürchtet ihr euch?«, schreit er.

»Nein!«, donnert es wie aus einer Kehle. Der Mann mit den braunen Knopfaugen grinst:»Nun ja, ihr solltet euch fürchten, denn die Weihnachtssaison wird echt brutal!«

Spätestens jetzt wird klar: Das ist kein Konzertmitschnitt von MTV. Der Einpeitscher auf dem Palettenstapel heißt Jeff Bezos, Multimillionär und Chef des Internetbuchhändlers Amazon. Und sein Publikum, das sind seine Angestellten, die Arbeiter im größten Verteilungszentrum für Bücher und CDs im amerikanischen Westen. Auf einem Areal, fast so weitläufig wie ein Flughafen, erstreckt sich das Fernley-Center in die zu dieser Jahreszeit mit Raureif bedeckte Wüste. Weihnachten steht vor der Tür und die Männer und Frauen an den Bändern werden rund dreimal so viel zu picken, packen und bekleben haben wie während des Jahres.

Doch Bezos ist nicht gekommen, um sie darauf mit einer Blut, Schweiß-und-Tränen-Rede einzustellen. Er ist gekommen, um sich feiern zu lassen. Jedenfalls sieht es so aus.»Wie geht's deinem Baby?«, ruft ein Zuschauer. Bereitwillig erzählt der Amazon-Mann von der Geburt (alles glatt gegangen) und dass er und seine Frau das Kind nach seinem Großvater benennen werden.»Aaah«, kommt es aus dem Publikum, wie vom Hintergrundband einer Sitcom. Und so geht der Happy-Talk weiter.»Ich habe meinen Gabelstapler-Führerschein abgeben müssen.« Gelächter im Publikum.

Auch Bezos lässt nach jedem Witz sein berüchtigtes Lachen ertönen; es klingt, als ob man eine Ziege am Schwanz hochheben würde. Irgendwann am Ende der Rede kommen die Leute zum Palettenstapel und fragen nach einem Autogramm.»Yeah, Baby!«, erwidert Bezos und die Ziege wird wieder angeliftet. Lachend unterzeichnet er die T-Shirts seiner Mitarbeiter und verlässt schließlich unter großem Applaus die Halle. Es ist der Abgang eines Stars. Mister Bezos has left the building.

Boybands an der Börse

Die glänzenden koreanischen Gates-Epigonen und Jeff Bezos' Auftritt auf dem Palettenstapel – das sind zwei Episoden, wie sie nur in den späten Neunzigern passieren konnten. Sie stehen für eine damals völlig neue Entwicklung: die Metamorphose des Unternehmers zum Unterhalter. Vorbei waren die Zeiten, in denen die Chefs nur einmal im Jahr zur Hauptversammlung ihren Management-Olymp verließen, die Bilanz herunterratterten und sich dann wieder in ihre nussbaumfurnierten Büros zurückzogen. Nein, mit der Wildwirtschaft waren die Masters of the Universe aus Tom Wolfes *Fegefeuer der Eitelkeiten* herabgestiegen und weilten unter uns.

Der Unternehmer war plötzlich ein Star geworden, ein Idol, ein Vorbild. Und das lag nicht daran, dass die Gründer ihre Krawatte abgelegt hatten. Wir bewunderten, wie sie aus dem Nichts und gegen viele Regeln etwas Neues geschaffen hatten. Sie waren der lebende Beweis dafür, dass wirklich alles möglich war. Zugegeben: Bill Gates stand bei uns nie ganz oben auf der Liste. Für viele in der Netzgemeinde war er sogar der Lieblingsfeind. So antwortete die Suchmaschine Google lange Zeit auf die Frage »Was ist das Böse?« mit einem Verweis auf die Microsoft-Homepage. Aber selbst der hartgesottenste Linux- oder Mac-Jünger musste anerkennen, dass der König von Redmond seine Chancen geschickt genutzt hatte. Und so war nach der Ablösung von Gates durch den unsympathischen Bulldozer Ballmer im Januar 1999 in einem Forum gar zu lesen: »Wir wollen unsern alten Kaiser Bill-helm wiederhaben.«

Doch unsere wahren Helden waren andere: Marc Andreesen zum Beispiel, der mit 22 Jahren den Netscape-Browser erfunden hatte, oder Pierre Omidyar, den die PEZ-Spender-Sammlung seiner Freundin auf die Idee für das Milliarden-Unternehmen eBay gebracht hatte. Solche Leute waren jenseits des Atlantiks schon lange Stars. Sie wurden auf Conventions bejubelt, um Autogramme bestürmt, von Hollywood umgarnt. So verfilmte ein Fernsehsender den Aufstieg der großen Software-Antagonisten Bill Gates und Steve Jobs (Apple) 1999 unter dem Titel *Pirates of Silicon Valley*. Spätestens danach bestand kein Zweifel mehr: Ab sofort würde jedes Business Showbusiness sein. Wirtschaft war endgültig ein Teil der Popkultur geworden.

Auch hier zu Lande fand man zunehmend Gefallen an der *Entertainment Economy*, wie sie getauft wurde. Der Chef mit Glamour, der kamerataugliche Econotainer, der Star in der Management-Manege – an dieser Rolle übten sich immer mehr Vorstände. Der Grund lag auf der Hand: Die Produkte der Wildwirtschaft waren so abstrakt, dass ein Mensch symbolisch dafür sein Gesicht in die Kamera halten musste. Wer konnte sich schließlich allein vor seinem geistigen Auge eine »B2B-Content-Lösung« vorstellen?

Plötzlich war die Person wichtiger als das Produkt – eine Entwicklung, die man von den Boybands aus den Pop-Charts ja schon kannte. Nicht der Song entschied, sondern wie süüüß der Interpret aussah beziehungsweise wie lange er im Fitnessstudio für sein beeindruckendes Sixpack geackert hatte. Ähnlich lief die Sache in der Wirtschaft ab. Nicht der Gewinn, sondern die Story zählte.

Die amerikanischen Bosse hatten das früh verstanden. Jeff Bezos etwa gründete seinen Buchversand Amazon extra in einer Garage, um genau das später den Reportern erzählen zu können. Außerdem tischte er ohne Ermüdungserscheinungen eine pathetische Story auf, wie er mit seiner Frau in einem Kombi quer durchs Land gefahren ist, um in Seattle seinen Traum zu verwirklichen. In Wirklichkeit ist die Geschichte frei erfunden. Bezos war geflogen. Und dass der Princeton-Absolvent in der New Yorker Hochfinanz vorher schon 250-Milliarden-Fonds gemanaged hatte, fiel häufig auch unter den Tisch. Das passte halt nicht zur Dotcom-Dramaturgie.

Vergiss die Substanz, der Frontmann muss eine gute Figur machen. So lautete das Gebot der Stunde. Hauptsache, die Story sprach den Mann auf der Straße an. Der ließ sich nämlich seinerzeit gerne vom Charisma der Chefs mitreißen, auch bei uns: Die PR-Agentur Burson-Marsteller hatte damals ermittelt, dass rund die Hälfte aller Deutschen ihre Anlageentscheidung vom Ruf des Unternehmenschefs abhängig machte.

Plötzlich wollte natürlich jeder Manager eine Marke werden. »Wer nach oben will, muss ein Leuchtturm werden«, empfahl das *Handelsblatt* im Mai 2000. Und daran, ein Leuchtturm zu werden, bastelte die gesamte deutsche Führungsriege. Medien- und Rhetoriktrainer hatten Hochkonjunktur, Imageberater machten Überstunden, und Chefs landauf und landab übten fleißig die »Wir«-Sprechweise für ihren nächsten Auftrag bei der Talkshow *Christiansen*. Sogar Stockfische wie Heinrich von Pierer lernten scheinbar über Nacht das lockere Parlieren: So eröffnete der Siemens-Chef den 8. Deutschen Wirtschaftskongress in Köln mit einem launigen Witz über den Vergleich zwischen papierlosem Büro und papierlosem Klo. Seriosität und Esprit schlossen sich plötzlich nicht mehr aus. Es war eigentlich sehr schön.

Was nervte, waren nur jene Unternehmer, die nicht genug vom Rampenlicht bekamen und ins Daily-Soap-Fach wechselten. GZSZ, Gute Zeiten, Super-Zeiten, etwa hätte man die Show von Gerhard Schmid nennen können, dem polternden Gründer des Telefonkonzerns Mobilcom. Kaum ein Sonntag verging, ohne dass das sonnige Gemüt uns in n-tv seine ganz persönliche Schmid-Show präsentierte. Hinter dem Daueroptimismus steckte natürlich eine gewiefte Taktik: Der Mobilcom-Chef wollte der Börse regelmäßig ihre Zuckerln geben. Wenn es darum ging, der Montagsbörse gute Nachrichten zu bescheren, hielt der Vorstandsvorsitzende positive News mitunter extra bis zum Wochenende zurück. Schmid über Schmid:»Jetzt hast du die Branche gewechselt, bist ins Entertainment-Business gegangen.«

Die Bretter, die die Welt bedeuten – das stand damals für das Börsenparkett. Und ein echter Publikumsliebling war Thomas

Haffa, Chef von EM.TV. Das Münchner Unternehmen wollte mit Filmrechten, Zitat Haffa, »ein ganz Großer in der Entertainment-Welt« werden. Zwischenzeitlich hatte der ehemalige Schreibmaschinenverkäufer sogar die *Muppet-Show* im Angebot. EM.TV zeichnete sich durch eine besonders begeisterte Fangemeinde von Kleinaktionären aus, die mitunter auch Babys zur Hauptversammlung mitbrachten und Haffa um ein Autogramm anhauten. Ob er die Babys segnen sollte, ist nicht überliefert.

Take That, N'Sync und jetzt: The Haffa Brothers! Die verdammt gut aussehende Münchner Boyband (Haffas Bruder Florian war Vizechef) spielte in der Liga der Promi-Vorstände ganz oben mit. Glamour satt war garantiert, sobald ein Haffa im Spiel war. Haffa auf der Harley, Haffa im Porsche, Haffa auf seiner Yacht *Felidan* 1999 beim TV-Festival in Cannes – die EM.TV-Party von damals ist heute noch vielen im Gedächtnis. Mit seinen strahlend weißen Haifischkragenhemden und der Ray-Ban-Pilotenbrille sah er schon lässig aus, das musste man zugeben. Klar, eher Traumschiff- als Wirtschaftskapitän. Aber irgendwie cool.

Später, auf dem Weg nach unten, nahm ihn die Presse ganz besonders hart ran. Damit rächte sich die tendenziell unattraktive und deshalb verbiesterte Journaille an Haffa – und kehrte zu spießig-deutschen Grundwerten zurück: Wenn einer nicht aussieht, als trüge er seinen Kommunionsanzug auf, dann kann er nur ein Gauner sein. Das war während der Wildwirtschaft Gott sei Dank anders: Damals rechtfertigten gutes Aussehen und modische Kleidung keinen generellen Betrugsverdacht mehr. Was zählte, war Leistung. Das war eine der schönen Seiten der neuen Wirtschaft.

Man muss aber auch sagen: So richtig schlug unser Herz nicht für die Haffas und Schmids dieser Welt. Unsere Helden waren eher Menschen wie Stephan Schambach. Aus dem Nichts hatte der unbekannte Ossi die Firma Intershop aufgebaut. Software zum Verkaufen übers Netz war sein Geschäft. Damit hat er es bis zur Niederlassung im Silicon Valley und in die Top Ten der wichtigsten Medienmenschen in Europa (*Time-Magazine*) gebracht. Selbst nachdem seine Frau ein Kind bekommen hatte, sprach Schambach Stunden später bereits wieder vor Investoren. Von Reisen pflegte der Ossi an seine Mitarbeiter – und zwar an alle – per E-Mail Stimmungseindrücke zu verschicken. Gleichzeitig präsentierte er sich deutsch bescheiden, Zitat: »Mein Haus ist gemietet, mein Auto ist geleast und meine Frau ist geheiratet.« Daneben gab es noch Paulus Neef, den Chef der Multimedia-Agentur Pixelpark, aber auch der war eher was für die Leser von *Capital*. Und das war's dann auch schon. Denn eigentlich mochten wir die kleinen Prokler, die Boomkids, die Wunderkinder viel lieber. So Typen wie Sascha Haenel zum Beispiel. Erinnern Sie sich noch an den?

Mai 2000, Ochtersum bei Hildesheim. Die Telekom-Branche ist bis auf die Knochen blamiert. Sascha Haenel, 18 Jahre alt, hat sie alle vorgeführt – und das Net-Set ist total aus dem Häuschen. Die Presse schreibt von einer »Revolution«, der *Spiegel* nennt Haenel den »Düsentrieb aus Ochtersum«, die Zeitschrift *Tomorrow* wagt sogar einen Vergleich mit Bill Gates. Was ist passiert? Hobbyerfinder Haenel hat einen Kasten gebaut, mit dem sich Daten über das bestehende Handynetz 500mal schneller übertragen lassen als bisher – sagt zumindest der *Spiegel*. Haenel selbst spricht immer nur vom Faktor 57. Aber selbst damit kommt er in die Nähe des geplanten schnellen Netzes UMTS. Haenel bringt bewegte Videobilder auf uralte Nokia-Gurken – unglaublich.

Die Nachricht schlägt wie eine Bombe ein: Schließlich schicken sich Deutschlands Telefonkonzerne gerade an, Milliarden in die teuren Funklizenzen zu versenken. Haenels Turbohandy lässt die Netzbetreiber plötzlich wie verschwendungssüchtige Stümper aussehen. Und zu allem Überfluss hat der Dreikäsehoch mit seinem Turbohandy auch noch den ersten Platz bei »Jugend forscht« kassiert. Der Vorsitzende der Jury, Professor Klaus Helling vom Verein Deutscher Ingenieure, attestiert dem Schüler sogar, ein »Genie« zu sein. Das Foto von der Preisverleihung, Haenel grinsend mit Zahnspange, daneben die damalige Forschungsministerin Bulmahn, geht durch alle Gazetten.

Das ist einfach der Hammer! Da kommt irgendein Steppke vom Dorf und entwertet so mir nichts, dir nichts die Milliardenpläne der Telekommunikations-Riesen. Die Technikrevolution des neuen Jahrzehnts – Haenel scheint sie im Handumdrehen versenkt zu haben. Und die ganze Republik lacht sich halb kaputt. Der Zwölftklässler wird über Nacht ein Star. Rund um die Uhr rufen Radiosender in seinem Elternhaus an, bisweilen taucht Haenel ganz ab. Vor allem die Industrie ist ganz heiß darauf, den Pennäler an die Strippe zu kriegen: Philips, Bosch, Intel, Ericsson – die Entwicklungsleiter flirten heftig per E-Mail, schreiben, »wie gerne sie mit ihm sprechen würden«, bieten Praktika und sogar Jobs an. Die Sache schickt sich an, richtig groß zu werden.

Bis Mitte August dann die Bombe platzt: Die Computerzeitschrift *c't* entlarvt das Turbohandy als Ente. Alles völlig übertrieben, so die Diagnose der Experten. Haenels Trick war: Er hat mehrere Gesprächskanäle zusammengeschaltet, so als ob man auf der Autobahn die Standspur mit benutzt. Nur entsteht so keine neue Autobahn. Aber genau das hatte Haenel zumindest nicht bestritten. Das Ende vom Lied: allenthalben ein großes »Siehste«, Haenel landete mit einem Zusammenbruch im Krankenhaus, die Fotos vom Superhirn mit Spange in den Archiven. Was bleibt, ist die Erinnerung an Sascha Haenel, einen 18-jährigen Schüler aus

Spange macht Handygiganten bange
Erfinder und »Jugend-forscht«-Gewinner
Sascha Haenel
© DPA

Ochtersum bei Hildesheim. Und einen der schönsten *Anything-goes*-Momente im Jahr 2000.

Deutschland sucht den Start-up-Star

Köln, Sommer 1999, die Terasse des schmucken Domhotels, mit Blick direkt auf das Wahrzeichen der Stadt. Ein junger Mann mit T-Shirt und ein etwas Älterer mit Brille sitzen in der Sonne und genießen die beschauliche Kulisse. Es sind Oliver Samwer und sein PR-Mann Andreas Dripke, die sich hier zweifelsohne mal wieder von einem Mega-Deal entspannen. Nur ab und zu stört ein Rollerblader die Ruhe, der über die Domplatte Richtung Römisch-Germanisches Museum roddert. Plötzlich löst sich ein Mann aus einer der Touristenhorden, die aus den Reisebussen auf die Domplatte strömen. Mittleres Alter, unauffällig gekleidet, er kommt zu Samwer an den Tisch. »Ich kenn' sie doch, Sie waren doch in der ..., sind Sie nicht der ...« Die Zeitung fällt ihm nicht mehr ein. Egal, schließlich rückt der Mann raus mit der Sprache: »Können Sie mir ein Autogramm geben?«

»Plötzlich fühlten wir uns wie Popstars«, erinnert sich Dripke an diesen Moment. Und ein wenig waren sie das auch. Vom Start-up zum Superstar. Vorbei die Zeiten, in denen das Wort Unternehmer Bilder vom Schinder mit Zigarre in den Köpfen hervorrief. Die neue Version 2.0 war ganz anders: »Unternehmer zu sein war einfach hip«, erinnert sich Peer-Arne Böttcher. Und von der Hipness konnte die Öffentlichkeit gar nicht genug bekommen. Diagnose: Wir waren schlichtweg besessen von den Gründern. Eine Art von kollektivem Gründerkult machte sich breit. Ein Unternehmen zu starten war Ende der Neunziger, wie in den Sechzigern eine Band zu gründen – einfach cool. Und wir alle mimten die Groupies.

Die Medien lieferten brav die Starschnitte unserer neuen Helden: »Die neuen Chefs – jung, clever, reich«, schrieb die *Bild* am 6. Juni 2000 über Peer-Arne Böttcher und Lars Hinrichs, darunter ein Foto der beiden, mit dem Anzug auf dem unvermeidlichen Kickroller herumtobend. *Wirtschaftswoche, Focus,* sogar das amerikanische *Time-Magazine* berichtete über die Umtriebe der blutjungen Aufsteiger. Auch die Hardcore-Wirtschaftspresse warf ihre Gesetze über Bord. Früher galt beim *Handelsblatt* noch die Regel: »Sie haben nur fünf Millionen Umsatz – kommen Sie in zehn Jahren mal vorbei.« Mittlerweile hatte die Netzwirtschaft sogar eine eigene Seite in dem Traditionsblatt.

Das war erstaunlich: Denn die Internetfirmen verdienten nur Peanuts, gemessen an den Standards der alten Wirtschaft. Bestenfalls für die Kategorie Mittelstand hätten die Umsätze gereicht. Aber es ging ja um die Story. Und so schaffte es Loretta Würtenberger, Gründerin der Firma Webmiles, eine Art Bonusmeilensystem fürs Internet, sogar bis auf das Titelblatt des *Spiegel.* Überhaupt: Loretta, wie sie in der Szene nur hieß, schien omnipräsent zu sein. Kaum eine Ausgabe von *Net Business* kam ohne eine Loretta-Meldung aus. Eine absolut unrepräsentative Umfrage nach dem Crash hat den Grund ans Licht gebracht: Rund ein Drittel der männlichen Internetszene war heimlich in die attraktive Ex-Richterin verliebt – darunter wahrscheinlich auch der eine oder andere Redakteur.

In den USA trieb der Gründerkult noch wildere Blüten. Gleich eine ganze Stange von Romanen, von *eboys* bis zu bizarren Titels wie *Nudist on the Late Shift* (Nudist auf der Spätschicht), rollten die Bestsellercharts auf. Der Macher der Erfolgsserie *Sex and the City* legte mit *The $treet* seine eigene Version des Gründerlebens als TV-Serie vor. Handlung der ersten Episode: Zwei Computerdeppen eröffnen eine Samenbank mit Sperma von Elitestudenten; bestellt wird online. Der Börsengang steht kurz bevor. Dann treten russische Stripperinnen bei der Büroparty auf, verlangen vorher aber bevorzugte Aktienzuteilung als Bezahlung. »Ihr wollt feiern, wir den Emissionspreis!«, skandieren sie lautstark.

Kein Wunder, dass der akademische Nachwuchs eine Karriere in der Wildwirtschaft anstrebte – wenn der Unternehmensalltag hier nach einer nicht endenden Weihnachtsfeier aussah. An der

Uni Frankfurt und anderswo gab es plötzlich eine Vorlesung namens »Business-Plan«, die natürlich regelmäßig rappelvoll war. Die Herren Studiosi konnten es überhaupt nicht abwarten, endlich Unternehmer zu werden. Mit dem Kopf war man schon lange nicht mehr bei der Sache. Das musste auch Professor Wolfgang König, Leiter des Lehrstuhls für Wirtschaftsinformatik, feststellen, als er Herbst 1999 ein kleine Umfrage unter seinen Studenten startete. Mitten in der Vorlesung fragte er unangekündigt: »Arme hoch – wer hat einen Job?« Alle Hände schießen nach oben. »Wer hat zwei Jobs?« Vereinzelt werden Arme gesenkt. »Und wer eine eigene Firma?« Immerhin noch die Hälfte aller Hände zeigte da noch gen Himmel.

Wer das Risiko der echten Wildwirtschaft scheute, konnte schon mal trocken am Bildschirm trainieren. »High-Tech Start-up« hieß das Spiel zum Boom. Die Softwarefirma Monte Christo Multimedia hatte es im Jahr 1999 auf den Markt gebracht. Für 89 D-Mark unverbindliche Preisempfehlung konnte sich jeder als Gründer versuchen. Aus dem Werbetext: »Starten Sie mit *Nichts* und gründen Sie ein weltweites Wirtschaftsimperium.« Auf der Verpackung reckt ein Jungunternehmer die Fäuste siegessicher gen Himmel, der voller Geldscheine hängt. Vorschläge, wie das millionenträchtige *Nichts* aussehen könne, gaben die Spielmacher auch. »Mobile Videotelefonie, Cyber TV« und »viele realistische Szenarien«.

Höhepunkt des medialen Gründerkults war indes die *Start-up Show* auf n-tv. Gemeinsam mit der *Wirtschaftswoche* ging dieser Gladiatorenkampf der Gründer im Februar 2001 an den Start – schlecht getimet, schließlich stand gerade die Beerdigung der Wildwirtschaft auf der Tagesordnung. Egal, das Konzept war entwickelt und musste umgesetzt werden: Zwei Gründer treten mit ihren Geschäftsideen gegeneinander an. Sie sollen ihren Business-Plan in kurzer Zeit möglichst mitreißend präsentieren. Die Jury besteht aus einem Expertenpanel und wechselnden Prominenten aus der Wirtschaft, also den üblichen Verdächtigen von Paulus Neef bis Gerhard Schmid. Dem Sieger winkt eine nicht näher definierte Partnerschaft mit den Promis – garantiert sind

lediglich ein gemeinsames Werbefoto und ein kurzer TV-Spot.
Richtiges Geld gibt es nicht zu gewinnen, bezahlt wird in der
neuen Währung: Aufmerksamkeit. Na ja, und das Foto mit »dem
Paulus« kann man später vielleicht seinen Enkeln zeigen.
Lustiges Detail: Um die Sendung ein bisschen vor einem stati-
schen *Was bin ich?* zu bewahren, bauten die Macher sogar Action-
elemente ein. So sollten die Gründer ursprünglich einen echten
elevator pitch absolvieren. Amerikaner nennen so eine Präsentation,
die nur so lange dauert wie eine Aufzugsfahrt vom Erdgeschoss in
die Chefetage. Ursprünglich wollte man dafür im Studio sogar
einen gefakten Lift aufbauen.

Bin ich hier richtig beim Internet?

Natürlich dauerte es nicht lange, da entdeckte auch die Politik
die Wildwirtschaft. Internet war in Berliner Kreisen ebenfalls bald
in aller Munde. »Die Bundesregierung wird mit dem Masterplan
Internet 2005 dafür sorgen, dass Deutschland beim Next Generation Internet einen Spitzenplatz einnimmt«, verkündete
Forschungsministerin Bulmahn im Frühjahr 1999 bei ihrem
Besuch auf der CeBit. Aha. Wie dieser Masterplan aussieht und
was in aller Welt das »Next Generation Internet« war, ist bis heute
nicht klar. Fest stand: Auch die Politik wollte irgendwie dazuge-
hören und sich im Glanz der Gründer sonnen – immer in der
Hoffnung, dass von deren Dynamik doch etwas auf das eigene
Image abfärben möge.

»Die wollten sich alle mit uns schmücken«, bestätigt Oliver
Sinner. Zu Boomzeiten gab sich in seiner Agentur SinnerSchrader
die politische Prominenz die Klinke in die Hand. Merkel, Kühnast,
Sager – alle kamen vorbei, um vor Deutschlands künftiger Wirt-
schaftselite den Kotau zu üben. Das war wichtig, um an die Stim-
men der Generation @ zu kommen, hatten die Wahlkampfberater
souffliert. Und so wurde der Schulterschluss mit der jungen Wirtschaft stets medienwirksam inszeniert. Besuch aus Berlin, erinnert

sich Sinner, kündigte sich immer so an:»Eine halbe Stunde vorher klingelten schon die Fotografen – bestellt von den Politikern selbst.«

Dabei befand sich die politische Klasse in ihrem eigenen Haus noch in der digitalen Steinzeit. Frau Bulmahn etwa zu ihrem Masterplan eine Frage per E-Mail zu schicken wäre nämlich ziemlich aussichtslos gewesen. Auf der Homepage des Deutschen Bundestages waren damals so gut wie keine E-Mail-Adressen von Abgeordneten gelistet. Und dass, obwohl die Forschungsministerin noch kurz vorher die Initiative »Frauen ans Netz« ins Leben gerufen hatte! Das gleiche Spiel beim Vorsitzenden des Ausschusses für Wirtschaft und Technologie. Auch Jürgen Möllemann, Vorsitzender im Ausschuss für Bildung, Forschung und Technikfolgenabschätzung, war elektronisch nicht erreichbar. Fazit: Das Internet schien folgenlos an der Politik vorübergegangen zu sein. Alles in allem war unter www.bundestag.de nur jeder fünfte Parlamentarier mit E-Mail-Adresse oder Homepage aufgeführt. Und die Domain kanzleramt.de hatte sich derweil ein Scherzbold unter den Nagel gerissen.

Keine E-Mails beantworten wollen, aber trotzdem einen auf Online-Pionier machen, so lautete die Devise der Politik. Wir merkten schnell, welch großes komödiantische Potenzial diese Mischung aus Unwissenheit und Geltungsdrang hatte – zum Beispiel in den Chats, die seinerzeit erstmals stattfanden. Peer-Arne Böttcher, der damals die Internetseite Wahlkampf98.de betreute, erinnert sich: »Die waren im Chat wie ostdeutsche Politiker nach der Wende im Fernsehen.« Naiv, frei von der Leber weg wurde online gesprochen und getippt, ohne geschliffene Rhetorik. Als hätten sie keine Ahnung davon, wie viele Bürger ihnen eigentlich zuhörten. So meldete Guido Westerwelle im Chat offen Ansprüche auf den Posten des Innenministers an, und Gregor Gysi griff nach dem Berliner Bürgermeisterposten. Man wähnte sich unter vier Augen. Nachher haben sich die Herren gewundert, dass ihre Bekenntnisse am nächsten Tag in der Zeitung standen.

Auch Johannes Rau hatte damals wohl nicht realisiert, dass auch eine Webcam eine Kamera ist. Jedenfalls nahm er während des Videochats sein Handy ab und telefonierte seelenruhig mit seiner Frau. »Ja, noch ein Bund Karotten, mmh, und haben wir noch Milch?« Er diktierte ihr die Einkaufsliste.

Den absoluten Vogel schoss allerdings Ole von Beust ab, seinerzeit CDU-Spitzenkandidat in Hamburg. Auch ihn hatte Peer-Arne Böttcher zum Videochat auf Wahlkampf98.de eingeladen – und dafür sogar eine alte Besenkammer in einer benachbarten Agentur in Altona zum TV-Studio umgebaut. Von Beust kam an und klingelte an der Haustür. Böttcher drückte auf die Gegensprechanlange und fragte »Wer da?«: Darauf von Beust unsicher von unten: »Bin ich hier richtig beim Internet?«

Mach' doch Lara vorne drauf

Januar 2000, Berlin, Stammhaus eines großen deutschen Verlages, das Restaurant im 20. Stock. Kalter Nieselregen verschleiert die potenziell schöne Aussicht. Selbst der Fernsehturm im Osten scheint weggezaubert. Das Ambiente: Siebziger-Jahre-Luxus, zu viel und zu helle Holztäfelung, Plastik. Irgendwo zwischen sozialliberalem Bundeskanzleramt und Barschels Zimmer im *Beau Rivage*. Weiß livrierte Kellner umschwirren den Tisch, freundlich, zuvorkommend. Man merkt: Hier speist sonst der Chef persönlich. Direkt darüber, auf dem Dach, prangt der Name des Verlagsgründers in weithin sichtbaren, mannshohen Lettern. Mehr Old Economy geht wirklich nicht.

»Für mich nur Wasser, bitte.« Der Nachwuchsautor ist nervös. Redakteur Nölle dagegen bleibt gelassen. Er ist durch die Hölle gegangen. In den letzten Monaten musste er die Internetbeilage der Tageszeitung von einer unscheinbaren Seite zu einer 12-seitigen Beilage aufbohren. Das härtet ab. Dass Nölle hier der Mann fürs Moderne ist, sieht man sofort: Seine gesamte Erscheinung wird von einer schwarzen Brille Modell »Neue Medien« dominiert.

Schließlich stürmt Chefredakteur Beimer rein. Groß, konservativer Anzug, hellblaues Hemd, Krawatte in FDP-Gelb. In bester Macher-Manier diktiert er dem Kellner sekundenschnell seine Bestellung. Tomatensuppe, mit einem Schlag Crème fraîche. Beimers Motor läuft auf Hochtouren, er gibt Gas – und überfährt erst mal den Gast: »Wann kommen Sie denn endlich zu uns?« Verlegenes Haha allerseits. Dann die Erkenntnis: O Gott, er meint das ernst. Der Autor haspelt: »Also eigentlich bin ich gerne freier Aut...« Für solche Eiertänze hat Beimer keine Zeit: »Schreiben Sie doch mal was darüber, wie man eine eigene Homepage baut – direkt für die nächste Ausgabe.« Nölle guckt leicht genervt zur Decke. Der freie Journalist verweist auf seinen Rückflug um 6. »Ach, dann stellen wir Ihnen hier ein Feldbett auf.«

Szenenwechsel. Treffen in Beimers Büro nach dem Essen. Es gibt Neuigkeiten: Die Internetbeilage soll ab sofort auf 16 Seiten erweitert werden, so viele Anzeigen sind da. Redakteur Nölle ist platt. Sein Gesicht errötet leicht. Nach einigen Sekunden hat er sich wieder gefangen und geht ans Blattmachen. Der Chefredakteur hört sich seine Themen an. Im Fernseher hinter ihm läuft n-tv, Friedhelm Busch im Börsensaal. Ab und zu schwenkt die Kamera auf die Dax-Anzeige. Heute verläuft die Fieberkurve mal wieder nach dem Muster *Luro* – von links unten nach rechts oben, Höchststände. Auch Beimer fliegt hoch: »Okay, okay, aber was für ein Foto nehmen wir? Haben Sie nicht 'ne junge Dame?« Nölle ist das irgendwie peinlich – diese unverblümte Forderung nach dem, was im US-Journalismus »T&A« heißt – »Tits and Ass«. Vielleicht ahnt er aber auch nur, was als Nächstes passiert. Peinliche Stille. Alle tun so, als dächten sie nach. Schließlich erhebt Beimer die Stimme. Und heraus kommt, was alle befürchtet hatten: »Mach' doch Lara vorne drauf!«

Lara Croft. Was hätten die Printmedien nur Ende der Neunziger ohne die Heldin des Computerspiels »Tomb Raider« gemacht? Keine Woche verging, ohne dass uns die digitale Amazone auf irgendeinem Titelblatt die Faustfeuerwaffen ihrer Weiblichkeit entgegenstreckte. Dass das Spiel selbst damals schon ziemlich out

war und häufig der inhaltliche Bezug völlig fehlte, störte die Blatt-
macher nicht. Doppel-D und www, das passte in den Augen der
Medienschaffenden einfach zusammen. Hauptsache Holz vor der
Homepage. Also musste Lara für so ziemlich jedes Thema herhalten, von Techniktipps bis hin zu Online-Versicherungen. Es musste nur irgendwie mit Computern zu tun haben. Und wenn Frau
Croft schon letzte Woche vorne drauf war, wurden wir mit dem
Klassiker gequält: dem @. Beliebte Variationen war etwa das @ in
eine Pupille montiert. Später trat der Klammeraffe dann nur noch
verunstaltet auf, etwa brennend oder zerbrochen.

Fast genauso verzweifelt wie beim richtigen Titelmotiv stellten
sich die Medienschaffenden auf der Suche nach den *Content-
Providern*, vulgo: Journalisten, an. Damit hatte die Zeitungsbranche
nämlich ein Problem. Nicht nur das Geschäft – tote Bäume – war
total Old Economy, sondern auch das Personal zählte vielerorts
schon etliche Jahresringe. Viele waren Dinosaurier aus der Dax-
1000-Zeit ohne den pubertären IT-Crashkurs vor Atari oder Commodore 64. Der *Kollege Computer* (übrigens eine beliebte Allitera-
tion aus der Wallraff-Ära) war ihr Feind und Technologie an sich
böse. In ihrer Weltsicht tauchte der Siliziumchip höchstens als
Arbeitsplatzvernichter auf. Da saßen sie nun, jene Altrevoluzzer,
die Anfang der achtziger Jahre sogar hinter dem Kabelfernsehen
den großen Bruder vermuteten und den Slogan skandiert hatten:
»Menschen lassen sich nicht verkabeln.«

Wie sollte dieses technophobe Urgestein jene dicken Beilagen
füllen, die bald jede Tageszeitung zum Thema Internet aus dem
Boden stampfte? Bei der *Welt* hieß das Supplement *WebWelt* und
wurde Anfang 1999 aus der Taufe gehoben. Später folgte das
Handelsblatt mit *Netzwert*. Bremser war – wie nicht anders zu
erwarten – die *Frankfurter Allgemeine Zeitung*. Die *FAZ* tat sich mit
dem Sprung von Fraktur zu Hypertext besonders schwer: So präsentierte man uns die Online-Ausgabe der Zeitung erst im Januar
2001 – also punktgenau zum Internetcrash und dem totalen
Bedeutungsverlust des Themas.

Für die Jungjournalisten – wie für alle Berufseinsteiger – war es eine goldene Zeit. Egal ob katholischer Theologe, Zivildienstleistender oder Jura-Abbrecher – wer das »@« auf der Tastatur fand, hatte gute Chancen, eingestellt zu werden. Verzweifelt suchten die 68er nach 98ern für ihre Redaktionen. Und so heuerten Dickschiffe wie Springer oder Holzbrinck junge Redakteure an, als ob es kein Morgen gäbe. Journalistenschule, Volontariat, jahrelange Erfahrung – all das war für eine Einstellung keine Voraussetzung mehr. Anrufe von Headhuntern, bisher nur auf Verlegerebene bekannt, gingen selbst bei Amateuren ein. Einige Chefredakteure waren sich nicht zu schade, die jungen Schreibtalente eigenhändig aus ihrer Studi-WG wegzulocken. Ein Platz im Feldbett, ja, der war immer frei. Und ordentlich finanziell gepolstert war er auch.

Gold für den Goldrausch

»Wir hätten vorne draufdrucken können: ›Leck mich am Arsch‹ – und hätten trotzdem 100 000 Stück verkauft!« So erinnert sich der Chefredakteur eines führenden Wirtschaftsmagazins an die Pop-Ökonomie. Und tatsächlich: Solange sich die Magazine an eine bestimmte Rezeptur hielten, kauften wir fast alles. Unerlässliche Ingredienz waren natürlich Börsentipps, am besten mit dem Präfix »Insider«. Die Zeitschrift *Bizz* verstieg sich sogar in die Aussage, dass Börse besser als Sex sei. Na ja, auf dem Höhepunkt redet man bekanntlich so einiges.

Zweites Standbein der neuen Magazine waren Internetadressen, bevorzugt aus den Bereichen Supermodels mit nassen T-Shirts oder Schnäppchen. Ein Satiremagazin nahm die Tippinflation damals mit einem gefaketen Cover treffsicher aufs Korn. Überschrift: »Die 999 999 besten Internetadressen!« Magazine verkauften sich buchstäblich mit Links. Gekrönt wurde die Nutzwert-Torte meist mit einem Sahnehäubchen aus Karrieretipps für den rasanten Aufstieg. Ach ja, und Lara sollte natürlich vorne drauf sein. Zumindest Verona Feldbusch oder Pamela Anderson.

Da diese Rezeptur Ende der Neunziger tatsächlich Bombenauflagen garantierte, schossen neue Titel geradezu aus dem Boden. Wie beim Inhalt überboten sich die Verlage auch beim Titel nicht gerade an Originalität. Jede mögliche Kombination aus »Net«, »Manager«, »Business«, »Online« sowie dem unvermeidlichen »e« wurde durchgespielt. Und sobald der Kioskhändler auf Nachfrage nicht mehr mit »Häh?« antwortete, ernannte sich die Publikation selbst flugs zu einem »Zentralorgan der New Economy«. Entsprechend viele gab es dann auch davon. Wirklich verdient hatte dieses Label in unseren Augen nur *Net-Business*, eine Wochenzeitung aus Hamburg, die sich als Sprachrohr der jungen Gründer verstand. Schon das Begrüßungsgeschenk für die Neuabonnenten vermittelte reichlich Credibility: ein Kickertisch.

Der bizarrste Printtitel dieser Tage muss wohl das Magazin *Gold* gewesen sein. Die meisten erinnern sich wahrscheinlich nur noch an das Cover, eine besonders traurige Umsetzung des T&A-Prinzips: eine mit goldenem Top bekleidete junge Dame vor einem Computer mit goldenen Lautsprechern. Als weniger bemerkenswert entpuppte sich der Inhalt – eine Mischung aus Artikeln und Internetlinks zu elektronischen Versandhäusern. Doch der wirkliche Hammer hing auf dem Titelblatt, direkt unter dem Logo – die Mission des Blattes: »Besser_leben_mit_dem_Internet.« Genau so.

T&A für die Goldgräber
Titelbild der Zeitschrift *Gold*, 2000
© n.a.

Mit den peinlichen Unterstreichungen. Das war Webeuphorie pur.
Genauso hätten die Macher schreiben können:»Per_Internet_
den_Welthunger_beenden.«Aus der Zeile sprach ein naiver
Zukunftsglaube, wie ihn die Gesellschaft seit dem Space Age der
Sechziger wahrscheinlich nicht mehr erlebt hat. Einfach putzig.
Gebracht hat es dem Magazin allerdings nichts. Die vermeintliche
Goldgrube entpuppte sich als Grab und *Gold* ging nach wenigen
Ausgaben ein.

Den Hauptpreis in Sachen Größenwahn müssen wir an dieser
Stelle aber ganz klar dem Magazin *Business 2.0* überreichen. In den
USA war es ein Mega-Erfolg. Auf dem Höhepunkt des Internet-
hypes erreichten die Ausgaben jenseits des Atlantiks mit 228
Seiten Telefonbuchformat; mitunter mussten sich die Leser durch
50 Seiten Werbung kämpfen, bevor der erste redaktionelle Beitrag
kam. Diesen Erfolg wollte man auch hier zu Lande wiederholen.
Ein Münchner Verlag kaufte die Rechte, im August 2000 erschien
die erste Ausgabe. Zielgruppe sollten so genannte »Transformer«
sein. Gemeint waren damit nicht die Spielzeugroboter aus den
achtziger Jahren, die sich wahlweise in Panzer, Flugzeug oder
LKW verwandeln konnten. Nein, es sollten jene jungen Menschen
sein, die die Ökonomie verwandelten, aus 1.0 eben 2.0 machten.
Also irgendwie wir alle. *Business 2.0* wurde aggressiv als Pflichtlek-
türe für Jungunternehmer beworben. »Buy or Die« lautete zum
Beispiel der Text einer Anzeige. Dazu ein Foto von einer Bombe,
die unter einem Konferenztisch tickt. Ironisches Detail: Die Werbung erschien am 19. April 2001. Eine Woche später wurde das
Magazin eingestellt. Wir, die Transformer, hatten für »Die«
gestimmt. Ein weiteres Zentralorgan versagte.

Interview mit einem Server

»Server blinken in 19-Zoll-Racks still vor sich hin. In jeder Sekunde schicken sie 155 Millionen Bits durch die Glasfaserkabel.«
So what?, würde sich der Leser von heute angesichts dieses *Welt-*

Artikels aus dem Jahr 2000 wahrscheinlich fragen. Da ist ja der Blick hinter eine HiFi-Anlage noch spannender. Doch während des Internetbooms waren das heiße Neuigkeiten – notgedrungen. Denn die Journalisten hatten ein Problem: Die neue Wirtschaft war gewichtslos. Es gab es nichts zu sehen, geschweige denn zu schreiben. Gängige Reportage-Klischees griffen nicht: Es fehlten rauchende Schlote, schwitzende Arbeiter oder donnernde Maschinen. Nichts. Deshalb hob man kurzerhand eine neue journalistische Spielart aus der Taufe: die Rack-Reportage, benannt nach den Schubschränken, in denen Internetrechner installiert sind.

Der Modus operandi: Journalist/-in besucht die Zentralen der neuen Wirtschaft – Serverräume, Glasfaserknotenpunkte und Hochsicherheits-Datenzentren. Von journalistischen Dogmen lässt man sich nicht beirren, immer nach dem Motto: Keine Menschen, keine Action – kein Problem. Der Nachwuchs reportiert einfach drauflos. Den szenischen Einstieg liefern die blinkenden Server in der EDV-Halle. Pflicht sind Assoziationen mit Raumschiff und/ oder Schwimmbad. Gut kommt auch Sakrales, zum Beispiel »das Allerheiligste im flackernden Neonlicht«. Oder alles mit dem Präfix »Cyber«. Dann geht es atmosphärisch dicht weiter mit brummenden Netzteilen, gespickt mit technischen Details darüber, wie viel Fantastillionen Gigabyte in diesem Moment durch die Leitungen schießen. Je genauer, desto besser. Kisch-Preisverdächtig war das natürlich nicht.

Mit dieser technischen Detailverliebtheit trat der Dotcom-Journalismus in historische Fußstapfen. Schon zu Zeiten des Eisenbahnbooms hatten die Medien nämlich einmal ihre Liebe zu Einzelheiten entdeckt. Wer etwa einen *Economist* aus der vorletzten Jahrhundertwende zur Hand nimmt, wird über Hunderte von Seiten mit minutiösen Details über Gleistechnik, Stellwerke und Lokmodelle gelangweilt. Hundert Jahre später entdeckte die Internetpresse das Prinzip für sich neu. Über Nacht hatten die Anzeigenredaktionen den schreibenden Kollegen gleich dutzendweise neue Seiten beschert. Was lag also näher, als den Platz flugs mit Geschichten über graue Kästen zu füllen?

Zugegeben: Es gab auch interessante Experimente, etwa im Magazin *brandeins*. Doch die meisten Rack-Reportagen waren pseudo-belletristisches Gesülz. Ein besonders trauriges Beispiel lieferte der Autor eines Firmenmagazins, der den Besuch bei irgendeinem US-Server mit »Reise zum Mittelpunkt des Internets – ein Bericht nach Jules Verne« betitelte. Was folgte, war eine Rundfahrt um alle Allgemeinplätze des Computerjournalismus, von Mensch-Maschine-Dualität bis hin zum ach so körperlosen Cyberspace. Den Strom für den Serverraum hätte locker der im Grabe rotierende Jules Verne liefern können.

Aber wir wollten es ja nicht anders. Es war alles neu und irgendwie auch interessant. Schließlich waren wir ja jetzt alle Geeks. Insofern haben die Medien nur nach unserer, nach der Pfeife des Publikums, getanzt. Selbst die Rack-Reportagen konnten noch als Gesprächsstoff auf der After-Job-Party herhalten. »Wusstest du schon, dass beim zentralen DNS-Root-Server jedes Jahr 20 Millionen neue Adressen registriert werden?« Wow. Damit konnte man zumindest die moderne Version des Hausmeisters beeindrucken: den Systemadministrator. 1997 hatte Bundespräsident Roman Herzog noch verlangt, dass ein Ruck durch Deutschland gehen müsse. Doch eigentlich interessierte nur noch, wie Deutschlands Daten durch ein Rack gehen.

Ein Herr namens Dotcom

San Francisco, kurz vor Weihnachten 1999. »I kiss you!«, kreischen die Frauen in der Menge und stürmen auf die schwarze Stretchlimousine zu. Aus meterhohen Lautsprecherboxen dröhnt die *Rocky*-Titelmusik. Die Spannung steigt. Endlich öffnet sich die Autotür und ein Mann steigt aus. Er trägt ein türkisblaues Polohemd, Bodyguards schirmen ihn gegen die tobende Menge ab. Blitzlichtgewitter. Unter massivem Ellenbogeneinsatz kämpfen sich die Zuschauer vor, reißen die mitgebrachten Kameras hoch, versuchen, einen Schnappschuss zu erhaschen. Schließlich gibt es kein Halten mehr: Völlig enthemmte Mädchen fallen dem Mann um den Hals und überhäufen ihn mit Küssen. Im Hintergrund skandiert die Menge lautstark »Mahir, Mahir«.

Kein Zweifel: Mahir Cagri ist ein Superstar. Jeder Internetsurfer rund um die Welt kennt sein Gesicht, und wo immer er im Silicon Valley auftaucht, spielen sich Szenen ab, wie man sie derzeit nur von den Back Street Boys kennt. Das Net-Set liebt ihn einfach, seinen Mahir. Dabei hat der schüchterne Mann gar nichts mit der ortsansässigen Internetbranche zu tun. Weder ist er das neueste Dotcom-Wunderkind noch Hard- oder Softwarerevoluzzer. Ganz im Gegenteil – der türkische Mittdreißiger kann überhaupt nicht mit Computern umgehen.

Muss er auch nicht. Denn Mahir ist Sport- und Musiklehrer und lebt eigentlich in der türkischen Hafenstadt Izmir. Das Besondere an ihm ist, dass er nichts Besonderes ist. Mahir ist ein Durchschnittstyp, Mitte 30, Schnauzbart, nicht besonders attraktiv, aber auch nicht hässlich. Ein typischer Normalo eben.

Und genau deshalb haben wir ihn zum Star gemacht. Einfach so. Weil wir es konnten. Unser Starmacher-Werkzeug stand vor uns: der Internetrechner. Jeder von uns hatte über Nacht irgendwoher einen PC mit Netzzugang auf seinen Schreibtisch bekommen, sogar die Bekannten im öffentlichen Dienst. Wie und warum, wusste keiner so genau. Klar dagegen war: Man musste irgendwas damit machen. Aber was? Unsinn natürlich. Denn E-Mail, so entdeckten wir, ist nichts anderes als die moderne Version des Zettelrumreichens in der Schule. Selbst die Regeln gleichen denen aus Pennälerzeiten: Nachrichten dürfen unter keinen Umständen sinnvoll sein. Erlaubt waren damals nur Sachen wie »Jens hat mit Susi geknutscht«. Also sagten wir auch mit der elektronischen stillen Post nur weiter, worüber Coolheits-Konsens bestand: Trash, Realsatire, Bad Taste, Randnotizen. Und natürlich alles, was das neue Medium ab absurdum führte. Denn womit konnten wir unsere eigene – an sich peinliche – Technikbegeisterung besser ironisieren? Da kam Mahir Cagri gerade richtig. Auch er verbreitete eine Knutschbotschaft: »I kiss you«, mit fünf Ausrufezeichen dahinter. Millionenfach haben wir seine Webseite besucht. Einfach so. Und ganz nebenher ein neues Phänomen geschaffen: den Netz-Promi.

Der Aufstieg von Mahir Cagri zum Superstar begann, als Angestellte einer Silicon-Valley-Firma im Netz über die Homepage des Türken stolperten. Professioneller Natur kann das Interesse nicht gewesen sein, denn die Seite war – technisch gesehen – unterirdisch. Riesige, zugeblitzte Amateurfotos, der Text in unverständlichem Pidgin-Englisch abgefasst. Kurz: grottenschlecht. Andererseits wirkte die Homepage sympathisch, zum Beispiel die Bilder von Mahirs Freizeitaktivitäten: Akkordeonspielen und Pingpong – beides nach den Standards des Net-Set natürlich absolut inakzeptable Hobbys. Echte Brüller waren auch Mahirs ungelenke Versuche, via Internet die weltweite Weiblichkeit für sich zu interessieren: »Who is want to come Turkey ... She can stay my home.«

Mahir bot, wonach jeder noch so zynische 98er insgeheim lechzte: Authentizität. Lustig war die Seite natürlich auch. Und wer bei den Arbeitskollegen etwas gelten wollte, leitete die Adresse per E-Mail weiter. Immer in der Hoffnung auf die Reaktion »Mann, der kennt aber abgefahrene Seiten«. So kommt schnell ein beispielloser Schneeball ins Rollen: Mahir erlangt binnen kurzer Zeit

I kiss you!!!!!
Der dritterotischste Mann auf dem
Planeten musiziert
© Mahir Cagri

Berühmtheit, seine Homepage wird Kult. Ende 1999 holt ihn eine US-Firma als Marketing-Gag in die Staaten. *New York Times, People Magazine* und *Wall Street Journal* berichteten über ihn, das Wirtschaftsmagazin *Forbes* setzt ihn sogar auf die Liste der 100 wichtigsten Promis – allerdings auf Platz 100. Mahir tritt als Gast in TV-Shows auf, wird auf Internet-Galas herumgereicht. Und tut das, was das Publikum von ihm erwartet: Er spielt Akkordeon und Pingpong und brüllt immer wieder »I kiss you!!!!!« Damals war dieser Satz echtes Allgemeingut in der Internetgemeinde.

Natürlich dauerte es nicht lange, da kursierten Gerüchte, der Türke habe seine Webseite gar nicht selbst programmiert. Schlimmer noch: Der Seitentext sollte gar auf die Manipulation eines unbekannten Hackers zurückgehen. Was dran war, ist bis heute nicht klar. Mahir hat den Instant-Ruhm trotzdem genossen – auch wenn er seinem ursprünglichen Ziel bei allem Starrummel nicht näher gekommen ist: Der smarte Pingpong-Spieler soll immer noch Single sein. Dabei hatten die Veranstalter seiner »World Tour« damals keine Möglichkeit ausgelassen, ihn zu verkuppeln. Auf einer Gala in San Francisco etwa wurde sogar ein Besuch bei Mahir zu Hause verlost. Gewonnen hat ein Mann.

Kann ich mal Ihren Internetführerschein sehen?

Spätestens nach Mahir war klar: Marshall McLuhan hatte Recht – das Medium *war* zur Botschaft geworden. Heute würde wahrscheinlich niemand mehr eine Miene über die trashige Webseite des Türken verziehen. Sie wäre einfach nur schlecht. Doch zu Boomzeiten war alles potenziell interessant und lustig, solange http:// davorstand. Und so pumpten wir uns tagtäglich gegenseitig die Eingangskörbe voll mit Nachrichten betreffs »Cool, das musst du dir ansehen« oder einfach nur »;-)«. All diese Netzsplitter heute noch aufzuzählen wäre unmöglich. Und so bleibt nur ein Format, das wir noch aus der Achtziger-Musiksendung *Formel Eins* kennen – der Schnelldurchlauf:

10) Badday hieß das Video, in dem ein Angestellter seinen Rechner mit einem Baseballschläger malträtierte. Ein gezielter Schlag, und Tastatur plus Monitor setzten zum buchstäblichen Absturz an. Trendmunkler tauften das Phänomen kurzerhand *perkussive Wartung*. Natürlich wurde der Clip, wie fast alles vermeintlich Echte im Netz, später als Fälschung entlarvt. Lustig war er trotzdem, und aus der Seele hat uns der Computerschläger ohnehin gesprochen.

9) »At first I was afraid ...« Wie lustig ist es, wenn ein einäugiger Außerirdischer mit einer Art Penis auf dem Kopf den Discoklassiker *I will survive* singt? Sehr lustig. *Aliensong* hieß das Video mit dem computeranimierten E.T. und war im Jahr 1999 ein echter Hit in der Netzgemeinde. Dessen Schöpfer, ein junger Amerikaner namens Victor Navone, hatte es geschafft, dem Bit-Alien perfekt die Aura der verlassenen und verletzten Souldiva einzuhauchen. Apropos verletzt: Bis zum Refrain kam das grüne Männchen nie – Sekundenbruchteile vorher donnerte eine Discokugel auf sein Penisköpfchen nieder. Schuld am abrupten Ende war die Technik: Hätte der Alien noch länger geträllert, wäre die Datei zu groß geworden, um sie bequem per E-Mail verschicken zu können. Die Geschichte endete übrigens total New-Economy-mäßig: Das Video landete irgendwann in den Mailboxen des Hollywood-Studios Pixar, den Machern von *Toy Story*. Und die stellten Navone prompt ein. Noch heute arbeitet der ehemalige Amateur an den neuesten Animations-Blockbustern.

8) Lange vor dem Inderwahn war die Online-Nation im Rinderwahn. Wissenschaftler hatten gerade BSE entdeckt und nur Menschen mit suiziden Tendenzen aßen noch Steaks. Die Lage schien ernst. Kurzum: Es war allerhöchste Zeit, die ganzen Warmduscher mal ordentlich durch den Kakao zu ziehen. Irgendwann 1998 tauchte der passende Gag zum wild gewordenen Vieh auf: Madcow.doc, ein Textdokument, das Antwort auf die Frage versprach: »Woran Sie erkennen, dass Ihr Rind wild geworden ist.« Links auf der Seite sah man eine

normale Kuh, per Mausklick spielte ein passender Soundclip ab:»Muuh!« Rechts daneben die durchgeknallte Version: »Muuuuuhuhuhu«. Das muss man wohl eher hören (Links zu allen hier genannten Netzsplittern sind im Anhang verzeichnet). Das Dokument ist der reinste Lachimperativ: Spätestens nach 10 Sekunden ununterbrochenem wahnsinnigen Gemuhe schmeißt man sich weg – ob man will oder nicht. Überflüssig zu erwähnen, dass sich Madcow.doc im Netz so schnell ausbreitete wie eine Seuche.

7) Auch beliebt waren zu Internetzeit Listen jeder Art. Den damaligen Zeitgeist fing besonders schön eine Enumeration mit der Betreffzeile»Das waren die Neunziger« ein. Da war alles drin, was uns so auszeichnete, von Workoholismus bis zu Technikwahn. Demnach war typisch Neunziger:

... Du fragst deine Arbeitskollegen am Tisch nebenan via E-Mail, ob sie Lust auf Bier haben und sie antworten via E-Mail»O.K., gib mir 5 Minuten«.

... Du hast 15 verschiedene Telefonnummern, um deine 3-köpfige Familie zu erreichen.

... Du chattest mehrmals pro Tag mit einem Typen in Südamerika, aber hast dieses Jahr noch nie mit deinem Nachbarn gesprochen.

... Du kaufst dir einen neuen Computer und einen Monat später ist er veraltet.

... Du verlierst Kontakt zu einigen Freunden, weil sie keine E-Mail-Adresse besitzen.

... Du kennst die Posttarife für eine Briefmarke nicht.

... Die meisten Witze, die du kennst, hast du in E-Mails gelesen.

... Du meldest dich mit dem Firmennamen, wenn du am Abend zu Hause das Telefon abnimmst.

... Das Schlimmste am Computerabsturz ist der Verlust deiner Bookmarks.

... Du gehst zur Arbeit, wenn es dunkel ist, du kommst von der Arbeit, wenn es dunkel ist – und das auch im Sommer.

... Deine Eltern beschreiben dich mit »er arbeitet mit Computern«.

... Du hast diese Liste gelesen und dauernd genickt.

... Du überlegst dir bereits, wem du diese Liste forwarden kannst.

6) Webcams waren in. Toll, man konnte sehen, wie hoch die Wellen in Hawaii schlugen. Meist war es dort allerdings Nacht, und der Bildschirm blieb schwarz. Dafür war die Dunkelheit live. Und wer ein wenig Historie in der jungen Internetgeschichte suchte, surfte die Kaffeekannen-Kamera in Cambridge an. Da wehte einen so was an. Später dazu mehr.

5) Zu den Verlierern des technischen Fortschritts wurden unversehens 400 belgische Brieftauben, die im indischen Staat Orissa ihren Dienst taten. Man hatte sie nach dem Krieg in die Küstenregion importiert, um auch bei Stürmen noch kommunizieren zu können. Kurz vor dem Millennium machte E-Mail die treuen Flattermänner über Nacht arbeitslos. »5,4 Millionen Rupien sparen wir dadurch pro Jahr ein«, rechnete ein Offizieller vor. Die gefeuerten Tauben wurden in einem Naturpark ausgesetzt.

4) Das war *die* Lovestory des Jahrtausends: Kai (19) aus Kiel hatte sich verliebt, und zwar in Julia (18), ebenfalls von der Förde. Doch der Student hatte ein Problem: sein schlimmer Klarmacher-Ruf. Der eilte ihm leider voraus und landete auch bei der blonden Werbekauffrau. »Ich möchte nicht als Sexobjekt betrachtet werden«, beschloss die und gab Kai einen Korb. Sie wusste nicht, dass aus dem ehemaligen Teflon-Typ, der nichts anbrennen ließ, ein schwer verliebter Romeo geworden war. »Soll er seine Liebe doch beweisen«, entschied Julia, ein durchaus ansehnliches Deichbabe mit Centerfold-Qualitäten. Im totalen Internetwahn entschied sie: Wenn Kai es schafft, III III III Besucher auf seine Webseite zu locken, wollte sie mit ihm schlafen. Und so war Helftkai.de geboren.
Anfangs ging die Sache ab wie sonstwas. Kai, gar nicht doof, garnierte seine Homepage mit leckeren Bildchen von seiner

Julia. So sicherte er sich zumindest die Zustimmung der männlichen Netzgemeinde. Wow, *nett*. Man musste dem Typen doch einfach helfen! Die erste Besuchermillion auf dem Zugriffszähler war schnell erreicht, und auch für Kai schien der Zugriff in greifbare Nähe zu rücken. Doch irgendwann flaute das Interesse ab. Heute steht der Zähler irgendwo bei 15 Millionen und kriecht nur noch vorwärts. Bei dem Tempo wird Kai Viagra brauchen, bis er randarf. In der Zwischenzeit sichert sich der Student sein Einkommen anscheinend durch Online-Marketing. Vor lauter Werbebannern und Reklamefenstern erkennt man kaum noch den Seitentext.

3) Was macht der Deutsche, wenn er etwas Neues sieht? Er reguliert es. So forderte IBM-Chef Erwin Staudt kurz vor der Jahrtausendwende ernsthaft einen Internetführerschein für alle Bundesbürger. Als Erste mussten die Ministerpräsidenten dran glauben. Bernhard Vogel, damals Regierungschef von Thüringen, absolvierte am 30.06.1999 seine Prüfung. In einigen Unternehmen, etwa der Dresdner Bank, wurde die Idee tatsächlich aufgegriffen: Ohne Internet-Lappen durfte kein Mitarbeiter mehr auf die Datenautobahn.

2) Virenwarnungen jeder Art waren der Hit. Wer morgens sein Mailpostfach lehrte, bekam regelmäßig das Gefühl, sein letztes Online-Stündlein habe geschlagen. Im Wirklichkeit gab es nur zwei Varianten: a) Das Virus mit der Betreffzeile »Virus-Warnung«. Er enthielt keine bösen Prográmmchen, geschweige denn Text. Aber dank der Betreffzeile verbreitete es sich trotzdem rasend schnell. b) Das Virus Typ *Alibi*. Es brach meistens aus, sobald man Bockmist an seinem Bürorechner gebaut hatte und den Verdacht von sich ablenken wollte. Ein erfundener Absturz infolge von *Alibi* war auch geeignet für jede Art von verpassten Deadlines. So löste »Ich hatte ein Virus auf'm Rechner« an deutschen Universitäten die klassische Ausrede für zu spät abgegebene Hausarbeiten (»Hat mein Hund gefressen«) ab. Der einzig ernst zu nehmende Computerschädling war indes der manuelle Wurm. Er

bestand nur aus folgender Textanweisung:»Hallo, dies ist ein manuelles E-Mail-Virus. Wählen Sie einfach die ersten 50 Adressen aus Ihrem Adressbuch und senden Sie dieses Virus weiter. Dann löschen Sie einige Dateien aus Ihrem Systemverzeichnis. Falls heute Freitag der 13. ist, formatieren Sie bitte Ihre Festplatte. Danke für Ihre Mitarbeit.«

1) »Ich wollte meinen Namen nur auf den Stand von 2001 bringen«, verkündete der 25-jährige Israeli Tomer Krissi und zog die Konsequenzen. Er ließ seinen Nachnamen behördlich in ».com« ändern und nannte sich fortan nur noch Tomer.com. Sein Motiv: Das sei viel einfacher, als Mädchen seine Telefonnummer zu diktieren.

Und so weiter und so fort. Unendlich schien der Strom aus dem digitalen Absurdistan zu sein, der sich täglich per Mail über uns ergoss. Doch wie jedes Phänomen, das nur von der ständigen Überbietung lebt, erreichten wir auch hier irgendwann das Ende der Fahnenstange. Die Sache wurde, um mit Homer Simpson zu sprechen, »laaangweilig«. Es blieb uns nichts anderes übrig, als auf digitale Tauchstation zu gehen: Wer im Büro wieder arbeiten wollte, richtete sich eine neue Mailadresse ein, und Bekannte, die trotzdem weiter vermeintlich Lustiges verbreiteten, wurden davon nicht in Kenntnis gesetzt. Wie viel herrenlose, verlassene Postfächer wohl noch heute mit Witzen von 1997 überquellen?

Auf Mahir Cagri folgte Kai, auf Kai ein Frosch im Mixer und noch etliche andere Netz-Promis. Doch das Prinzip *l'art pour l'art* lief sich tot. Und spätestens nach der Jahrtausendwende machte sich Ernüchterung breit. Das Medium allein reichte als Botschaft nicht mehr. Besonders schön hat den Netzkater seinerzeit ein namenloser Autor in den USA eingefangen. Er rief seine Homepage kurzerhand zur »Last Page of the Internet« aus. Sie liegt noch heute auf irgendeinem gottverlassenen Server. Wer die Seite aufruft, liest vor einem nüchternen weißen Bildschirm folgende Zeilen:»Dies ist die letzte Seite des Internets. Wir hoffen, Sie hatten Spaß beim Browsen. Schalten Sie jetzt Ihren Computer aus und gehen Sie raus spielen.«

9.
crashkurs

Allzeithoch und Absturz

Irgendwann 2000, das Büro der Böttcher Hinrichs AG am
Hamburger Gänsemarkt. Großes Meeting der Geschäftsleitung.
Die Jahresplanung steht an. Anwesend: die Finanzchefin, der
Technikvorstand, die Gründer. Es wird wie üblich das ganz große
Rad gedreht. Man plant, mit einer eigenen Software das PR-
Geschäft von Firmen umzukrempeln. Es geht um eine Revolution,
mal wieder. Und um die weitere Verwaltung des Booms. »Mehrere
Millionen Umsatz« wolle man dieses Jahr wieder machen, plant
die Runde. Doch ausnahmsweise stimmt der sonst so optimisti-
sche Gründer Peer-Arne Böttcher nicht ein. Er ist nachdenklich,
unsicher, fragt nach: Wie wollen wir das eigentlich machen? Und
vor allem: *Wer?* Die anderen schauen sich kurz verdutzt an, dann
kommt wie selbstverständlich die Antwort: »Ja, du!« Diesen
Moment wird der damals 23-Jährige nie vergessen: »Ich wusste
intuitiv: Das geht nicht.«

Am 7. März 2000 waren wir oben. Weit oben. Alles in allem
verlief der Tag perfekt. Joschka Fischer reiste in den Iran, versprach neue Deals mit der deutschen Wirtschaft, der BDI jubelte.
Die Landesmedienanstalten erließen, dass die Kameras im Big-
Brother-Haus eine Stunde pro Tag aus bleiben müssen. Jürgen
und Sladdy freuten sich. Spice-Girl Victoria und ihr Mann, Fußball-
star David Beckham, feierten den ersten Geburtstag ihres Sohnes
Brooklyn mit einer 40 000-Mark-Party. Die *Gala* war happy.

Und auch wir feierten. Am späten Vormittag hatte der Dax 8136
Punkte erreicht, in Worten Achttausendeinhundertsechsunddrei-

ßig. Unvorstellbar. Das war der absolute Allzeit-Rekord und fast
doppelt so viel wie noch ein Jahr zuvor. Wir fühlten uns wie auf der
Achterbahn. Ganz oben. Wenn der Wagen die Spitze des Berges
erreicht hat. Wenn sich alle festklammern und mit der Zunge
ihren Kaugummi noch schnell in die Backe friemeln, damit sie ihn
nicht gleich runterschlucken. Wenn es scheint, als stünde die Zeit
still. Und auch an diesem Mittwochvormittag stand die Zeit still.
Kurzer Blick zurück. Nur 18 Monate zuvor waren wir aufgebro-
chen. Wir, Gründer, Studenten, Kleinanleger, Internetfreaks, PR-
Menschen, stille Teilhaber, Journalisten, Investoren, ja sogar
Hausfrauen (die *Bild* hatte schließlich den Boom zur »Hausfrauen-
Hausse« ernannt). Wir hatten aus dem Nichts eine neue Wirtschaft erschaffen – unsere coole Version der Wirtschaft, in der alles
möglich war, was in eine PowerPoint-Präsentation passte. In der
Arbeit nicht nur Spaß machen durfte, sondern sogar sollte. In der
die alten Regeln nicht mehr galten. In der Lehrjahre durchaus
Herrenjahre sein konnten. In der immer Zeit für Experimente war
und der Bauer auch fraß, was er nicht kannte.

Wir waren die 98er, und das war unsere Revolution. Wofür
unsere Eltern vor 30 Jahren noch ein Leben brauchten, das absol-
vierten wir in einigen Monaten. Den mühsamen Gang durch die
Institutionen haben wir uns gespart. Wir kickten sofort ganz oben
mit: Der Vorstand musste zuhören, wenn der Werkstudent im T-
Shirt die Webstrategie erklärte. Studienabbrecher sprachen auf
dem Weltwirtschaftsforum vor Milliardären, Präsidenten und
britischen Lords. Gründer saßen in engsten politischen Zirkeln.
Die Ziegenbärte hatten der Deutschland AG die alten Zöpfe abge-
schnitten – quasi über Nacht. Jetzt schien es so, als seien wir am
Ruder.

Unsere Revolution war in Internetzeit verlaufen. Einerseits war
das schön: Wir waren high vom Tempo, von den Möglichkeiten,
von den neuen Ideen, die *Heise*-Ticker, *Wired* und *Red Herring*
jeden Tag ins Mailpostfach beamten. Andererseits hatte der Tur-
botrip auch seine Schattenseite: So schnell alles raste, so rasch
sollte auch das Ende kommen: An diesem 7. März 2000 sollten

wir, die 98er, das erleben, was für unsere Eltern der 11. April 1968 war. Damals hatte der 23-jährige Josef Erwin Bachmann den Studentenführer Rudi Dutschke auf offener Straße angeschossen und schwer verletzt. Für die Bewegung war das der Wendepunkt, der Beginn von Gewalt und Abstieg in die Bedeutungslosigkeit. Die ehemalige APO mag sich über diesen Vergleich echauffieren. Aber ein bisschen war der 7. März 2000 unser Tag, an dem Dutschke angeschossen wurde. Er markierte das Datum, an dem unsere Revolution eigentlich beendet war. Nur, dass wir das noch nicht wussten.

www – wenn ich auf das Ende seh'

Der plötzliche Kindstod der jungen Wirtschaft begann wie ein Roman von Stephen King – ganz unspektakulär, ein beschaulicher Sonnentag, von Horror noch keine Spur. Keine großen Skandale, kein Crash, keine Geschäftsführer, die ins Flugzeug gen Cayman Islands hechten. Zunächst einmal gab es nur klitzekleine Signale, Details, Indizien, für das ungeübte Auge fast unsichtbar. Der Börsengang der Suchmaschine Lycos etwa. Am 22. März wurden deren Aktien am Neuen Markt eingeführt. Und zum ersten Mal ging der Kurs eines Neulings nicht sofort durch die Decke. Nein, wer Lycos gezeichnet hatte, und das waren damals viele, erreichte sofort die Verlustzone. 23 Euro, 20, 17, 15. Das Papier sank wie ein Stein, den man ins Wasser geworfen hatte. Das hatten wir bis dato noch nie erlebt.

Es waren die Kleinigkeiten, an denen wir merkten, dass die *fetten* Jahre sich dem Ende zuneigten: Auf den Partys wurden nicht mehr Kanapees aufgefahren, sondern bestenfalls ein Korb voller Laugenbrezeln. Gratis-Chablis und -Caipi verschwanden und wurden durch Bezahlbier ersetzt. Das Landgericht München entschied: »@ darf nicht Bestandteil eines Firmennamens sein.« Lieb gewonnene Rituale verkümmerten, wie sich ein Insider aus der Frankfurter Gründerszene erinnert: »Auf einmal kam man nur

noch mit *einer* Visitenkarte nach Hause.« Das sah zu Boomzeiten
anders aus. Auf dem schon erwähnten »größten deutschen Start-
up-Event« in Berlin etwa konnte man Menschen sehen, die ihre
Hand kaum noch um den Kartenstapel bekamen. Im Ernst.
Auch Werbegeschenke kamen erst spärlicher, dann überhaupt
nicht mehr. Geknausert wurde zum Beispiel beim Frankfurter
Wirtschaftsball, seinerzeit ein wichtiges Schaulaufen der lokalen
Internetwirtschaft. Sponsor der Veranstaltung war eine namhafte
Prüfungsgesellschaft. Die hatte als Damen- und Herrenspende
Schlüsselanhänger aus Aluminium springen lassen. Doch scheinbar hatte man die Dinger auf Kommission eingekauft. Jedenfalls
brach gegen Ende der Feier ziemliche Hektik aus. Kaum dass sich
die ersten Gäste gen Garderobe bewegten, wuselten schon Hostes-
sen durch die alte Oper und sammelten hektisch alle liegen geblie-
benen Schlüsselanhänger ein. Wohlgemerkt: Die Prüfungsgesellschaft hatte die Damen eigens dafür eingestellt.

Es war einfach erbärmlich. Die große Zertrümmerung unserer
Werte begann: So verdoppelte die Berliner Szenebar Greenwich
über Nacht ihren Preis für den Caipirinha. Statt wie alle anderen
Getränke 12 kostete unser geliebter Eisberg mit Chachaçage-
schmack jetzt 25 D-Mark. Der Aufschlag werde, so war auf der
Karte zu lesen,»wegen Einfallslosigkeit« erhoben.

An der Front bei den Start-ups begann es langsam zu brennen.
»Die Bestellzahlen blieben gleich; das stieg alles nicht, wie wir es
prognostiziert hatten«, erinnert sich Sima von Hoensbroech,
Marketingchefin bei Snacker.de. Eine bleierne Müdigkeit schien
sich plötzlich über die Maushände da draußen gelegt zu haben.
Webseiten wurden nicht mehr angeklickt, lagen verwaist da. Portale hatten sich zu Drehtüren entwickelt. Der letzte Mann im
Chatroom war der Moderator. In den Online-Shops blieben die
Einkaufswagen leer. Es schien, als habe jemand die Wildwirtschaft
waidwund geschossen. Zunächst war die Verletzung nichts Ernstes, nur ein leichtes Humpeln.

»Der Vorhang fiel in mehreren Akten«, sagt Frank Thomsen
heute. Schon in dieser Formulierung zeigt sich ein Hang zum

Theatralischen, der dem Münchner Jungunternehmer noch einmal nützlich werden sollte. Zu Boomzeiten jedenfalls gehörte auch Thomsen zu den Glückskindern. Angefangen hatte ja alles damit, dass der Werkstudent für Siemens eine Webseite programmiert hatte. Später hob die Sache dann richtig ab. Über 4,5 Millionen D-Mark steckten Kapitalgeber in die Webagentur Twest, die er zusammen mit seinem Bruder Lars führte. Seinerzeit konnten es die Brüder nicht wild genug treiben – sie mussten sogar.»Die VCs hatten uns ermahnt: ›Ihr verbrennt nicht genug Geld!‹« Darüber lacht sich Thomsen heute noch halb kaputt. Doch irgendwann kurz vor dem Oktoberfest 2000 war Schluss mit lustig:

Aufsichtsratssitzung von Twest in den Räumen von Wellington & Partner in München, einer renommierten Venture-Capital-Gesellschaft. Alles läuft normal – zunächst. Doch irgendetwas liegt in der Luft. Thomsen merkt, dass hier etwas nicht stimmt. Die Atmosphäre ist wie elektrisiert, aufgeladen mit Peinlichkeit und Unausgesprochenem.»Ich wusste: Es gibt eine geheime Agenda.« Und die kam ziemlich bald auf den Tisch. Einige Minuten winden sich die hohen Herren noch, dann das Bekenntnis: Wir finanzieren euer Unternehmen nicht weiter.

Natürlich bedeutete das für Twest nicht sofort das Aus. Aber die Happy-go-lucky-Atmosphäre in den schmucken Büros am Münchner Viktualienmarkt war dahin. Ab jetzt hieß es: kämpfen. Einen ähnlichen Schlüsselmoment erlebten auch die Snacker-Gründer, als ein alter Hase aus der alten Wirtschaft einen Blick in die Bilanzen warf:»Kinder, wenn ihr so weitermacht, seid ihr in zwei Monaten pleite«, lautete seine nüchterne Diagnose. Den sorglosen Gründern fuhr es wie ein Blitz ins Mark. Bezeichnendes Detail: Trotz des sinkenden Schiffes schaffen es die Youngster nicht, den erfahrenen Lotsen an Bord zu holen. Die Aufnahme des Sanierers in den Aufsichtsrat scheitert, weil sich die Geschäftsführung nicht darüber einig wird, wie viele Aktienoptionen der Herr denn nun bekommen solle.

Und so gewinnt die Achterbahn langsam an Fahrt. Es geht abwärts. Bei Snacker nimmt der Finanzvorstand seinen Hut;

Buchhalter entdecken später, dass angeblich ein kompletter Monat nicht verbucht wurde. Aber das Schlimmste ist: Es kommt kein frisches Geld mehr rein. Hatten sich die Herren von der Hanauer Landstraße noch vor kurzem am Telefon mit »Wie viel?« gemeldet, ist daraus über Nacht ein »Kein Anschluss unter dieser Nummer« geworden. Plötzlich wollen die Wagniskapitalgeber gar nichts mehr wagen. Landauf und landab wird zugesagtes Geld storniert, neue Verhandlungen abgesetzt.

Jetzt rächt sich, dass die Wildwirtschaft so eine inzestuöse Veranstaltung war. Ein typischer Deal lief nämlich so ab: Er zu ihm auf dem First Tuesday nach etlichen Asahi-Bieren: »Ich mach' dein Logo auf meine Webseite und du meines auf deine – und schon werden wir reich.«

Aber im Ernst: Eine typische Erfolgsstory sah damals so aus (alle Firmennamen wurden zum Schutz der Betroffenen mit dem Name-O-Mat verfremdet): Die Agentur CyberBox will MP3-Downloads im Netz verkaufen und bekommt Kapital dafür. Die hippen Designer von der befreundeten Agentur MindWorks hocken sich vor ihre iMacs und machen die Webseite, alles schön mit der damals so angesagten Schriftart *DIN-Medium,* bekannt von der deutschen Autobahnbeschilderung. Die lästige Programmierung überlassen sie Michael und Thorsten aus Nerdistan, beides abgebrochene Informatikstudenten mit einer Vorliebe für Metallica (»aber nur die Sachen vor *Load*«). Dripke übernimmt natürlich die Pressearbeit.

So weit, so gut. Die Sache geht *live* und das große Downloaden beginnt. Aber wer kauft schließlich die MP3s im Netz? Ein kurzer Blick in die Serverdaten bestätigt den Inzest-Verdacht: Es sind natürlich die technikverliebten Programmierer Michael und Thorsten. Nur die haben einen MP3-Spieler zu Hause, wahrscheinlich sogar auf Linux-Basis. Ach ja, und die Angestellten von Mind-Works, CyberBox und Dripke sind natürlich auch Kunden. Fertig ist das fein geölte Perpetuum mobile. Gegenseitig sorgt man für die nötigen Klicks, die Kapitalgeber reiben sich die Hände, alle

sind happy. Aber wehe, wenn ein Rädchen blockiert. Krach. Dann
bleibt halt die ganze Maschine stehen.

Dotcom muss gehen

»Bye bye .com«. So steht es in handgroßen Lettern zu lesen.
Fast eine halbe Seite nimmt die Anzeige in der renommierten
Financial Times an diesem Dienstag ein. Weit über 25 000 Euro hat
sich das Unternehmen Trader, ein weltweiter Anzeigenvermarkter,
sein Inserat kosten lassen. Und als ob die Überschrift noch nicht
klar genug wäre, ist darunter das ehemalige Firmenlogo abgebildet: *Trader.com* mit einem dick durchgestrichenem *.com*. Noch
weiter unten kommen die aktuellen Geschäftszahlen: 15 Millionen
Euro Reingewinn. Zitat Anzeigentext: »Wenn das nicht Grund
genug für einen Wechsel ist.«

"Bye bye .com"

Aus Dotcom wird Notcom
Anzeige von Trader.com, 2001
© Trader

Gewinn und Dotcom – das schließt sich auf einmal aus. Der
springende Punkt muss weg! Mit diesem unverblümten Bekenntnis vollzog Trader offen, was andere Start-ups klammheimlich
machten. Sie entsorgten den lästig gewordenen Appendix, schnitten den lexikalischen Blinddarm einfach ab. In Nacht-und-Nebel-
aktionen kappte man landauf und landab die Logos und Firmennamen. Nach der ersten Pleitewelle in der Wildwirtschaft hatte das
Kürzel einfach seinen Glanz verloren. »Dotcoms – das ist was für
Verlierer« titelte *Wired* im Juni 2000, und die Branche nahm es

sich zu Herzen. Hatten sich im Mai 1999 noch 14 Firmen mit
Dotcom für einen Börsengang an der Wall Street registriert, waren
es jetzt nur noch halb so viel. Und bald keine mehr.
Die ersten Insider sprachen schon von einer Notcom-Welle.
Autobytel, eBay, Yahoo – alle ließen ihr Kürzel fallen. »Das hat ein
negatives Stigma« verkündete Mark Swinth, Chef der Namens-
agentur Brand Fidelity – ausgerechnet einer jener Menschen, die
für das Ausdenken von bescheuerten Dotcom-Namen wie
Fatbrain.com kurz zuvor noch Millionenbeträge eingesackt hatten.
Er verglich die Internetkürzel mit Dinosauriern, die »von der
Evolution überlebt« worden seien. Hieß das nicht gerade noch
E-volution?
Für Namensnostalgie war keine Zeit. Auf die sprachliche Müll-
halde flog alles, was nach Hypezeit klang, und zwar schnell.
Neben dem Dotcom mussten auch die geliebten Präfixe »e«,
»Cyber« und »Net« dran glauben; aus der Firma Epylon wurde
Pylon, das Unternehmen Netpliance mutierte zu TippingPoint.
Und auch außerhalb der Marketingsitzungen veränderte sich
unsere Sprache in rasantem Tempo. Was jüngst noch cool, hip
und nach Internet geklungen hatte, musste jetzt weg – immer in
der soziologischen Hoffnung, dass Sprache doch bitte die Realität
verändern möge.
E-Commerce etwa entwickelte sich über Nacht zu einem schlimmen Schimpfwort. Der Terminus »Vertrieb« dagegen klang wieder
gut. Da mussten wir uns schwer umstellen. Bisher lautete unser
landläufiges Vorurteil über Verkäufer nämlich so: Menschen in
schlechten Anzügen mit zu kurzen Hosen und zu kleinen Visionen. Wenn schon Kundenkontakt, dann nannten wir das »Business Development«, kurz BD. »Das ist jetzt ein böses Wort, es
steht für *bad deals*«, erklärte Nick Denton, britischer Erfinder der
First-Tuesday-Partys, dem verblüfften Publikum.
Es gab aber auch gute Gründe für das Namenskarussell. Häufig
passte der alte Titel nämlich nicht mehr zum neuen Geschäft des
Unternehmens. Aus Verzweiflung über die zugenähten Taschen
der Surfer nahmen viele Firmen seinerzeit eine neue Zielgruppe

ins Visier: Unternehmen. Die amerikanische Firma PurpleYogi. com war so ein Fall. Kunden aus der Wirtschaft wollte das Softwarehaus ab sofort bedienen, beschloss das Management 2000. Aber man merkte rasch, dass sich unter dem Label eines lila Yogi-Bären nun mal schlecht Software verkaufen ließ, die unstrukturierte Daten in nutzbare Informationen für Firmen umwandeln soll. Und so heuerte man für 50 000 Dollar eine Agentur an, die sich etwas vermeintlich Seriöseres ausdenken sollte. Das Ergebnis: Die neue Firma nannte sich Stratify. Sehr originell.

Auch Traditionsunternehmen kamen namenstechnisch in die Bredouille. Die altehrwürdige Royal Mail zum Beispiel hatte zu Internetzeiten ihren Namen in Consignia.com geändert – und sich damit zum Gespött der Nation gemacht. Das klinge wie Spanisch für »Schalter für verlorenes Gepäck«, witzelten die Briten. Wenig später ruderte der Vorstand zurück: Man werde das Unternehmen wieder in »Royal Mail« zurückbenennen, hieß es damals kleinlaut. Vor dieser bahnbrechenden Entscheidung holte man sich übrigens erneut für 500 000 Pfund den Rat einer Namensagentur ein.

Killer-Applikation Scheibenkäse

Heute Bäcker, morgen Schreiner, übermorgen Schlosser – in der alten Wirtschaft wäre das unmöglich gewesen. Beruf war Berufung, man arbeitete von der Wiege bis zur Bahre in der gleichen Branche. Ganz anders die New Economy: Dort hat man keinen Beruf mehr, sondern höchstens einen Business-Plan. Und der wurde im Sturzflug schneller umgeschrieben als das Drehbuch zu *Gute Zeiten – schlechte Zeiten.* Erst modelte man den Firmennamen um, dann das Geschäft selbst. Viele Internetfirmen waren zwar mit ihrem Latein am Ende, aber nicht mit ihrem Geld. Also experimentierte man mit der letzten Kohle rum, solange es ging – immer in der Hoffnung, doch noch die Goldader zu finden: »Wir sind jedem Geschäftsmodell bis hin zur Erotik hinterhergelaufen«,

erinnert sich Wolfgang Macht von den Netzpiloten. Mit diesen
Verzweiflungstaten war er übrigens nicht allein.
Die britische Internetbank Smile zum Beispiel zeigte sich auch
sehr erfindungsreich. 450 000 Kunden wickelten seinerzeit über
die Webseite ihre Bankgeschäfte ab. Aber anscheinend waren das
nicht genug. Jedenfalls erwarb der Geschäftsführer Bob Head
Anfang 2001 eine Lizenz zum Alkoholausschank. Wer nichts wird,
wird virtueller Wirt, sozusagen. Rechtzeitig zum Weihnachtsge-
schäft wollte er Hochprozentiges über die Webseite vertickern – so
nach dem Motto: Ein Klarer zum Kontoauszug, ein Schnäpschen,
um das Soll zu verdauen. Head fand nichts Ungewöhnliches
daran. Dem Guardian sagt er wortwörtlich:»Manche Dinge drän-
gen sich geradezu für ein *Online-Erlebnis* auf; *Sprit* ist halt schwer
zu tragen.«

Porno und Schnaps – nach den luftigen Ideen der Vorjahre
wanderte die Internetwirtschaft wieder in der Bedürfnispyramide
ihrer Kunden bergauf. Weg mit den Visionen, Handfestes muss
her. Man speckte das Geschäft ab – bei der amerikanischen Circle
Group Internet sogar im wahrsten Sinne des Wortes.»Wir sind
eine Internetfirma mit den Divisionen E-Finance, Webdesign, E-
Tailer und Multimedia«, stand noch im Unternehmensprospekt
zum Börsengang Mitte 1999 zu lesen. Nachdem der Aktienkurs
kurz darauf auf ein Vierzigstel gefallen war, überdachte das Management seine Geschäftsidee. In einer ersten Maßnahme entfernte
man natürlich das»Internet« aus dem Namen. Richtig bizarr
dagegen wurde der zweite Schritt: Der Vorstandsvorsitzende Greg
Halpern erwarb die Lizenz für Z-Trim. Dahinter verbarg sich
allerdings weder eine revolutionäre Software noch die nächste
Killer-Applikation für das mobile Internet. Z-Trim ist ein Fett-
ersatzstoff. Man setzte echte Hoffnungen auf falsches Fett. Die
nächste Produktpalette der Circle Group Internet war schon einge-
tütet: eine fettfreie Backmischung für Schokokekse sowie fettfreier
Scheibenkäse.

Mogule im Hotel Mama

Februar 2001. Es beginnt wie eine typische Szene aus der Wildwirtschaft: Michael Periu steht unter Strom. Heute ist mal wieder einer dieser 12-Stunden-Arbeitstage. Seit früh morgens telefoniert der Internetunternehmer jetzt schon mit potenziellen Investoren. Schweiß steht auf seiner für 24 Jahre schon sehr hohen Stirn. Vergeblich. Auch dieser Anruf läuft ins Leere: Sein Gesprächspartner windet sich, hat schon so gut wie aufgelegt. Doch der junge Mann mit dem Ziegenbart bleibt dran. Er argumentiert, rechnet vor, fleht. Genau in diesem Moment schallt es dem Finanzvorstand ins Ohr:»Mickey, Abendessen ist fertig!«

Es ist seine Mutter. O Gott, wie peinlich, schießt es Periu durch den Kopf. Er spricht, so laut es geht – in der Hoffnung, dass der Investor nichts gehört hat. Mehr kann er auch nicht tun. Gegen die Zwischenrufe ist er machtlos. Schließlich wohnt Michael Periu noch zu Hause.

Besser gesagt: wieder zu Hause. Denn noch vor wenigen Monaten lebte der 24-Jährige im eigenen Apartment und fuhr einen Sportwagen – alles finanziert durch seine Softwarefirma namens Posip. Doch dann kam der Crash und über Nacht ging ihm das Investorengeld aus. Periu verkaufte den Sportwagen – und wurde trotzdem von Tag zu Tag klammer. Schließlich hatte er keine Wahl mehr und leitete ein letzte, verzweifelte Kostendeckungsmaßnahme ein: Der ehemalige Dotcom-Mogul zog wieder bei Muttern ein – für 200 Dollar Kostgeld pro Monat. Jetzt fährt Periu mit dem Familienkombi zu Treffen mit Investoren.

Die gute Verpflegung sieht man ihm schon an. Fast 20 Kilo hat der Jungunternehmer zugelegt, seit seine Mom Livia wieder für ihn kocht.»Wir sind überrascht von der neuen Lebensphase unseres Jungen«, geben die Eltern etwas unbehaglich zu. Vor allem im Wort»Lebensphase«steckt einiges an enttäuschten elterlichen Hoffnungen. Dabei ist Michael Periu beileibe nicht allein zu Haus. Auch sein Kollege Alejandro ist an den elterlichen Herd zurückge-

zogen. Den 27-jährigen Vorstandsvorsitzenden stört dabei am
meisten,»dass ich morgens allein mein Bett machen muss«.

Auch Finanzvorstand Periu hat Probleme mit dem erneuten
Familienanschluss – um genau zu sein, mit dem des Telefons.
Immer wieder fragen ihn Investoren mit Blick auf die Nummern-
anzeige, warum er aus einer Vorstadt des reichlich uncoolen New
Jersey anruft. Dann hilft nur noch eine knallharte Lüge. Periu:»Ich
sage einfach, wir betreiben Büros auf der ganzen Welt.«

Und der Rundumservice im Hotel Mama hat noch weitere
Haken. Da wäre zum Beispiel das strikte Alkoholverbot in der
Hausordnung: Nach einer besonders bitteren Investorenabsage
genehmigte sich der Junggeselle unlängst ein Gläschen Whisky.
Doch Mutter Livia hatte ein Auge auf den Sprit. Klein-Michael
wurde überführt und bekam einen deftigen Einlauf mütterlicher-
seits. Regeln sind nun mal Regeln, sagt Livia:»Ist mir egal, ob er
Bill Gates ist oder wer auch immer!«

So weit die Story vom verlorenen Sohn, Version 2.0. Zugegeben:
Fälle wie der von Michael Periu waren die Ausnahme. Die wenigsten ehemaligen Mogule zogen damals gleich zurück ins Hotel
Mama. Doch der Trend zur neuen Bürobescheidenheit existierte
– und existiert bis heute. Nach Loft und Laune brach bei vielen
Start-ups im Jahr 2000 erstmals das große Sparen aus: Man wollte
unter allen Umständen weitermachen. Aber das ging nur nach
einer finanziellen Fastenkur. Also speckte man ab: Personal und
Computer waren überlebensnotwendig und blieben, der ganze
Lifestyle-Schnickschnack flog raus. Kickertische wurden versetzt,
der Le-Corbusier-Lounge-Chair – natürlich das Modell LC4, die
göttliche *Rest Machine* – über eBay vertickert, Büro-Masseusen
gekündigt. Man zog aus der kernsanierten Fabrikhalle in den
uncoolen Industriepark vor der Stadt, neben Reno Schuhzentrum,
Autohof und Drive-In.

Oder zurück in die eigene Wohnung. So wie der Berliner Unternehmer Christian Busch. Nachdem er in den Jahren zuvor erfolgreich Software für DaimlerChrysler oder Axel Springer programmiert hatte, war Mitte 2001 Sparen angesagt. Das Geld wurde

knapp, da sich die Firma Brainjunction selbst finanzierte. Folge
war diese Situation: Wenn es beim 31-jährigen Chef morgens
schellte, standen seine lieben Kollegen vor der Tür. Sie arbeiteten
bei ihm in der Wohnung. 160 Quadratmeter Fläche bot die Altbau-
wohnung am Hackeschen Markt, Busch lebte auf sechs davon,
»der Rest war Büro«, sagt der Gründer völlig ungerührt. Im ehemaligen Schlafzimmer standen die Serverschränke, neben der
Teeküche ein Terminator-2-Flipper, letztes Relikt aus der Spaß-
Ära. Es war eng, aber man hat überlebt. Brainjunction entwickelte
in der Wohnung erfolgreich Software zum Projekt- und Wissens-
management für namhafte Unternehmen. Noch heute, allerdings
ist Busch mittlerweile ausgezogen.

Mit Spiel und Spaß war auch plötzlich Schluss. Die Ära der
Wasserpistolenduelle und Kickrollerwettrennen neigte sich ihrem
Ende zu. Pingpongplatte und Kickertisch lagen verwaist da. »Die
Platte ist schon lange eingestaubt, und zum Kickern bleibt den
meisten nicht mehr die Zeit«, erklärte die Personalchefin der
großen Hamburger Webagentur Razorfish in *Bizz*. Mittlerweile
würde eben »mehr Disziplin« verlangt, stellte die Dame nüchtern
fest. Das klang nicht gut. Und im nächsten Heft demonstrierte das
Wirtschaftsmagazin, in welche Richtung die Wildwirtschaft in
Zukunft marschieren wird. Der Bericht aus einem Kölner Internetunternehmen wurde bebildert mit morbiden Motiven. Tote auf
dem Tisch eines Leichenbestatters, mit Namenszettel am Zeh. Auf
der Folgeseite ein katholischer Reliquienschrein, Totenkopf und
Skelett. Der Weg alles Irdischen war uns vorgezeichnet.

Requiem für den Manager des Jahres

New York, 14. April 2000. Jetzt steht fest: Aus dem leichten
Sinkflug ist ein Sturzflug geworden. Die Wall Street ist implodiert.
In einem wahnwitzigen Gemetzel haben die »Masters of the Universe« die Wildwirtschaft niedergemacht. Nur sechseinhalb Stunden reichten, um eine Trillion Dollar zu vernichten. Oder um in

New-Economy-Kategorien zu sprechen: An diesem schwarzen
Freitag fuhren 13,8 Millionen Porsche Boxster über die Klippe, pro
Sekunde 643 Wagen. Von 0 auf 100 braucht die Zuffenhausener
Schleuder nur fünfeinhalb Sekunden. Unser Traum brauchte von
100 auf 0 nur sechseinhalb Stunden.

Spätestens jetzt war uns allen klar: Das große Sterben hatte
begonnen. Die Schlussglocke an der Wall Street, sie hatte auch
unser letztes Stündlein geschlagen. Bis dahin hatten alle von einer
»Korrektur« geredet. Die Börse brauche nur einen »Realitäts-
Check«, schrieben die Zeitungen. Alles eine reine »Konsolidie-
rung«, verkündete die Telebörse. Das wird schon wieder, trösteten
wir uns gegenseitig. Das geht vorbei. Wir waren ein bisschen wie
Agent Mulder aus der TV-Serie Akte X: Wie wollten glauben. Der
Absturz konnte nur ein böser Traum sein. Im nächsten Moment
würden wir aufwachen und durch den Schleier des Halbschlafs
den angenehmen Bariton von Friedhelm Busch vernehmen:
»Heute neue Höchststände auf dem Parkett, Dax wieder über
8000 ...« Wir pfiffen so laut im Walde, wie es nur ging. Doch es
reichte nicht, um die Cassandra-Rufer zu übertönen. Die bittere
Erkenntnis kroch uns den Rücken rauf: Aus »Faites vôtre jeux«
war »Rien ne va plus« geworden.

Todesmeldungen kamen in immer schnellerer Folge. Den Rei-
gen eröffnete im Mai der schwedische Klamottenshop Boo.
100 Millionen Dollar in nur einem Jahr hatte das verdammt gut
aussehende Gründerduo – bei denen musste man Geschäftsmodell
mit nur einem »l« schreiben – durchgebracht. In puncto Prassen
konnte Boo vor der Pleite keiner das Wasser reichen. Bei der Firma
gab es Flachbildschirme für jeden (damals noch ein Super-Luxus),
die TV-Werbespots drehte der Sohn von Francis Ford Coppola, und
auf Boo-Partys traf man regelmäßig das brasilianische Supermodel
Gisèle Bündchen an. Loderte bei den meisten Start-ups nur ein
kleines Geldfeuer, verbrannte Boo das Kapital im Hochofen. Frivo-
ler Höhepunkt der Largesse: Für die Frisur des Firmenmaskott-
chens Miss Boo flog man einen berühmten Haarstylisten aus New
York ein. Die Dame bestand wohlgemerkt aus Bits und Bytes. Nur

das Webangebot war Mist. Und deshalb ging die Sache schief. Die Zeitschrift *brandeins* schrieb treffend in ihrem Nachruf:»Boo war wie Paderborn – was man wollte, war nicht da.«
Ungebremst ging das Sterben der Start-ups weiter. Horrormeldung folgte auf Horrormeldung. August: Dressmart, ein Herrenausstatter, geht Pleite, genau wie Living, ein amerikanisches Unternehmen, das tatsächlich Möbel übers Web verkaufen wollte. September: Mit Gigabell macht das erste Unternehmen am Neuen Markt dicht, der schöne David von Fixefaxe war fix und fertig. Oktober: Wir nehmen Abschied von Boxman, einem CD-Versender. November: Die Amis können kein Tierfutter mehr im Web ordern; Pets.com geht unter; nur das knuddelige Maskottchen, ein Strumpf mit Knopfaugen, überlebt. Später dazu mehr. Für die unschöne Bescherung zum Jahresende sorgte Letsbuyit.com, die Einkaufsgemeinschaft. 93 Millionen Euro in 9 Monaten zu vernichten hatte anscheinend nicht gereicht. Und auf der Internetseite von Cyland.de fand sich über Nacht nur noch der Hinweis:»Für die Firma Cyland AG, HRB 9275, wurde das Insolvenzverfahren eröffnet. Diese Webseiten sind nur noch von historischem Interesse.« Ein paar Frühnostalgiker sammelten dergleichen in einer Liste von so genannten Ghostsites (Adresse im Anhang).

Weit über 500 Internetbuden machten in diesem Jahr allein in den USA dicht. Da half nur noch Beten. Das dachte wahrscheinlich auch eine New Yorker Kirche und richtete seinerzeit einen eigenen Service für ehemalige Dotcommer ein. Rappelvoll war der Gottesdienst immer, dicht gedrängt saßen die Twentysomethings in den Reihen, um der Predigt zu lauschen, zum Thema:»Glaube, Hoffnung und Liebe in der New Economy.«

Deutlich säkularer ging die *Welt* die Sache an. Sie befragte zum Jahreswechsel die Sterne zur Zukunft der Wildwirtschaft. Hier lernten wir als Erstes: Das Internet ist Waage – am 20. Oktober 1969 hatten kalifornische Wissenschaftler schließlich die erste E-Mail verschickt. Dann die Charaktereigenschaften:»Grundsätzlich sind Waagen höchst angenehme Zeitgenossen, mit denen es sich trefflich bei einer Tasse Tee plaudern lässt.« Aha, und was ist mit der Zukunft des Netzes?»Das Jupiterjahr ist für Sie, liebe Waage, ein Jahr des Umbruchs und des Wachstums.« Gerade mit Letzterem lagen die Sterne leider heftig daneben.

Auch sonst brütete der Absturz allerlei Skurrilitäten aus. So kürte das renommierte *Consulting Magazine* in seiner Juni-Ausgabe den »New-Economy-Manager des Jahres«. Um mit der Zeit zu gehen, entschied man sich nicht für einen Berater von Weltformat, etwa einen alten Hasen von McKinsey oder Andersen Consulting. Nein, es musste der junge Chef des nahezu unbekannten Internet-Dienstleisters iXL sein. Diese Entscheidung für David und gegen Goliath sollte sich schnell rächen. Denn schon im Oktober war iXL so gut wie Pleite, alle 350 Mitarbeiter saßen auf der Straße. David hatte sich mit der Zwille ins eigene Knie geballert. Und der arme »New-Economy-Manager des Jahres« konnte sich nicht mal drei Monate über seinen Titel freuen.

Doch nicht nur für Gründer und Manager folgte auf Hochmut der Ernstfall; vor allem die Kleinanleger mussten bluten. Getreu dem bekannten Song der Supremes war kein Berg hoch und kein Tal tief genug. Schwindelerregende Abstürze beherrschten die Schlagzeilen. So brachen die Aktien der deutschen Firma Gigabell innerhalb weniger Monate um 98,9 Prozent ein. Das war Europarekord! Nur eine britische Auktionsseite lag mit 99,1 Prozent darüber.

Dass eine Pleite auch durchaus positive Seiten haben kann, bewies dagegen der amerikanische CD-Versender Musicmaker: Dessen Aktien stiegen nach einem langen Siechtum im Januar 2001 wieder steil an. Der Grund? Das Management hatte verkündet, die Webseite dichtzumachen. Ob dieser Nachricht jubelten die Investoren regelrecht, weil sie erwarteten, dass der Ausverkauf der Büromöbel und Server mehr einbringen würde als das eigentliche Geschäft. So wurde der einzige Verkaufshit von Musicmaker das eigene Requiem.

Schluss mit lustig

»Die Leute entlassen, das war das Schlimmste.« Wer die ehemaligen Protagonisten der Wildwirtschaft heute nach dem traurigsten Moment ihrer Karriere befragt, bekommt von allen die gleiche Antwort: Den ersten Mitarbeiter kündigen, den ersten Aufhebungsvertrag aufsetzen, den braunen Karton für das Zeug auf dem Schreibtisch hinstellen – das war das Schlimmste. Waren die Youngster schon mit dem normalen Management überfordert, brach spätestens in diesem Moment die totale Hilflosigkeit aus. Es wurde Ernst für die Schönwetterkapitäne.

»Wie entlässt man jemanden? Das muss du erst mal lernen«, sagt Wolfgang Macht heute. Wenn der junge Szenetyp mit seinen Strubbelhaaren von diesen Momenten Anfang 2001 erzählt, sieht er plötzlich viel älter aus als seine 36 Jahre. »Ich habe alle Entlassungsgespräche selbst geführt«, gibt er nicht ohne Stolz zu Protokoll. Aber als die tolle Perle oder Projektleiterin gehen musste, »da habe ich mitgeheult«. An diesem Punkt ist der Stolz plötzlich weg. Macht, der forsche Gründer, wirkt verletzlich und sensibel. Man spürt förmlich die Hilflosigkeit und Verzweiflung von damals. Er, der Idealist, wollte eine neue Wirtschaft schaffen und musste sich trotzdem benehmen wie ein herzloser Kapitalist. Sein »Experiment«, wie er es nennt, schien gescheitert. »Die Versuchung war groß, eine herzliche E-Mail an alle zu schicken.«

Und viele Chefs erlagen der Versuchung. In einigen Firmen zirkulierten tatsächlich E-Mails mit der Betreffzeile »Dein Aufhebungsvertrag«. Oder die Geschäftsleitung verfuhr nach dem Motto »die Guten ins Töpfchen«. Beim Anzeigenportal Versum in Düsseldorf etwa wurde die Belegschaft per Mail aufgeteilt. Wer bleiben durfte, wurde vom Chef in Konferenzraum eins bestellt. Hier legte die Geschäftsleitung PowerPoint-Folien mit der neuen Strategie auf. Wer eine Einladung in Konferenzraum zwei bekam, musste gehen. In dieser Runde wurden nur noch Entlassungspapiere ausgeteilt.

Bei keinem Thema von damals haben sich die jungen Manager mit so wenig Ruhm bekleckert wie bei den Entlassungen. Mangelnde Erfahrung mag ein Grund für viele Patzer gewesen sein. Doch aus einigen Maßnahmen sprach schiere menschliche Unzulänglichkeit. Ein Beispiel: 750 britische Mitarbeiter des Beratungsunternehmens Cap Gemini Ernst & Young erwartete an einem Mittwochmorgen im Jahr 2001 folgende Botschaft auf dem Anrufbeantworter:»Wir müssen Ihnen mitteilen, dass Sie entlassen sind.« Es war der Chef höchstpersönlich. Auf diesen Fehltritt angesprochen, erklärte der Vorstandsvorsitzende Maurice Abells unbewegt:»Der einfachste Weg, so viele Mitarbeiter auf einmal zu erreichen, ist schließlich die Voicemail.«

In einer New Yorker Firma ging es noch krasser zu. Hier wurde die Belegschaft von oben angewiesen, die nächsten 20 Minuten doch bitte am Schreibtisch zu bleiben und auf einen Anruf zu warten. Dann klingelte die Personalabteilung bei jedem an, der entlassen werden sollte – und all das in einem offenen Büro, wo jeder mithören konnte. Zitternd kauerten die Dotcom-Drohnen an ihren Tischen und harrten auf das Ende. Das alte Diktum von den näher kommenden Einschlägen wurde hier traurige Realität.

An haarsträubenden Storys aus der Zeit des Sturzflugs mangelt es nicht. Da wurden Mitarbeiter vom Sicherheitsdienst herausgeführt, auf Seminare geschickt, um dann ihr Büro leer zu räumen, oder man sperrte sie einfach aus, indem man die Zutrittskarte zum Büro entwerten ließ. Diese Storys kursierten quer durch die Wildwirtschaft und sorgten allerorts für Panik. In der Folge glichen die Büros vieler Agenturen damals den Handelssälen an der Frankfurter Börse. Alle zehn Minuten checkten die Mitarbeiter im Ticker den aktuellen Börsenkurs ihres Arbeitgebers. Nur kurz den finanziellen Puls fühlen. Leben wir noch?

Anfangs war eine drohende Pleite ja noch unterhaltsam. Da riefen im Minutentakt die Headhunter an und machten unmoralische Angebote. Aber irgendwann stand das Telefon still, und wenn es klingelte, blieb den Mitarbeitern fast das Herz stehen. Dass Auftraggeber anriefen, erschien zunehmend unwahrscheinlich.

Also blieb nur der Chef, und gute Nachrichten verkündete der sicher nicht. Unser erster Reflex war natürlich, die Sache mit guter Laune zu überspielen. Wir haben doch immer noch Spaß, oder? Oder?! So sperrten einige Witzbolde beim Düsseldorfer Internet-Anzeigenmarkt Versum aus Jux einem neuen Mitarbeiter sowohl den PC als auch die Zutrittskarte zum Büro. Das war eine Supergaudi zu sehen, wie der erst verdutzt, dann panisch auf Eingangstür und Rechner einhämmerte. In dem Moment war der Gag ja auch gut. Drei Tage später, als der Neue wirklich entlassen wurde, nicht mehr.

»Best Practice« nennt man in der Wirtschaft vorbildliches Management. Jetzt, in der Krise, gab es nur noch »Worst Practice« – auf allen Seiten: Der alte Graben zwischen Arbeitnehmer und Arbeitgeber riss wieder auf. Die Chefs und ehemaligen Kumpels wanden sich, wollten das Unvermeidliche bis zuletzt herauszögern. Sie ließen ihre Pressesprecher von »Einzelentlassungen« und dem deutschen »sanften Weg« der Entlassung schwafeln. Doch herausgekommen sind meist peinliche Eiertänze und Kündigungen nach der Salamitaktik. So versprach der Chef der Hamburger Firma Icon Medialab am 12. Februar 2001, dass es »keine Massenentlassungen« geben werde. Nur 16 Tage später erhielten 325 Mitarbeiter weltweit ihren Pink Slip.

Die gekündigten Mitarbeiter ihrerseits verloren die Geduld. Alles, wofür sie den Gang in die neue Wirtschaft angetreten hatten, erwies sich als Luftnummer. Flache Hierarchien bedeuteten nur noch, dass die Entlassungsmail vom Chef persönlich kam. Flexibilität hieß, dass man die Arbeit der entlassenen Kollegen ab sofort mit erledigen musste. Und mit Spaß verband man nur noch, den Boss bei Dotcomtod so richtig in die Pfanne zu hauen, einer Seite, die auf Todesmeldungen aus der Wildwirtschaft spezialisiert war. Die Revolution hatte ihre Kinder im wahrsten Sinne des Wortes entlassen. Und die rächten sich nun. So manches Entlassungsgespräch endete mit offenen Drohungen: »Wenn Sie eine Schlammschlacht wollen, dann bekommen Sie sie *jetzt*!« Vor den

Arbeitsgerichten startete die große Ausspielung: Wer kriegt den
goldenen Handschlag, wer nur den silbernen Fußtritt? Plötzlich
ging es unappetitlich in der jungen Wirtschaft zu, fast schlimmer
als in der alten.

Das letzte Sortiment

Nach einiger Zeit fanden wir uns mit der Lage ab. Aufhebungsvertrag, Abfindung, Kündigungsfristen – die Worte gehörten
schnell zu unserem Wortschatz. Ein gemeiner Abzählreim ging so:
»Zehn kleine Webdesigner waren erholt und gut gebräunt, einer
fiel ins Sommerloch, da waren's nur noch neun.« Die Mär endete
natürlich auf dem Arbeitsamt: »Dort sieht er die Kollegen stehen,
da waren's wieder zehn«. Passend zur neuen Stimmung im Land
hatte ein Bekannter die Domäne www.verbitterung.de eingekauft.
Die dazu passenden Mail-Adressen gingen weg wie warme Sem-
meln. Schließlich waren wir jetzt alle irgendwie @verbitterung.de.
Sarkasmus, diese Grundtugend unser Generation, hatte plötzlich wieder Hochkonjunktur. Man hatte unsere Version der Ökonomie deinstalliert, unser Leben optimismusentkernt. Was blieb,
war, sich auf den tief verwurzelten Zynismus zurückzuziehen, seit
jeher die Haltung eines Jahrgangs, der philosophisch immer
Homer Simpson näher stand als Adorno. Alte Werte waren wieder
gefragt. Und so schlugen wir unsere letzte Schlacht mit jenen
Waffen, die wir seit jeher beherrschten – Indifferenz und Ironie.
Und ironisch war es schon, was zum Beispiel die Gekündigten
der Düsseldorfer Firma Versum anstellten. Ursprünglich hatte
man ja große Pläne: Die Macher der Webseite wollten sämtliche
Zeitungsanzeigen ins Internet bringen. Folglich gab es Autover-
sum für Gebrauchtwagen, Immoversum für Häuser und Jobversum, einen Stellenmarkt. Leider starteten andere Firmen schneller,
und das Unternehmen scheiterte. Die Mitarbeiter der Jobbörse
standen selbst ohne Job da. Was liegt da näher, als die Webseite zu
schlechter Letzt für eigene Belange einzusetzen? Und so begannen

die Entlassenen ihre Suche nach einem neuen Arbeitgeber auf der Webseite ihres alten Arbeitgebers. Das Ergebnis waren bizarre Bewerbungsschreiben, die so anfingen:

»Sehr geehrte Damen und Herren! Mit großem Interesse habe ich Ihre Stellenanzeige auf der Seite der Jobversum AG gelesen. In Folge der Insolvenz und Liquidation der Jobversum AG suche ich derzeit eine neue berufliche Herausforderung. Deshalb würde ich mich gerne auf die von Ihnen ausgeschriebene Stelle bewerben ...«

Auch die Mitarbeiter von BOL, dem großen Internet-Versandhaus für Bücher und CDs, bewahrten sich ihren Sinn für Humor bis zum Schluss. Irgendwann 2002 wurde das Unternehmen vom Mutterkonzern Bertelsmann aufgegeben, obwohl die Geschäfte ganz gut liefen. Zu übermächtig sei die Konkurrenz durch Amazon gewesen, lautete die Begründung der mächtigen Mutter. Die leidgeprüften Angestellten nahmen's hin – und reagierten sich auf ihre Weise ab. Für wenige Stunden stellten sie ein ganz besonderes Sortiment auf die Startseite des Mediensupermarkts:

Amazon.com – der schnellste Weg groß zu werden wurde da plötzlich von der Buchredaktion empfohlen, im Hardcover für 24,90 Euro. Und direkt darunter bewarb man einen Band mit Grabinschriften sowie den Titel *Wieder so ein Scheißtag im Büro* aus dem Piper Verlag (den war damals bezeichnenderweise wirklich gerade neu erschienen). Außerdem legte die Buchredaktion den Surfern *Feine Freunde* von Donna Leon ans Herz sowie den Roman *Schachmatt*. Doch das letzte Sortiment umfasste die ganze Angebotspalette. Im Musikbereich stand das Album *Bis zum bitteren Ende* von den Toten Hosen ganz oben, obwohl die Platte schon 15 Jahre alt war, bei den Computerspielen der Titel *No one lives forever*.

Feuern und feiern?

Berlin, April 2001, die Reinbeckhallen in Oberschöneweide, eine ehemalige Transformatorenfabrik. Ziemlich genau der Charme, den die Wildwirtschaft früher so schätzte. Nur dass der anscheinend nicht mehr wirkt. An diesem lauen Frühlingsabend sollte es nämlich hoch hergehen – mal wieder. Über 1000 Gäste werden erwartet. Man will wieder mal Party feiern like it's 1999. Doch an diesem Abend bleibt der Dancefloor leer. Ein paar versprengte Gestalten drücken sich in den Ecken herum, darunter ein Zopfträger mit Pinguin-Anstecker am Revers, dem Maskottchen des alternativen Betriebssystems Linux. Nur in der VIP-Lounge nebenan gibt es noch Anzeichen von Reststimmung. Hier stehen die Gäste dicht gedrängt, Go-Go-Girls *grinden* etwas unmotiviert herum. Sie tragen Hüte und BHs in Kuhfelloptik. Weiß Gott, was das mit dem Motto des Abends zu tun hat. Wahrscheinlich nichts. Denn eigentlich sollten an diesem Abend die Entlassenen der Wildwirtschaft abfeiern. Eine Pink-Slip-Party sollte es werden, und selbstverständlich die größte deutsche aller Zeiten. Dripke hat schließlich die Öffentlichkeitsarbeit gemacht. Und so funktioniert zumindest der PR-Teil des Konzepts: Die einzig zahlreich erschienenen Besucher kommen nämlich von der Presse. In der VIP-Lounge quetschen sie sich alle aneinander, von *Net-Business* bis *WebWelt*. Doch mangels Interviewpartner müssen sich die Damen und Herren untereinander befragen. Und so entwickelt sich die größte deutsche Pink-Slip-Party zumindest zu einer großen Presseparty.

Die Idee hatten die Veranstalter aus den USA importiert. Jenseits des Atlantik feierten damals die Geschassten der Netzwirtschaft tatsächlich rauschende Feste. Wer den Pink Slip, das rosafarbene Entlassungsschreiben, gerade einkassiert hatte, zog direkt auf die Piste, um den nächsten Job klar zu machen. Die Partys wurden von Headhuntern gesponsert, die unter den Gestrauchelten für ihre Kunden auf die Jagd gingen. In New Yorks Kneipen etwa spielten sich solche Szenen ab: In der *Rebar* in Chelsea ist der Boom ausgebrochen. Seit die Personalberater von *The Hired Guns* ihre wöchentliche Pink-Slip-Party schmeißen, brummt der Laden. Die Gästezahlen explodieren heftiger als der Dow Jones im Sommer 1999. Die jungen Drohnen von der Silicon Alley, bevorzugter Standort der Internetwirtschaft im Big Apple, lachen, trinken und haben einen Riesenspaß. Man kippt Drei-Dollar-Budweiser in sich hinein und tauscht Visitenkarten aus – natürlich erst, nachdem man sie mit dem Kuli korrigiert hat:»Äh, die ist von meinem letzten Job.«

So richtig ausgelassen ist die Stimmung allerdings nicht. Schließlich wurde man gerade entlassen – im sozialhilfefreien Amerika nicht gerade eine Lappalie. Und so stehen die Gäste ein wenig hin- und hergerissen herum. Einerseits fühlt man das dringende Bedürfnis, sich die Kante zu geben. Andererseit gilt es, vor den anwesenden Headhuntern nicht allzu bemitleidenswert zu wirken. Auch das Grüppchen auf der Tanzfläche wirkt etwas unsicher. Erst mimen sie den Kopfnicker, dann bewegen sie die Arme – dann hören sie ganz auf. Sie haben gemerkt, dass sie zu *Maneater* von Hall & Oates schwofen. Lieber nicht, das könnte den nächsten Job kosten.

In Deutschland stand dagegen niemandem der Sinn nach Tanzen. Das Konzept *feuern und feiern* bombte hier zu Lande heftig. Dabei hatte es uns noch vergleichsweise mild getroffen. Allein im Monat April wurden in den USA über 17 000 Menschen bei Dotcoms entlassen. Die deutsche Wildwirtschaft brachte es damals insgesamt nur auf magere 6000. Vielleicht fehlte für das rechte Pink-Slip-Feeling also nur die berüchtigte »kritische Masse«? Aber vielleicht war die Masse auch zu kritisch und hatte schlichtweg keine Lust, die Entlassung zum Partyanlass zu verniedlichen? Pink-Slip-Events, das letzte Aufbäumen der Spaßgesellschaft mit beschränkter Haftung, waren bei uns ein Mega-Flop. Es gab schlichtweg keinen Bedarf für einen Abschied mit Fun-Faktor.

Die Ironie der Geschichte: Veranstalter der vermeintlich größten Pink-Slip-Party war der Chef eines bekannten Start-ups. Er galt als typischer *Cyberserker*, so einer, der immer unter Volldampf stand. Nur mit dem Feuern, da tat sich der Herr anscheinend schwer. Eine Kollegin erinnert sich:»Der hat bis zuletzt auf ›alles okay!‹ gemacht« – und das Aushändigen der Entlassungspapiere seinen Managerkollegen überlassen.

Boom der Bestatter

Eigentlich lief in Lanus Leben alles glatt. Glücklich lebte die Hausfrau und Mutter in einem Berliner Reihenhaus. Jeden Morgen schmierte die Mittdreißigerin ihren Kindern die Pausenbrote. Sie fegte das Treppenhaus. Sie bügelte ihrem Mann die Hemden und half ihm, so gut es ging. Der Arme hatte es auch nicht leicht: Tag und Nacht schuftete er bei einem Start-up. Als Karotte hatte man dem Esel Aktienoptionen vor die Nase gehalten. Reich, schwerreich würden die ihn machen, versprach man. Doch daraus wurde nichts. Er wurde entlassen, das Glück war aufgebraucht. Und Lanu brütete beim Bügeln ihre Rache aus: Sie wollte eine Internetseite eröffnen, auf der die geschundenen Drohnen der Netzwirtschaft ungeschminkt die Wahrheit verkünden können. Auf dass andere nicht auf die falschen Verheißungen der Wildwirtschaft hereinfallen.

So weit die Lebensgeschichte von Lanu, zumindest die offizielle Version. Ob das der wahre Lebenslauf ist, bleibt fraglich. Schließlich haben die Amerikaner zum Wert der Wahrheit im Internet den schönen Satz geprägt:»Im Netz weiß niemand, dass du ein Hund bist.« Ob Lanu wirklich Hausfrau ist – oder gar weiblich –, bleibt also offen. Fest steht: Die Dame war zu Zeiten des Niedergangs die meistgehasste Person im Net-Set. Denn die von ihr betriebene Webseite Dotcomtod versetzte Gründer und Geschäftsführer landauf und landab in Angst und Schrecken. Wie lange halten wir noch durch? Wann dreht die Bank den Geldhahn zu? Wann kommt der Liquidator? Oft konnte man auf Dotcomtod lesen, was selbst die Betroffenen noch nicht wussten.

Das Prinzip der Seite: Angestellte der Wildwirtschaft konnten auf Dotcomtod anonym die neuesten Schreckensmeldungen von ihrem Arbeitgeber posten. Für Negativmeldungen wurde ein »Boo« vergeben – in Anlehnung an die spektakulärste schwedische Pleitefirma. Je mehr Neuigkeiten ein Mitglied ins Forum einstellte, desto höher kletterte er in der Rangordnung der Seite. Einige

Spitzel erarbeiteten sich so eine gewisse Prominenz, das Mitglied DonAlphonso brachte es sogar bis zu einem Buchvertrag. Neu war die Idee allerdings nicht. In den USA hatte Fucked-Companies mit dem gleichen Konzept schon großen Erfolg. Der Macher hinter der Seite, ein gewisser Philip Kaplan, verdiente seinerzeit Unsummen mit den Beitragszahlungen der Mitglieder. Den Niedergang zu verwalten hatte sich zu einer Wachstumsindustrie entwickelt. Und was es auf der Webseite zu lesen gab, war jeden Cent wert – ein wahres Panoptikum an Webwahnsinn: Da berichtet der Angestellte des Möbelversandes Furniture, wie tagtäglich 200-Dollar-Tische verschickt wurden – kostenlos natürlich. Die 300 Dollar Porto trug das Unternehmen. Oder man liest die Geschichte der ersten Internetbank Wingspan, die jedem Neukunden 100 Dollar gutschrieb und sich nach 10 000 Registrierungen wunderte, dass das eigene Geld langsam knapp wurde.

So urkomisch diese Geschichten auch waren, so vorsichtig musste man sie genießen:»Ich kann jede alte Meldung löschen und sagen, ich hätte sie nie geschrieben«, gab Seitenbetreiber Kaplan offen zu,»das hab ich schon ein paar Mal gemacht.« Journalistisches Ethos, Ausgewogenheit, Fairness – danach suchte man bei FuckedCompanies vergebens.

Und auch Dotcomtod war nur anfangs unterhaltsam. Zu Boomzeiten sorgte Lanus Seite für das dringend nötige Gegengewicht zu den Dampfplauderern der Wildwirtschaft. Doch irgendwann schrumpfte das Lästerforum zu einem Ventil für Frustrierte zusammen. Eifrige Blockwarte aus der Sachbearbeitung klugscheißerten plötzlich über Business-Strategien, nach dem Motto: »Die da oben haben ja keine Ahnung!« Obrigkeitsschelte ersetzte Schelmisches. Ein Kartell von Klassenkämpfern und Kleinredern nistete sich bei Dotcomtod ein.»Unterlasser statt Unternehmer« seien da am Werk, schrieb das *Manager Magazin* richtig. Und nach einiger Zeit gesellten sich Kriminelle dazu. Spätestens als das vertrauliche Schreiben eines Insolvenzverwalters auf Dotcomtod auftauchte, hatte die Seite ihre Existenzberechtigung verwirkt.

Unter dem Deckmäntelchen der freien Meinung betätigten sich nur noch Versager und Vigilanten.

Jimmy singt den Dotcom-Blues

Die ersten Freunde und Bekannten entlassen, die ersten Internetbuden endgültig geschlossen, die Börse ein Schlachtfeld. Spätestens Ende 2001 bestand kein Zweifel mehr: Unsere Landung nach dem Sturzflug würde hart werden. Gebeutelt waren vor allem die Anleger unter uns. Sie hatten in kurzer Zeit fast alles verloren. Triumphierende Sparbuchspießer verbreiteten damals folgende Rechnung: Wer vor anderthalb Jahren am Neuen Markt 1000 Euro angelegt hatte, dessen Depot war nur noch 90 Euro wert. Hätte derjenige vom gleichen Geld aber jede Woche einen Kasten Bier gekauft, sähe die Bilanz besser aus. Zunächst hätte er jede Woche 20 Flaschen Bier trinken können. Schon nicht schlecht. Und dann wären noch 200 Euro Pfand übrig.

Bierpfand schlug die Börsenkurse – es war einfach deprimierend. Selbst unsere geliebten Internetmagazine gingen den Weg alles Irdischen: *Business 2.0* war schon im Mai eingestellt worden, *Net-Business* folgte im August, die *WebWelt* schrumpfte wieder auf eine Seite zurück – und selbst diesen spärlichen Platz musste sie sich am 18. August mit den Todesanzeigen (sic!) teilen. Auch aus den USA kamen schlechte Nachrichten. Der *Silicon Alley Reporter*, ein Insidermagazin mit Kultstatus, machte dicht. Dessen Macher kommentierte das Aus lakonisch so: »Die Internet-Story is' durch.« Und die Internetbibel *Wired* trat zwei Monate später nach, mit dem programmatischen Artikel: »Der Tod der New Economy«.

Wie Mehltau legten sich Indifferenz und Pessimismus über die Internetgemeinde. Währenddessen übte sich die alte Wirtschaft in Häme: »Was macht eigentlich Ihr Discount-Broker, wenn Sie ihm die Vertrauensfrage stellen?« Mit diesem Slogan warben die Sparkassen am 28. November in der *FAZ* für ihre Finanzdienste. Das Motiv darunter: ein einstürzender Tempel, frappierend ähnlich dem Logo des Online-Brokers Consors. Eine Viertelseite war der Spießerkasse dieser Diss Richtung Wildwirtschaft wert. Arm. Denn eigentlich verbarg sich dahinter nichts anderes als die Freude des Lahmen über den Sturz des Sprinters. Schadenfreude hatte Hochkonjunktur. Gerade in Deutschland hatte die Siehste-Fraktion schnell die Oberhand gewonnen. Das scheint eine nationale Spezialität zu sein. Jedenfalls haben die Amerikaner das Wort »Schadenfreude« in ihren Wortschatz aufgenommen – weil sie selbst dafür keinen eigenen Begriff kennen.

In den USA ging man mit dem Niedergang pragmatischer um. Auf sieben fette Jahre (die New Economy hatte dort viel früher angefangen) folgen sieben magere, das wissen die Amis schon seit Goldrauschzeiten. Und so beschränkte man sich jenseits des Atlantiks darauf, den Niedergang nüchtern zu diagnostizieren. Die Presse berichtet von Menschen, die Juwelierläden im Silicon Valley stürmten, um die zu Boomzeiten gekauften Geschmeide zurückzugeben. Das *Wall Street Journal* widmete einen langen Artikel dem geplatzten Bauprojekt der Firma Priceline. Deren Chef wollte für 7,5 Millionen Dollar ein Mega-Anwesen mit zwei Pools bauen, verhob sich aber finanziell, so dass außer einer Bauruine nichts dabei herauskam. Die Firma war zu Boomzeiten durch ihren enormen Geldhunger bekannt geworden: Eine Million Dollar verbrannte Priceline damals – an einem Tag.

Auch die New Yorker Community musste nach etlichen Pink-Slip-Partys einen Gang zurückschalten. Früher lag die Luxuslatte hier besonders hoch. Branchentreffen fanden im Nachtklub des Waldorf Astoria statt, Eisskulpturen für 500 Dollar das Stück säumten den Raum, allein 12 000 Dollar wurden bei einer Party des *Silicon Valley Reporters* für Kaviar ausgegeben. Jetzt war Schmalhans Küchenmeister, und man suchte sich als Erstes einen etwas günstigeren Partyraum aus. Die Szene beschloss: Ab sofort würde man sich bei McDonald's in Manhattan treffen.

Der Spaß am Spielen ist den Amis scheinbar selbst im Crash nicht vergangen. Die Werbeagentur Cool Studio brachte jedenfalls ein eigenes Kartenspiel namens »Burn Rate« heraus. Zielgruppe des nicht ganz ernst gemeinten Games waren gekündigte Dotcommer. Der Spielablauf: Jeder Teilnehmer sucht sich eine möglichst idiotische Geschäftsidee aus. Zur Auswahl stehen: Online-Tiergeschäft, kostenlose Computer, eine Internetwährung und andere realitätserprobte Reinfälle. Na ja, und dann es geht es nur noch darum, wer am meisten Geld verbrennt und sein Business möglichst schnell gegen die Wand fährt.

Den wohl perfekten Soundtrack für das lustige Geld-Grillfest lieferte der Jazz-Organist Jimmy Smith. Im Februar 2001 hatte der altgediente Mucker seine neue Platte vorgestellt. Der Titel des Albums lautete *Dot-com Blues*. Angeblich hatte der Altmeister den Silberling aus Ärger darüber, nicht mit seinem Rechner ins Netz zu können, aufgenommen. Ob das stimmt, bleibt unklar. Fest steht: Smith ist ein Mann, *older* economy geht's schon gar nicht. Früher hatte er mit Größen wie B.B. King, Taj Mahal und Dr. John gemuckt. Und jetzt intonierte er also das Requiem für die Wildwirtschaft. Smith griff in die Tasten, während Etta James dazu säuselte: »I don't want to be no slave, I don't want to work all day.«

Ähnlich sahen das anscheinend auch die Angestellten in der Wildwirtschaft. »Twentyfour-Seven« arbeiten, also 24 Stunden am Tag, sieben Tage die Woche, war verpönt. Für die verbleibenden Träume wollte keiner mehr auf Schlaf und Sozialleben verzichten. »Ich schleppe mich nur noch über die Runden«, sagten 47 Prozent

Didn't wake up this morning ...
Bluesman Smith besingt den Tod der New Economy, Plattencover, 2000
© Verve Music Group

aller Angestellten aus der Internetwirtschaft bei einer Umfrage von de.internet.com Ende 2001. Die Zeiten, in denen ein Job in der Wildwirtschaft noch Fun versprach, waren vorbei. Wir waren einfach müde geworden.

Touch-down der Start-ups

Oktober 2001. Peer-Arne Böttcher, der ehemalige *Golden Boy* von Hamburg, greift zum Besen. Sein Traum ist zerbrochen, und er muss ihn selbst zusammenfegen. Der Gründerglamour ist ab, die Firma pleite, sein Partner hat sich mit ihm überworfen, bricht sogar ein Gerichtsverfahren vom Zaun. Jetzt muss Böttcher, der gefeierte Superjungunternehmer, der ehemalige »neue Chef – jung, clever, reich« *(Bild)* die Insolvenz allein durchstehen. Eigenhändig fegt er an einem trüben Oktobertag die Büroräume der Böttcher Hinrichs AG am Hamburger Gänsemarkt aus. Poster, Plakate, Kickertisch, die Insignien der Wildwirtschaft sind längst entfernt. Kahler Waschbeton gähnt den ehemaligen Highflyer an. Deprimierend, aber es hilft ja nichts: Alles muss wieder »vermietfähig« gemacht werden.

Fast auf den Tag genau anderthalb Jahre zuvor war hier noch der Schweiß von den Wänden getropft. Man hatte die Housewarming Party gefeiert, die Nacht durchgetanzt, ein Bad in gesponsertem Caipirinha genommen – um dann am nächsten Morgen wieder im Vorstand den nächsten Mega-Deal einzutüten. Jetzt tütet der Vorstand nur noch den zusammengefegten Dreck ein und bringt ihn raus. Danach geht alles sehr schnell. Nur sieben Minuten dauert die Gläubigerversammlung am Amtsgericht. Viel ist nicht zu verteilen, und zum Schluss muss der ehemalige Vorstandsvorsitzende noch mit ansehen, wie die Konkursmasse in seinen ehemaligen Büroräumen versteigert wird.

Etwa zur gleichen Zeit klingelt bei der Frankfurter Telemall das Telefon: »Guten Tag, Herr Leinert, wir haben eine gute Nachricht für Sie«, säuselt die freundliche Dame ins Telefon, »Ihre M-Klasse

ist da«. Das Timing hätte schlechter nicht sein können. Jens Lei-
nerts Firma steht kurz vor der Insolvenz, und der Gründer hat
wahrlich schon genug Geldsorgen. Sein Traum vom virtuellen
Einkaufszentrum, ausgebrütet auf einem sonnenbeschienenen
Studentenbalkon, ist ausgeträumt. Und während die nette Dame
von Benz durch die Leitung frohlockt, weiß »On-Lines« längst:
Den schwarzen Geländewagen, zu Boomzeiten bestellt, wird er
niemals fahren, geschweige denn bezahlen können. Leinert windet
sich, versucht das Autohaus zu bequatschen. Doch zurücknehmen
wollen die den Wagen natürlich nicht. Und so wird sich Mercedes-
Benz später hinter den restlichen Gläubigern anstellen müssen.

Leinert selbst steht vor dem Scherbenhaufen seines kurzen
Unternehmerlebens: 100 000 Euro Schulden, Mahnbescheide,
obendrein noch ein Prozess um eine Internetadresse prasseln auf
den Youngster ein. Bei Leinert kommt das Ende im wahrsten
Sinne des Wortes richtig dick. Dabei ist der eigentliche Gang zum
Amtsgericht noch das Geringste: »Die waren total nett, hätten uns
fast noch einen Kaffee angeboten.«

Szenenwechsel. Büros der Firma Dooyoo, Berlin. Auch René
Kaute packt ein. Seine Firma ist zwar nicht Pleite gegangen, aber
aufzubauen gibt es hier nichts mehr. Längst musste das Management die Hälfte der Belegschaft entlassen, man köchelt das Business auf kleiner Flamme weiter. Das ist nichts für den Macher
Kaute. Und so bringt der ehemalige TV-Produzent wieder alles auf
Anfang. Er räumt seine Bude in Berlin aus; 340 D-Mark hatte die
Einrichtung insgesamt gekostet, Bett, Schrank, Garderobenstange
– alles von Ikea. Die Klamotten lagen immer im Eisschrank, »war
eh nie was drinnen«, witzelt der Gründer heute. Auf dem Weg
nach Berlin im Oktober 1999 hatte er sich mit seinen Kumpels
noch zu sechst in einen Transporter gequetscht. Zurück fährt er
allein. Die gesamte Existenz passt in einen Kombi. 16 Stunden
braucht Kaute für die Rückfahrt ins heimische Köln; irgendwo
hinterm Wannsee gibt es eine Vollsperrung auf der Autobahn.
Dieses Detail ist alles von diesem Tag, woran sich der damals 31-
Jährige heute noch erinnert. Ein Ende mit Schrecken gab es für

René Kaute nicht. Am Schluss sollte der Abschied von der Wildwirtschaft aber länger dauern als 16 Stunden. »Ich habe über ein
Jahr gebraucht, das zu verarbeiten.«

Doch nicht nur die Start-ups zerbrachen beim Touchdown. Wir
alle waren unten angekommen. Ganz unten. Unsere Helden
hatten abgedankt. Statt von Dotcom sprachen alle nur noch von
Dotbomb. Weit über 1000 Internetfirmen mussten im Jahr 2001
für immer ihre Portale schließen – allein in den USA. Und auch
bei uns verging kein Tag ohne Hiobsbotschaften: So lasen sich die
Tickermeldungen beim Infodienst Pressetext Deutschland am 9.
Juli so: »Esec baut 250 Stellen ab«, »MVL meldet Konkurs an«,
»Update.com entlässt 75 Mitarbeiter«, »MIS schraubt Umsatzprog-
nose zurück«, »Webvan lässt Rollbalken runter«, »SomeSay wird
liquidiert«. Und das alles an einem Tag! Den armen Redakteuren
drohten langsam die Umschreibungen für Pleite auszugehen.

Beim Online-Spielzeughändler eToys beschloss man, das Ende
wenigstens mit Stil zu begehen. In der Mitte des firmeneigenen
Netzwerkcenters, zwischen Serverracks und zahllosen Monitoren,
bauten die Techniker eine letzte Killer-Applikation auf: einen
kleinen, unscheinbaren Lichtschalter. Er startete eine Reihe von
Programmen, die die Webseite herunterfahren sollten. Nachdem
die Insolvenz besiegelt war, hielt man eine Zeremonie ab: Am
7. März 2001 versammelten sich alle Mitarbeiter im Technikraum,
Chef Toby Lenk schritt herein, trat an den Schalter und klick –
eToys war Geschichte. Der Letzte hatte das Licht ausgemacht.

Plötzlich tauchten überall Zeichen des Untergangs auf: Mit City-
Scooter machte in Deutschland ein führender Versand von Kickrol-
lern dicht. Der US-Versender Buy.com veranstaltete am 1. Oktober
einen »Not-going-out-of-sale«-Verkauf, um den Kunden zu zeigen:
Hurra, wir leben noch! Und beim Investmenthaus Merrill Lynch
setzte bereits der Revisionismus ein. Die Aktienhändler erhielten
in einem internen Report die Weisung, ihre Analysen künftig nur
noch »exklusive der Blasenperiode« zu erstellen. Sprich: Sie sollten
so tun, als ob der Boom nie passiert sei.

Aber betroffen vom Crash waren beileibe nicht nur die kleinen Dotcom-Klitschen. Selbst bei Giganten wie Siemens flogen die ersten Mitarbeiter raus. 183 000 Menschen europaweit mussten allein bis zum Sommer 2001 ihren Schreibtisch in den berüchtigten braunen Karton entleeren. Das Schlimmste daran: Plötzlich waren *wir* an allem schuld. »Das liegt alles am Internet«, konnte man an Stammtischen hören. Natürlich war das die reinste Dolchstoßlegende: Grob geschätzt arbeiteten in Deutschland damals allerhöchstens 50 000 Menschen in der Wildwirtschaft. Der harte Kern der Webökonomie erwirtschaftete, nüchtern gesehen, unwesentlich mehr als die Industrie für links drehende Mobiles. Und diese Randgruppe sollte für den Crash des Jahrtausends verantwortlich sein? Unwahrscheinlich. Für die Deutschland AG bot der Crash lediglich das perfekte Alibi dafür, *Underperformer* in den eigenen Reihen auszusieben.

Aber unser Ruf war nun mal ruiniert. Die Halbseidenfraktion rund um die Haffa-Brüder war mit ihrem Porsche durch den Porzellanladen gerast. Und obwohl EM.TV nie wirklich etwas mit der New Economy zu tun hatte, stand das Urteil der Öffentlichkeit ab sofort fest: Alles gierige Betrüger, diese Internettypen. Man hatte die Buhmänner identifiziert: Schmid, Schambach, Neef, Kabel. Aus den Stars waren Parias geworden. Die Blender schienen überführt. In diese Stimmung passte auch die Untersuchung des US-Autors Kim Collins. Er hatte sich wochenlang mit einem Haufen Videokassetten eingeschlossen und die öffentlichen Auftritte der New-Economy-Chefs in den Boomjahren ausgezählt. Danach verglich er die Zahlen mit der wirtschaftliche Lage ihrer Unternehmen. Das eindeutige Ergebnis: Je häufiger der Boss vor der Kamera stand, desto heftiger fiel die Pleite seiner Firma aus.

»Gefallene Helden – Nadelstreifen besiegen Pop-Ökonomie«, titelte die *Welt* Anfang 2002 und bildete die Gesuchten in Steckbriefgröße darunter ab. Fehlte nur noch die Bildunterschrift: Gesucht wegen erwiesener Tätigkeit als Visionär, illegalem Über-den-Tellerrand-Hinausdenken sowie unverschämt guter Kleidung. Die gleichen Reporter, die auf Haffas Yacht in Cannes noch

Schampus geschlürft hatten, übten sich nun in ihrem neuen
Hobby:»CEO-Bashing«, immer drauf auf die Chefs. Her mit der
Glosse gegen die Bosse. Für die jungen Gründer war das beson-
ders schlimm:»Niemand hat gesagt: ›Toll, dass du für zwanzig
Menschen mal einen Arbeitsplatz geschaffen hast‹«, sagt Jens
Leinert heute mit kaum überhörbarer Verbitterung.»Der Lines,
der uns immer die tollen Webseiten baut« war plötzlich im Vor-
standsbüro nicht mehr erwünscht.
Wir wurden unsanft aus unserem Traum wachgerüttelt. Aus
dem schönen Leben war wieder nacktes Überleben geworden. Das
mythische Jahr 2001 hatte unsere Odyssee im Webtraum beendet.
Und mit den Visionen verblasste auch der Glanz unseres Mediums. Internet – davon wollte niemand mehr etwas hören (mit eben
dieser Begründung lehnten viele Verlage übrigens auch dieses
Buch ab). Kaum etwas fasst den damaligen Zeitgeist besser zusammen als die Webseite mit dem programmatischen Titel TurnOff-
TheInternet.com. Das einzige Motiv auf der Startseite: Ein großer
roter Knopf. Wer ihn per Mausklick drückte, bekam prompt die
Quittung:»Sie haben jetzt das Internet sicher abgeschaltet!« Die
Zukunft war vorbei, und für uns wurde es Zeit weiterzuziehen.

Abgesang vom Virtualienmarkt

24. Mai 2001. 20 Uhr. Die Bühne im Münchner Gasteig. Licht-
blitze zucken, knallbunte Strichmännchen zappeln wild im Takt.
Übergroße Geldscheine wiegen sich zum Beat der Drum-Machine.
Inmitten der Farbenorgie springt ein Mann über die Bühne.
Blond, graues T-Shirt, um die 30, mit umgeklemmtem Headset.
Das Publikum jubelt. Er lächelt, streckt die Arme aus, als wollte er
alle umarmen. Bum, bum, bum. Auftakt, die Bläser plärren. Dann
setzt der Refrain ein:»Burn, money, burn!«, schmettert der T-
Shirtträger ins Mikro.»Burn, Money, Burn!« Ein wenig klingt der
Refrain wie *Burn, Baby, burn – Disco Inferno* von den Trammps. Im
Hintergrund titschen die Scheinchen weiter im Takt. Applaus. Das

Glück springt dem Sänger förmlich aus den Augen. So happy war
Frank Thomsen schon lange nicht mehr; mindestens seit der
Börsenwert seines Unternehmen die 40-Millionen-Mark-Grenze
durchstoßen hatte.

Seid umschlungen, Millionen!
Ex-Unternehmer Frank Thomsen
besingt den Untergang
© Olaf Wodrich

Unglücke schreiben die schönsten Geschichten. Das ist spätestens seit *Titanic* allgemein bekannt. Was liegt also näher, als
den größten aktuellen Untergang schöngeistig zu verarbeiten: den
GAU der Dotcom-Wirtschaft? Für Frank Thomsen begann die Zeit
nach der Wildwirtschaft in bester Fin-de-siècle-Manier: mit einer
riesengroßen Party. Statt sich bei Dotcomtod die Wunden zu
lecken, hatte der ehemalige Gründer die Ärmel hochgekrempelt
und seine Story in ein Singstück verwandelt: *The Rush* lautete der
Titel des selbst komponierten Musicals. Und im Mai und Juni
2001 gehörte ein Besuch in Thomsens Zirkus in der verbliebenen
Münchner Start-up-Szene zum Pflichtprogramm.

Die Handlung lieferte die Wildwirtschaft selbst. Thomsen sang
nur über Dinge, die er selbst erlebt hatte. Über die bescheidenen
Anfänge Mitte der Neunziger, als er als Werkstudent bei Siemens
die erste Homepage programmiert hatte. Über die Gründung der
Agentur Twest zusammen mit seinem Bruder. Über all das viele
Geld, über ungeduldige Investoren, die verlangten, die Thomsens

mögen doch um Himmels willen mehr Kohle ausgeben – übrigens die Inspiration für *Burn, money, burn.* Bis hin zum Ende der Hype-Zeit und dem riesigen Netzkater. Oder um in Musicalterminologie zu sprechen: Die Handlung erstreckte sich von *Gaudí* bis zu *Les Misérables.*

Das Erfolgsgeheimnis von *The Rush* lag darin, dass Thomsen einfach wusste, wovon er sang: Seine Firma mit Sitz am Münchner Viktualienmarkt hatte auf dem Virtualienmarkt der jungen Netz-wirtschaft kräftig mitgemischt. Twest war immer für eine Meldung gut: Einmal lobten die Thomsen-Brüder öffentlich 5000 D-Mark Kopfgeld für neue Mitarbeiter aus, ein anderes Mal verschickten sie Mikrowellenkuchen an Journalisten. Genutzt hat's nichts: Weder die Kuchen noch das Geschäftsmodell sind aufgegangen – in der dritten Finanzierungsrunde fiel bei Twest der Vorhang.

Katzenjammer gab es auf der Bühne jedoch nicht zu hören. Vielleicht, weil Gründer Thomsen im Gegensatz zu vielen anderen die Krise ohne größere Schuldenberge überstanden hat. Vielleicht nahm er es auch einfach locker:»Es war ein großes Monopoly-Spiel: Wir haben verloren, aber es war gut, dabei zu sein«, resü-mierte der singende Dotcom-Pionier damals vor der Premiere. So wurde *The Rush* trotz Un-Happy-End kein tränenreicher Unter-gang à la *Titanic.* Und besser als Sirene Dion war Thomsen alle-mal.

Von Dotcom zu Garçon

Aufstehen, weitermachen, das nächste Projekt angehen, und sei es ein Musical – das konnte nicht jeder. Nur wenige Ex-Gründer verdauten ihre Niederlage so schnell wie Stehaufmännchen Thom-sen.»Wir waren wie Kerzen, die man auf beiden Seiten angezün-det hat«, erklärt Peer-Arne Böttcher. Das Ergebnis war ein Burn-out, an dem viele Dotcommer selbst heute noch knabbern. Sie hatten all ihre ganze Energie, 24 Stunden am Tag, ihrem Traum geopfert. Und manche auch ihre Gesundheit. Das ständige Leben im Zeitraffer blieb nicht folgenlos. Jetzt, nach der Vollbremsung, forderte der Körper seinen Tribut, wie ein Hamburger Gründer erfahren musste:»Ich bin eines Morgens einfach umgefallen.« Notarzt, Krankenhaus, dann die Diagnose: das Herz.»Das ist völlig normal für Leute um die 50«, sagt der Arzt. Zu diesem Zeitpunkt war der junge Gründer gerade mal 25.

Aber irgendwie musste es ja weitergehen. Wohl dem, der rechtzeitig ausgestiegen war, als die Kasse noch stimmte. Wer das Geld hatte, nahm sich erst mal eine Auszeit. Dotcom-Diva Loretta Würtenberger etwa zog sich in ein Haus oberhalb von Florenz zurück, um Kunstgeschichte zu studieren. Andere gingen auf Reisen. Doch die meisten machten einfach nichts. Schlafen, ziellos im Web surfen, Peer-Arne Böttcher begann wieder Geige zu spielen, das erste Mal wieder seit Oberstufenzeiten. Man hörte die Geschichte von einem Frankfurter Geschäftsführer, dessen Firma demontiert wurde, der aber qua Arbeitsvertrag bei vollem Gehalt die Zeit tot schlagen musste. Dreimal die Woche ist er angeblich nach New York geflogen, um die Bonusmeilen dann mit seiner Familie auf den Kopf zu hauen.

»Tu, was du tun musst, damit du tun kannst, was du tun willst.« Das hatten wir in irgendeinem Teeniefilm mit John Cusack gelernt. Und genau hier lag unser Problem: Wir hatten das Pferd von hinten aufgezäumt. Wir durften von Anfang an tun, was wir wollten. Und jetzt hatten wir keine Lust, etwas tun zu *müssen*. Die Internetjahre hatten uns verdorben. Wir hatten gelernt, dass wir alles bekommen konnten, wenn wir die Ansprüche nur geschickt genug vertraten. All die schönen Jobtitel, die Artemide-Schreibtischlampe, das sechsstellige Einstiegsgehalt, die Komplimente der Headhunter – das wollten wir wieder zurück. Die Medicis der neuen Medien mussten plötzlich wieder bei McDonald's speisen. Nicht jeder konnte sich mit dieser Bedeutungslosigkeit abfinden, wie ein trauriges Beispiel zeigt: So bewarb sich damals ein 25-Jähriger ohne Abschluss, der zuvor ein Dotcom-Unternehmen geleitet hatte, beim Medienriesen AOL Time Warner ernsthaft für einen Direktorenposten. Mit seiner Qualifikation wäre eher der

Einstieg in die Postabteilung angemessen gewesen. Aber der Youngster hatte nicht gemerkt, dass die oft beschworenen »neuen Regeln« nicht mehr galten.

Für die Babyboomer an der Spitze war das ein Triumph. Die alten Säcke, denen wir eigentlich schon immer suspekt waren, winkten jetzt wieder dankend ab. Bewerben Sie sich doch auf die Trainee-Stelle! Es war deprimierend. Noch vor wenigen Monaten hatte sich die Welt um uns gedreht. Jetzt merkten wir: Sie dreht sich ohne uns. Plötzlich schien unser Leben vorbei zu sein, bevor es richtig angefangen hatte. Wohin geht die Reise, jetzt, nachdem wir gestrandet sind? Die amerikanischen Buchautorinnen Alexandra Robbins und Abby Wilner gaben dem Gefühl einen Namen: Quarterlife Crisis – die Sinnkrise der Mittzwanziger. Bis zur Midlife Crisis mit Fettabsaugen, zu jungen Sexualpartnern und zu schnittigen Sportwagen konnten wir nicht warten. Bei uns setzte die Verzweiflung viel früher ein – sofort. Unsere Generation hatte viel versprochen und wenig gehalten. Jetzt standen wir mit leeren Händen da. Auf den Punkt brachte es *Fortune* am 18. Februar 2002: Aus den Twentysomethings sind die Thirtynothings geworden.

Wer ab sofort wieder am Ruder saß, war dagegen klar: Die alten Hasen, die erfahrenen Konzernmänner, die Durchführungsspezialisten. Soll und Haben, Produktion und Verkauf hießen die neuen Schlachtfelder; wer Visionen hatte, sollte, frei nach Helmut Schmidt, lieber zum Arzt gehen. Die alte Garde marschierte wieder ein. Besonders schön hat die amerikanische Anlageberatung Phoenix diesen Trend in einer Anzeige eingefangen. Das Motiv: Vier junge Männer im typischen Dotcom-Ornat, Unterschrift »Firmengründer, ca. 1997«. Zwischen den Youngstern ein älterer Manager mit grauen Schläfen und Krawatte. »Wirtschafts-Wunderkind, ca. 2002«, darunter der Text. So sah die Sache aus: Die Üfüs, die über 50-Jährigen, hatten das Ruder wieder übernommen. Dazu passte auch der Werbeslogan von Phoenix: »Geld ist auch nicht mehr das, was es mal war«. Hart erarbeitet eben. Und genau das war unser Problem.

**Das Wunderkind ist der
mit den grauen Haaren**
Anzeige der US-Firma Phoenix
© Phoenix Wealth Management

»Bewerbungen mit Dotcom-Erfahrungen werden nicht beachtet«, stand seinerzeit in einer amerikanische Stellenanzeige. Das war die ultimative Erniedrigung. Wir hatten alles gezeigt, wovon Personaler sonst so träumen: Engagement, Einfallsreichtum, Energie; wir waren Mitarbeiter, die mitdachten, die 80 Stunden die Woche arbeiteten, keinen Urlaub nahmen. Und das alles sollte nichts mehr wert sein? Schlimmer noch: Unser Ausritt in die Wildwirtschaft sollte plötzlich ein Malus sein? Leider ja. »Spielen Sie Internet-Erfahrungen runter«, riet das *Business 2.0* im März 2002 (die US-Version war nicht eingestellt worden). Die weiteren Empfehlungen: Alles, was nach Webwirtschaft klingt, so gut wie es geht aus der Vita tilgen und zumindest verschleiern. So nach dem Motto: Honey, ich hab den Lebenslauf geschrumpft. Statt »Online-Content-Team geführt« solle man lieber schreiben »Werbematerial erarbeitet«. Die einleuchtende Begründung: Kein Unternehmen leiste sich heute mehr ein Online-Content-Team, aber jede Firma brauche Werbematerial. Aus »habe Marketingplan entwickelt«, sollten die Bewerber besser machen »habe Messeauftritte organisiert«. Das klinge handfester. Schließlich sei für Visionen und Pläne momentan keine Zeit.

Kein Wunder, dass die ehemaligen Net-Setter alles taten, um in die geliebte New Economy, oder was von ihr übrig war, zurückzukehren. Geradezu herzzerreißend muteten ihre Versuche an, wieder ein bisschen Wildwirtschaftsluft zu schnuppern: Als eine US-Firma im Februar 2002 zum Beispiel eine Stelle als Programmierer anbot, drohten die E-Mail-Postfächer bei den Personalern vor Bewerbungen fast zu platzen. Und das, obwohl nur 12 Dollar die Stunde gezahlt wurden – und der begehrte Wunscharbeitgeber eine Pornoseite betrieb.

Es führte kein Weg daran vorbei: Um zu überleben, würden wir auf der Karriereleiter wieder eine Sprosse nach unten steigen müssen. Das hatten wir eingesehen. Schnell zeigte sich jedoch, dass eine Sprosse nicht ausreichen würde. Wohl dem, der die Taktik B2B oder B2C fahren konnte. Das stand mittlerweile nämlich für Back-to-Banking und Back-to-Consulting, also die Rückkehr zum alten, etablierten Arbeitgeber. Die Karawane hatte kehrtgemacht. Viele Gründer stammten nämlich aus Kreditinstituten oder Unternehmensberatungen. Und die betrieben jetzt die Jobsuche à la E.T.: nach Hause telefonieren! Wie das funktionierte, zeigte uns als Erstes der Chef der Preisagentur Tallyman.de, Magnus Graf Lambsdorff. Nach dem Verkauf seiner Firma kehrte der Politikerneffe in seine alte Position bei der Personalberatung Egon Zehnder zurück.

Zurück, Marsch, Marsch zum alten Arbeitgeber. Das war okay, wenn es doch nur funktioniert hätte. Die »karrieremäßige Seitwärtsbewegung«, wie sie im Personalweichei-Slang genannt wird, gelang nämlich nur selten. Häufiger anzutreffen war leider der karrieremäßige Vollabsturz. Aus den USA hörte man Schlimmes. Ehemalige Systemadministratoren installierten dort nicht mehr den E-Mail-Server, sondern sortierten ganz reale Post. Pressechefs säten keine News, sondern düngten öffentliche Grünanlagen. 100 000-Dollar-Vorstände gaben keine Geschäftszahlen mehr bekannt, sondern schäumten jetzt bei Starbucks den Café Latte auf.

»Von Dotcom zu Garçon«, nannte die *Financial Times* diese unfreiwillige Neuorientierung in einem Artikel Anfang 2001. Und das Schlimmste an dem Beitrag war nicht einmal der Fakt, dass 15

Prozent aller Kellner in New York City aus der Wildwirtschaft stammten. Nein, es war der Versuch eines Experten, die Sache noch irgendwie schönzureden. Da verkündete nämlich ein gewisser Personalexperte John Challenger tatsächlich:»Ehemalige Dotcommer bevorzugen ein lockeres, offenes Umfeld – so wie in einem Restaurant.« Sollte das tatsächlich alles gewesen sein? Würde von unserer Revolution nichts übrig bleiben als ein paar verramschte Server, klammheimlich gekürzte Lebensläufe und ein Kopf voller Flausen? Sollte unser Gang durch die Institutionen wirklich hinter der Theke einer Cafébar enden?

Netznostalgie

1. September 2001. Wow! 400 000 Prozent Wertsteigerung in nur zehn Tagen. Endlich gibt es wieder gute Nachrichten von der Börsenfront. Plötzlich ist alles wieder wie früher. Von 10 Cent auf über 400 Dollar sind die Aktien der amerikanischen Internetfirma Webvan in den letzten Wochen gestiegen – und das im Jahr eins nach dem Netzboom! Auch der Spielzeugversand eToys kann sich wieder über steigende Kurse freuen, und selbst aus Deutschland gibt es gute Nachrichten: Die Aktien der Achterbahn AG, gegründet vom *Werner*-Erfinder Rödger »Brösel« Feldmann, laufen wieder besser. Nach Tiefständen im Centbereich steht das Papier mit respektablen 2 Euro gut da. Respekt. Doch es kommt noch spektakulärer: Sämtliche Unternehmen machen keine Umsätze, geschweige denn Gewinne. Okay, das war früher auch nicht anders. Aber es gibt einen entscheidenden Unterschied: Webvan, eToys und Achterbahn sind längst pleite. Der einzige Markt, auf dem die Aktien noch gehandelt werden, heißt eBay.

Aktien untergegangener Netzfirmen waren Ende 2001 der große Renner. Plötzlich wollte jeder Andenken an »den spektakulärsten Bankrott der Geschichte« haben, wie es ein Verkäufer in seiner Warenbeschreibung ausdrückte. Kritiker sahen darin ein letztes

Aufbäumen der gierigen Abzocker. Aber hinter diesem Phänomen stand mehr, als die Konkursmasse wirklich bis zum letzten Cent auszuschlachten. Nein: Nostalgie hatte eingesetzt. Und die kam, wie bei uns üblich, im Internettempo um die Ecke. Quasi über Nacht hatten wir die Reliquien der Start-ups zu Sammlerstücken erhoben. Man kramte wieder alte Logotassen und T-Shirts hervor, setzte die rosa Brille auf und begann am Stammtisch von der guten alten Zeit zu schwärmen – auch wenn die erst knapp drei Monate her war.

Und das war auch gut so. Nach dem ganzen Frust begannen wir, unserer Geschichte etwas Positives abzugewinnen. Wir alle waren eine verschworene Gemeinde gewesen und irgendwie geblieben. Börsenboom und Business-Plan, Mahir-Kult und Moorhuhn zocken, Geekvokabeln und Gründerkult – all das hatte uns geprägt und verbunden. Unsere Generation war eine Gang geworden, die sich anhand geheimer Zeichen und Rituale identifizierte. Und die galten auch jetzt noch, nach dem Crash. Wir waren wie Sandkasten-Cliquen, die sich nach Jahrzehnten das erste Mal wiedersehen und bei denen ein kleiner Wink ausreicht, ein bestimmtes Wort, um das Wir-Gefühl der Kindertage zurückzuholen.

Plötzlich gab es diese »Aah«-Momente. Wenn jemand jetzt einen Manschettenknopf mit @ drauf unter dem Hemd hervorblitzen ließ. Oder das T-Shirt einer längst vergessenen Internetbude trug. Oder in eine Unterhaltung unversehens Worte wie *Non-Disclosure-Agreement* einfließen ließ. Das waren Signale, da wussten wir: Der oder die hat auch mal dazugehört. Der ultimative Nostalgie-Schauer überkam uns übrigens, wenn jemand fragte: »Wie steht'n der Dax?« Früher wäre unsere Antwort wie aus der Pistole geschossen gekommen. Aber heute? Wer hat sich in den letzten Jahren schon ernsthaft die Börsenkurse angeschaut?

Ganz nebenher war Netznostalgie natürlich ein gutes Geschäft. Wer wären wir, hätten wir nicht auch hier ein Business-Potenzial gewittert. Nicht nur die Webvan-Aktien, sondern auch Warmhaltetaschen und Fahrradhelme des gescheiterten Lieferdienstes Kozmo.com waren plötzlich begehrt, genau wie Martinigläser des

Möbelhändlers Furniture.com. Und natürlich rissen sich alle um
das Maskottchen der Firma Pets.com, eine Socke mit Knopfaugen
– ein besonders beeindruckendes Erinnerungsstück an eine Epo-
che, in der ein Hundefutterversand einmal 100 Millionen Dollar
wert war.

Aus dem niveaumäßigen Tiefkeller kam dagegen das Nostalgie-
Toilettenpapier des amerikanischen Unternehmers John Zappa.
Das Hygieneprodukt für frustrierte Anleger war aufgemacht wie
ein Aktienticker; auf jedem Papierstück das Aktienkürzel eines
anderen Dotcom-Durchfallers. 10 Dollar kostete die Rolle mit dem
bezeichnenden Namen »Venture *Cra*pital« – crap heißt – züchtig
übersetzt – Scheiße. Innerhalb weniger Tage gingen bei Zappa
über 3000 Bestellungen ein.

Fast alles, was findige Händler aus den Trümmern des Dotcom-
Bebens bargen, verkaufte sich. Echte Sammler zahlten selbst für
simple Logotassen dreistellige Dollarbeträge. Doch das Geld war
nicht zum Fenster herausgeworfen. Früher hätten wir wahrscheinlich von einer »Win-win-Situation« gesprochen. Denn für die
Entlassenen der Dotcoms war der Neue (Souvenir-)Markt eine
echte Hilfe. Auf eBay konnten sie den Corporate-Identity-Nippes
ihrer ehemaligen Arbeitgeber versilbern – und so die nächste
Monatsmiete bezuschussen. Wer keinen goldenen Handschlag
bekommen hatte, spendierte sich so eine Art Miniabfindung. Das
Geschäft lief damals derart gut, dass böse Zungen schon folgendes
Geschäftsmodell vorschlugen: Man gründet ein Start-up, nur um
es sofort wieder zu liquidieren und von den Memorabilia-Erlösen
zu leben.

15 Milliarden Spielgeld

»Surfe! Kaufe! Verkaufe! Jage hinter den Top-Internetfirmen der
Gegenwart her. Hol dir die Portale, Suchmaschinen, Shoppingsei-
ten und Provider, die heute in aller Munde sind. Bau dein persönli-
ches Imperium aus virtuellen Immobilien auf! Verdiene 100 Mil-

lionen Dollar beim Daytrading an der Börse. Investiere in ein Start-up! Geh über Los, ziehe zur Belohnung ganze 200 Millionen Dollar ein – das typische Dotcom-Startgehalt! Also: Schnapp dir eine Spielfigur, log on und hyperlink dich zum Über-Nacht-Reichtum!«

Yahoo statt Schlossallee
Monopoly – the .com Edition,
Parker Brothers 2000
© Hasbro Deutschland

Soweit die Spielanleitung zu Monopoly – The .com Edition. Kein Relikt aus der guten alten Internetzeit ist heute so brüllend komisch wie die Version des bekannten Brettspiels für die New Economy. Im Jahr 2000 hatte der Spielehersteller Parker Brothers die .com Edition auf den Markt geworfen. Mit dem Update wollte man den Klassiker des Kapitalismus auf die Höhe des Sitegeistes hieven. Heraus kam ein Spiel, das die Befindlichkeit der Nemax Nation perfekt einfing. Größenwahn, Börsenmillionen, Spaß am Zocken – das neue Monopoly bot alles, was uns früher so sehr gefallen hatte.

Witz und Wahn offenbaren sich schon beim Spielgeld. Eine Million Dollar ist in der *.com Edition* der kleinste Schein – statt wie früher fünf Euro. Die Spieldesigner haben sämtliche Beträge mindestens mit dem Faktor 10 000 multipliziert. Konnte man in der bescheidenen bundesrepublikanischen Version die Toplage Schlossallee noch für schlappe 8000 D-Mark erwerben, müssen die Spieler für das New-Economy-Pendant, die Portalseite Yahoo, ganze 400 Millionen Dollar hinblättern. Statt der Berliner Straße gibt es das Auktionshaus eBay, und die Wiener Straße musste für das Reiseportal Expedia weichen. Überflüssig zu erwähnen, dass die meisten virtuellen Top-Immobilien von damals heute längst platt gemacht worden sind. So ging der Provider Excite@Home, in der .com Edition immerhin an der Stelle der Parkstraße, im Oktober 2001 in einem Feuerball aus brennendem Geld unter. Der ehemalige Milliardenkonzern wurde für 300 Millionen verramscht.

Mit viel Geschick fingen die Monopoly-Macher die durchgeknallten Mechanismen der neuen Wirtschaft ein. So gibt es in der .com Edition folgende Ereigniskarten (die jetzt E-Mail heißen): »Sie haben Ihr Unternehmen an die Börse gebracht, kassieren Sie 150 Mio.« oder »Ihre Website geht online, ziehen Sie 50 Mio. von allen Mitspielern für Bannerwerbung ein«. Hier taucht er wieder auf, der Basisdeal der Wildwirtschaft: Ich geb' dir meinen Banner, du gibst mir deinen Banner und wir werden alle reich! Strategische Kooperationen also auch auf dem Spielbrett.

Doch auch in Monopoly 2.0 drohen Rückschläge. Im Gemeinschaftsfeld, hier »Download« getauft, lauern Karten wie »Sie brauchen mehr Speicher für Ihre Computer, 15 Mio. bitte« oder »Sie haben E-Mails mit nutzlosen Witzen erhalten, gehen Sie drei Felder zurück«. Ins Gefängnis bringt die Spieler im neuen Wirtschaftsleben übrigens nur noch das Computerhacken (hier lagen die Monopoly-Macher leicht daneben); das Schlimmste am Knast ist laut Anleitung übrigens, dass es »keinen Internetanschluss« gibt.

Auch bei der Freigabe des Spiels haben sich die Parker Brothers ein wenig verschätzt. Angesichts des Alters mancher Gründer war »ab 8 Jahren« vielleicht ein wenig zu hoch gegriffen. Für rund 10 Dollar wird die .com Edition mittlerweile auf eBay verschleudert – kein schlechter Deal, wenn man bedenkt, dass in jeder Box Spielgeld im Wert von 15,25 Milliarden Dollar liegt.

Nachruf auf eine Kaffeemaschine

Am 12. August 2001 blickte die Welt auf eine Kaffeemaschine.
Am Aussehen kann das nicht gelegen haben. Die Maschine war
ein unscheinbares, ja hässliches Exemplar ihrer Art: weißes Plastik, Typ Krups *Aroma Plus*, mit angeschlagener Kanne. Sie funktionierte nicht einmal mehr. Dafür war der Automat ziemlich
bekannt: Weit über 2 Millionen Menschen rund um die Welt
kannten die Kaffeemaschine nicht nur, sondern hatten sie sogar
schon einmal gesehen. Entsprechend hoch war auch der Preis, als
an diesem Abend bei eBay der Hammer fiel: Für ganze 3350 britische Pfund ging das hässliche Ding weg. Das Höchstgebot kam
von der Online-Redaktion des *Spiegel*. Damit bewiesen die Redakteure Weitblick. Denn die »Trojan-Room«-Kaffeemaschine gilt bis
heute als das ultimative Stück Netznostalgie.

Rückblende 1991. Studenten der Universität Cambridge experimentieren mit Computernetzwerken. Mit Internet hat das nichts
zu tun; das World Wide Web ist noch gar nicht erfunden. Man
beschäftigt sich mit komplizierten Protokollen für Geldautomaten
und anderem Industriekram. Doch die wissenschaftliche Arbeit
stockt – mangelhafte Kaffeeversorgung machte den Informatikern
zu schaffen. Einige Nachwuchswissenschaftler müssen nämlich
für jede Tasse bis zur Kaffeeecke, dem so genanten Trojan Room,
das gesamte Computerlabor durchqueren. Dort angekommen,
stellen sie allzu oft fest, dass die fakultätseigene Kaffeekanne schon
leer ist. Was liegt also näher, als die neue Technologie in den
Dienst einer reibungslosen Kaffeeversorgung zu stellen? Kurzerhand wird eine Videokamera neben der Maschine installiert. Ein
improvisierter Server stellt jedem Laborcomputer im Minutentakt
Bilder vom aktuellen Kaffeepegel zur Verfügung. Fortan kann
jeder Student schon vor dem Gang zur Kaffeeecke feststellen, ob
sich der Trip lohnt. 1992 wird das System ans Internet angeschlossen – der Rest ist Web-Geschichte.

»Dadurch ist der Kaffee auch nicht besser geworden«, resümiert
der Coffee-Cam-Erfinder Quentin Stafford-Fraser heute. Doch die

Geschichte machte die Runde und musste fortan als Paradebeispiel für die Verspieltheit des neuen Mediums herhalten. Der Popularität des Heißgetränkeautomaten hat es keinen Abbruch getan: Seit die Kamera ans allgemeine Netz gegangen war, hatten sich 2,4 Millionen Surfer über den Kaffeepegel in Cambridge informiert. Der Pott fand Erwähnung in so ziemlich jeder Computerzeitung und schaffte es einmal sogar auf die Titelseite der altehrwürdigen Londoner *Times*.

Wir alle hatten zumindest einen kurzen Blick auf die hässliche Kanne geworfen. Und ein bisschen traurig waren wir auch, als am 22. August 2001 um 10:54 Uhr dieses Kapitel Netz-Steinzeit geschlossen wurde. Auf dem letzten Bild der Webcam war unscharf zu erkennen, wie die drei Wissenschaftler Daniel Gordon, Martyn Johnson und Quentin Stafford-Fraser gleichzeitig auf den Aus-Knopf drückten. Ein Stück unschuldige Internetgeschichte ging zu Ende, die wir, wenn man ehrlich ist, selbst nur aus Erzählungen kannten.

Ausgrabungen im Techno-Troja

Eine seltsames Volk muss das gewesen sein, das zur Jahrtausendwende an der amerikanischen Westküste lebte. Millionen Menschen drängten sich damals in einem viel zu kleinen Gebiet rund um die Bucht von San Francisco zusammen – ohne ersichtlichen Grund. Sie lebten vor allem auf Straßen, eingeschlossen in ihren Fortbewegungsmitteln. Wohin sie unterwegs waren, weiß man nicht. Dafür hat das große Beben von 2000 zu wenig übrig gelassen. Nur spärliche Erkenntnisse gibt es über die geheimnisvolle Hochkultur. Man weiß zum Beispiel, dass die Menschen gläubig waren. Als Symbol ihres Gottes gilt der Buchstabe »E« – er kommt in zeitgenössischen Überlieferungen besonders oft vor. Doch auch andere Götter werden immer wieder erwähnt, Dow oder Nasdaq etwa. Letzterer soll übrigens für den Niedergang der Kultur verantwortlich sein.

»Das ist der Pompeji-Effekt«, erklärt Christine Finn und blinzelt aus ihren strahlendblauen Augen. Britisch sieht sie aus, sehr britisch, ein wenig spröde sogar mit ihrem Seidentuch um den Hals. Aber die Dame hat es in sich: Finn ist Archäologin von der britischen Universität Oxford und absolut führend, was *unsere* Geschichte angeht. Denn die geheimnisvolle Gesellschaft, von der sie erzählt, ist das Net-Set des ausgehenden 20. Jahrhunderts, und der viel zu kleine Lebensraum ist das Silicon Valley. In diesem kleinen Landstrich rund um die Städte San José und Palo Alto hat die Wissenschaftlerin die Jahre 2000 und 2001 verbracht. Ihre Mission damals: Aufstieg und Fall der Dotcom-Wirtschaft aus der Sicht eines Archäologen protokollieren. Denn Forscherin Finn realisierte früh, dass es nicht damit getan ist, sich mit Dotcom-Toilettenpapier den Hintern abzuwischen. Die Wildwirtschaft, das war einer der wichtigsten Abschnitte der jüngsten Historie. *Wir* waren im wahrsten Sinne des Wortes Geschichte geworden. Und die durfte nicht in Vergessenheit geraten.

Die Idee zur Archäologie im Zeichen des @ war Finn Ende 1999 auf einem Flug nach San José gekommen – ins Herz des Silicon Valley. Neben ihr in der überfüllten Maschine saß ein Mann, der wie wild auf einen kleinen Handcomputer einstocherte. »Der ist aber süß, wie lange gibt es so was schon?«, fragte ihn die technisch unbedarfte Wissenschaftlerin. »Der kommt morgen raus, ich habe das E-Mail-Programm geschrieben«, antwortete der Mann lakonisch. »Ich merkte in diesem Moment: da passiert etwas«, erzählt Finn heute begeistert, »ich wusste: Wenn ich das jetzt nicht festhalte, wird es zu spät sein.«

Wenige Wochen später begann Finn mit ihren ersten kulturellen Ausgrabungen im Tal der Technologietempel. Bis dato hatte die Wissenschaftlerin nichts mit Hightech zu tun. Aus der Perspektive des technophoben Außenseiters erfasst sie akribisch die Standardmythen des Silicon Valley: den jungen Dotcom-Millionär, der aus seiner Collegebude direkt in eine Villa umzieht oder Putzfrauen, die für 1200 Dollar Miete in einem Wohnwagen leben. Finns Methode ist der Rückspiegel, immer getreu der Frage: Was vom Wahnsinn übrig blieb. Finn besucht Technologieveteranen, deren neuestes Projekt ein selbst gebautes Gartenhäuschen ist. Sie dokumentiert, wie die Supercomputer-Chips von gestern als Schlüsselanhänger enden und besucht die Bad-Taste-Burgen der jungen Millionäre.

Ein Buch über ihre »Ausgrabungen ohne Schaufel«, wie sie es nennt, hat die Archäologin natürlich auch geschrieben. Es heißt *Artefacts* und beginnt mit einem Zitat des bekannten Archäologen Howard Carter, Entdecker des Tutenchamun-Grabes. Beim Öffnen der Gruft hatte ihn sein Partner gefragt, ob er etwas sehen könne. »Ja, wunderbare Dinge!«, soll er gesagt haben. Finn hat die wunderbaren Dinge *unserer* Kultur verewigt. Und damit auch ein bisschen uns selbst.

5.
schlusspunkt.de

Das Ende vom Anfang

Oktober 2002, eine Kneipe im Frankfurter Westend. Der Veranstaltungsraum, besser gesagt, das Hinterzimmer einer typisch deutschen Kneipe. »Heute abend: Gründerstammtisch« steht auf dem Schild im Durchgang, die zittrigen Buchstaben sind von Hand geschrieben. Im Hinterzimmer riecht es nach kaltem Rauch, unter der Tür zieht eine Wolke schalen Bierdufts durch. Die abgewetzte braune Holztäfelung atmet das Flair von hunderten von Vereinssitzungen und Faschingsfeiern. Neue Gäste zwängen sich durch die Tür, »'Tschuldigung«. Sie reiben sich schon nach wenigen Sekunden die Hände. Es ist klamm. Die Heizung sei kaputt, entschuldigt sich der Wirt lakonisch. 25 Menschen zittern, allein die drangvolle Enge sorgt nach und nach für ein bisschen Wärme. Wer reinkommt, pinnt seine Visitenkarte mit Reißzwecke an die Wand neben der Tür. Ein buntes Häufchen hat sich heute Abend zusammengefunden, das eher nach Selbsthilfegruppe als nach Unternehmern aussieht. Ein Anwalt im nicht mehr ganz modernen Dreiteiler, Lehrerinnen, Hausfrauen mit zu viel blauem Lidschatten, etwas zu gut gelaunt.

Und Frank und Olli, beide um die Dreißig und erfolgreiche Internetunternehmer. Sie gehören zu den Überlebenden der Branche. Millionen haben sie schon im Web-Business verdient, kennen sämtliche Frankfurter Chefetagen. Nur um einem Kumpel einen Gefallen zu tun, sind sie heute Abend gekommen. Und am liebsten würden die beiden direkt wieder gehen. Spätestens als eine verhärmt aussehende Mittvierzigerin, Typ frustrierte Lehrerin, von ihrem Geschäft erzählt: Esoterik-Seminare. Ach ja, und sie verkaufe auch noch »sichere Anlagen mit 15 Prozent Zinsen«. Was denn sicher bedeutet, will ein Gast wissen. »Dass ich beim nächsten Treffen wieder dabei bin.« Alles lacht, auch die Gründerin eines Nagelstudios, die später noch ihr Geschäftskonzept präsentiert.

Es ist nicht gerade die große Business-Welt, die sich an diesem Abend zusammengefunden hat. Hier arbeitet niemand auf einen Börsengang hin, hier geht es nicht um internationale Expansion oder Mega-Deals. Frank und Olli gucken sich an: Das ist jetzt nicht wahr. Ihr Kumpel, ein gefallener Dotcom-Star, hat sich mit dem abgefuckten Ambiente dagegen längst abgefunden. Er schwadroniert von Communitys und Killer-Applikationen, als sei immer noch 1999. Außerdem trinkt er in letzter Zeit ein bisschen viel für sein Alter. Er benimmt sich wie diese armen japanischen Angestellten, die jeden Morgen mit Anzug und Krawatte in die U-Bahn steigen, obwohl man ihnen schon vor Jahren gekündigt hat. Sie klammern sich an ihre Aktentasche, der ehemalige Internetstar an seinen Traum. Irgendwas mit Porno macht er jetzt, munkeln die Freunde. Jedenfalls sei er »Wieder-Gründer«, wie er bei der Vorstellung witzelt.

Frank und Olli haben nur eine Wahl: Entweder sie ziehen ihre normale Präsentation durch, oder sie verdrücken sich, bevor sie jemand anspricht. Frank grinst breit. Die beiden gucken sich kurz an, ein Augenzwinkern, dann ist die Sache klar. Daraus machen wir uns einen Riesenspaß. Let the fun begin! (An dieser Stelle würde im Film eine schmissige Swing-Nummer kommen, vielleicht *Fly me to the Moon* von Sinatra). Das Gründerduo hebt richtig ab. Sie drehen auf, als ob der Vorstand der Deutschen Bank höchstpersönlich vor ihnen sitzt. Sie entladen die volle Präsentationspower, geübt in hunderten von Vorträgen vor Venture Capitalists und Bankern. Ihre Worten prasseln wie aus einem Maschinengewehr auf das zitternde Häufchen nieder: *XML-Datenbanken, Skill matching*. Die 70 mitgebrachten PowerPoint-Folien können sie sich an den Hut stecken, einen Videobeamer gibt es nicht. Stattdessen lesen die beiden einfach vom Laptop ab.

Schon nach 30 Sekunden haben sich alle bis auf den Anwalt geistig ausgeklinkt. Sie starren auf das dynamische Duo, als käme es vom andern Stern. Damit stacheln sie Frank und Olli zu noch größeren Höchstleistungen an. *Ontologien, Agentensysteme.* Freudig erregt spielen sie sich die Bälle zu, überbieten sich mit Fachworten aus der großen, bunten Internetwelt. Die Esoterikfrau kriegt den Mund nicht mehr zu. Nach 20 Minuten ist die Show vorbei. Frank und Olli sinken in ihre Stühle zurück. Das war der größte Spaß seit Monaten. Nach dem Feuerwerk nimmt die Esofrau Olli zur Seite:»Junger Mann, ein kleiner Tipp: Benutzen Sie nicht so viele englische Wörter!«

Das soll es also gewesen sein? Die Jugend der Welt, ausgezogen, um alles höher, schneller und weiter zu treiben – abgeschoben in schlecht geheizte Hinterzimmer. Olympioniken, die wieder in der Kreisklasse kicken. Vergessen sind die Kanapees, versiegt die Caipirinha-Quellen. Gründerglamour – das war einmal. Die Belegschaften der Start-ups trifft man heute in tristen Kneipen, die Visionäre an der Kaffeebar hinter dem Tresen.

Aber es führte kein Weg daran vorbei: Man hatte die Pop-Ökonomie über die Babyklappe der Wirtschaft entsorgt. So sah die Sache aus. Die jungen Wilden mussten zurücktreten in die Phalanx der Kleinunternehmer, der Imbissbudenbetreiber, Fußmasseure und Tupperwareverkäufer. Man war nichts Besonderes mehr. Und einigen tat dieser Reality-Check auch ganz gut. Während des Höhenfluges war so mancher Diva damals der Sauerstoff im Hirn ausgegangen. Aber trotzdem: Es war eine harte Lektion, sich damit abzufinden, dass von der Wildwirtschaft nichts übrig blieb als»Dot-Compost«, wie man es damals nannte: billige Serverschränke aus zweiter Hand – und eine Generation, die beim Bier noch immer von der wirtschaftlichen Weltherrschaft träumte.

Zunächst sah alles nach der totalen Restauration aus. Was auch nur im Entferntesten an die Internetzeit erinnerte, musste weg. Wir waren wieder in der Mitte der Neunziger angekommen.

Damals hatte IBM-Chef Gerstner das Web noch als »Modeerscheinung« abgekanzelt. Und jetzt wollte niemand mehr etwas mit dieser Mode zu tun haben, im wahrsten Sinne des Wortes: So zirkulierte am 13. August 2002 im Firmennetz der Deutschen Bank ein Memo von ganz oben, Betreff: »For those who want to rebuild their business wardrobe.« Darin verkündete der oberste Bankchef Josef Ackermann persönlich, dass für Börsenmenschen unter der Woche ab sofort wieder Anzug und Krawatte Pflicht sei. Um den Mitarbeitern bei der Re-formalisierung zu helfen, habe man mit ausgewählten Herrenausstattern in der Frankfurter City sogar Preisnachlässe ausgehandelt, so seine tröstende Botschaft. Ach ja, und der »Casual Friday« möge doch ab sofort wieder etwas weniger casual sein, verlangte Ackermann, Zitat: »Leider haben wir Probleme mit einzelnen Mitarbeitern gehabt, die legere Geschäftskleidung dahingehend missverstanden haben, sich bis zum Extrem in Freizeitkleidung zu präsentieren.« Im Klartext: Bitte Jeans, Turnschuhe und T-Shirts ab sofort daheim lassen.

Plötzlich gaben Vorstände wieder zu, dass sie E-Mails von ihrer Sekretärin tippen und ausdrucken ließen – und waren auch noch stolz darauf. Medienkrüppel wurden wieder salonfähig. So brachte das *Wall Street Journal* im August 2001 eine halbseitige Geschichte über einen US-Broker, der komplett auf digitale Medien verzichtete, Überschrift »Internet-Vermeidung als Schlüssel zum Erfolg«. Da konnten wir lesen, wie die Herren bei Edward D. Jones & Co. in Missouri selbst im neuen Jahrtausend noch handgeschriebene Briefe an ihre Kunden versendeten und dass der Chef seine Angestellten am liebsten in der Sonntagsmesse rekrutierte. Ob der Herr einen Schnupfen mit regelmäßigen Aderlässen oder Blutegeln kurierte, wurde nicht berichtet.

Auch www stand nicht mehr, wie zu Boomzeiten, für »Wünsche werden wahr« (authentische Schlagzeile), sondern für »wir waren wahnsinnig«. Früher war das Medium, frei nach McLuhan, die Botschaft. Und jetzt wollte diese Botschaft niemand mehr vernehmen. Internet? Hören Sie mir damit auf! Bei einer dpa-Umfrage April 2002 kam heraus: Müssten sich die Deutschen von einem

Medium trennen, würden sie sich am ehesten für das Internet entscheiden. Vier von zehn Bundesbürgern sahen das Netz als verzichtbar an. Ohne Radio dagegen wollte nur jeder Zehnte leben. Und zwei Monate später führte das Institut für Demoskopie Allensbach den imagemäßigen Todesstoß gegen das Netz:»Das kann ich gut gebrauchen, das ist für mich ein Gewinn« – diese Aussage sollten 2098 Befragte verschiedenen Technologien zuordnen. Das Resultat war eine Hitliste, auf der E-Mail und World Wide Web auf den Schlussrängen landeten, weit abgeschlagen hinter Handy und Mikrowelle. Und was sahen die Deutschen mit großem Vorsprung als nützlichste technische Neuerung der letzten Jahre an? Den Geldautomaten.

Hinter diesem empfindlichen Diss für unser Medium steckte einerseits der Trend zur sozial erwünschten Antwort. Man hatte am Neuen Markt sein Erspartes versenkt. Also musste man das Web einfach doof finden – allein schon um zu jenen zu gehören, die es schon immer gewusst haben. Andererseits stand hinter der Sperre eine gesunde Entwicklung: Das Internet war Alltag geworden, es bedeutete von allem eines: Arbeit. Selbst in der allerletzten Behörde hatte man mittlerweile E-Mail. Neben Telefon, Voicemail und Fax hatte sich das Web als weiterer Bürotyrann eingenistet. Folglich kam eine Studie des Pew Internet Life Project 2002 zu folgendem Ergebnis:»Surfer sind weniger begeistert; dafür nutzen sie das Internet ernster und funktionaler.« Zu gut deutsch: Das Web war langweilig und stinknormal geworden.

Überhaupt *surfte* niemand mehr. Man ging ins Netz, um irgendetwas Bestimmtes zu erledigen. Mehr nicht. Zum einfach nur Rumsurfen hatte keiner mehr Zeit. Die Technik allein war kein Grund mehr, online zu sein. Videoclips? Normal. Virtual Reality? O Gott, wie total neunzigermäßig! Selbst die vorher so geliebten Flash-Animationen interessierten uns nur noch, wenn sie die wechselnde Brustgröße von Popsternchen Britney Spears dokumentierten.

Wer aber behauptete, der Geldautomat habe sein Leben mehr verändert als das Netz, leidet an Gedächtnisschwund. Beweise? Stellen Sie sich einfach vor, es ist wieder das Jahr 1995 und ...

... Sie wollen Geld zur Tante nach Amerika schicken:

1995: Überweisung zur Bank bringen, 18 D-Mark Gebühren zahlen, das Geld ist mit ein bisschen Glück nach einer Woche da.

Heute: Paypal anklicken, die Überweisung kostet nur wenige Cent, das Geld ist in einer Sekunde da.

... Sie versuchen, Ihre Jugendliebe wiederzufinden:

1995: Keine Chance. Sie heulen verzweifelt in die Abizeitung.

Heute: Google spuckt nach einer Sekunde die Webseite ihres neuen Arbeitgebers aus – mit ein bisschen Pech aber auch die Familien-Homepage bei T-Online, inklusive Fotos ihrer Kinder.

... Ihre Frau kriegt ein Kind:

1995: Mit der Kleinbildkamera (und natürlich *Babyfilm*) den Nachwuchs ablichten, Fotos entwickeln lassen, zwei Tage später per Brief verschicken. Ein halbe Woche darauf können sich alle deutschen Verwandten mitfreuen.

Heute: Mit Digitalkamera im Handy den Nachwuchs ablichten, per Mail verschicken. Drei Sekunden später können sich die Verwandten rund um die Welt mitfreuen.

... Ihre Frau kriegt ein Kind, die Zweite:

1995: Für 1000 D-Mark den Teutonia-Kinderwagen im Laden kaufen.

Heute: Für 200 Euro den Teutonia-Kinderwagen bei eBay ersteigern – und den Kindersitz gleich mit.

... Sie wollen eine E-Mail verschicken:

1995: Eine was? Na gut, bei Compuserve kostet eine halbe Online-Stunde 1,50 Euro.

Heute: Bei der Telekom kostet ein Tag im Netz 1,50 Euro, beim 50-fachen Tempo.

... Sie möchten moderne Popmusik hören:

1995: SWF3 anschalten, Frank Laufenberg schimpft über die Charts und spielt lieber »was Altes« von den Dire Straits.

Heute: die neuesten Dancehits aus Anchorage/Alaska im Webradio hören.

... Sie möchten ein englisches Buch lesen:

1995: Trip zum Buchhändler. »Sieht schlecht aus. Müssen wir bestellen«, sagt er. Nach sechs Wochen wieder in die Stadt fahren. Das bestellte Buch ist natürlich nicht da.

Heute: Ein Wort: Amazon.

Das nur zur Erinnerung.

Das Kartell der Kleinredner

Währenddessen ging die öffentliche Demontage der Wildwirtschaft weiter: Mit Ron Sommer bei der Telekom und Thomas Middelhoff bei Bertelsmann nahmen zwei der letzten Visionäre den Hut. Auch Steve Case von AOL trat ab. »Der letzte Deal war zu viel« schrieb die *Welt* über den Abgang jenes Mannes, der nicht nur den weltgrößten Online-Dienst, sondern auch, was nur wenige wissen, die Ananas-Pizza bei Pizza Hut erfunden hat. Zur gleichen Zeit versuchte Infineon-Chef Ulrich Schumacher sein Image als Rennfahrer abzulegen. Am liebsten hätte er die Fotos von sich mit Rennanzug und Porsche vor der Frankfurter Börse höchstpersönlich abgefackelt. Stattdessen kehrten sich die ehemaligen Econotainer den Muff wieder selbst unter die Talare. Von der Hauptversammlung berichtete die *Welt*: »Schumacher ... präsentierte trocken und emotionslos seinen Vortrag.«

Am schlimmsten waren natürlich die Nachtreter. So zog der Schweizer Management-Guru Fredmund Malik im *Manager Magazin* richtig vom Leder: »Die meisten E-Business Angels sind Träumer. Leute, die bei Gründungswettbewerben dabei waren ... sind Ignoranten ...«, wetterte er in seiner Kolumne zu Silvester 2002. Wer an die ewig steigende Börse geglaubt hatte, sei »ungebildet oder latent betrügerisch«. Mit dieser Hetze stand Malik gottlob ziemlich allein da.

In der verbleibenden Wildwirtschaft machte damals ein Wort die Runde: der große Frost. Eine dicke Eisschicht hatte sich über das Business rund um die neuen Medien gelegt. Neues Geld gab es nicht, Budgets wurden eingefroren, die Kostenschrauben angezogen. »Ein Vertreter von Nestlé (80 Milliarden Schweizer Franken Jahresumsatz) hat mit mir um 2000 Euro gefeilscht«, erinnert sich ein Frankfurter Werber an den eiskalten Wind, der plötzlich durch die Wirtschaft wehte. Oder um den beliebtesten Werbeslogan des Jahres zu zitieren: Geiz war geil. Da half nur noch, was die Gründer im Silicon Valley *hibernation*, Winterschlaf, nannten. Die Pfeiler der Strategie: Statt im Büro arbeitet man daheim, die Firma betreibt nur ein Postfach, alle Ausgaben werden heruntergefahren. Zur gleichen Zeit pries der Geek-Infodienst *CNET* die immensen Vorzüge des Arbeitgebers Vater Staat – von der sicheren Rente bis zur Bezahlung, die automatisch an die Inflation angepasst wird.

Will man dem Ende der Wildwirtschaft hier zu Lande unbedingt ein Datum zuordnen, müsste es wohl der 27. September 2002 sein: An diesem Tag kündigte die Deutsche Börse an, den Neuen Markt für immer zu schließen. Mit dem jungen Kapitalmarkt hatte auch unsere Idee symbolisch kapituliert. Für das Kartell der Kleinreder war das natürlich ein willkommener Anlass, mit den vermeintlichen Dotcom-Deppen abzurechnen. Feixend überboten sich die Zeitungen mit Illustrationen vom Glücksjäger Kim Schmitz, Mobilcom Schmid und anderen vermeintlichen Sündern auf diesem Jahrmarkt der Eitelkeiten. Dass der Neue Markt im Jahr 2000 um ein Haar die Londoner Börse eingekauft und zum Teil geschluckt hätte, davon redete niemand mehr. Man konzentrierte sich wie üblich auf die schlechten Zeiten.

Statt von Gründerwelle war in den Rückblicken nur vom Gründerwahn die Rede. »Gehen Sie mit dem Scheiß weg!«, brüllte ein Passant in die Kamera des ZDF-Morgenmagazins, als er an diesem Morgen nach seinem Kommentar zum Ende des Nemax gefragt wurde. Die *Wirtschaftswoche* ließ die Chefs der überlebenden Firmen zum Gruppenfoto antreten. Schräg von oben abgeknipst, mit leicht bedröppelten Minen, sahen die Herren aus, als würden sie auf ihr Erschießungskommando warten. Aber eigentlich interessierte der Neue Markt ohnehin niemand mehr. Hatten die Kurse im März 2000 die Höhe des Mount Everest erreicht, war man jetzt bis auf den zehnten Stock des Commerzbank-Hochhauses abgestürzt. Wir hatten die investierte Kohle längst abgeschrieben. Und so räumte die *Welt* in ihrem Jahresrückblick 2002 dem Ende des Neuen Markt doch ganze 30 Zeilen ein. Die Meldung hätte auf ein Post-It gepasst.

Das war das ultimative Signal dafür, dass nicht nur wir, sondern ganz Deutschland mit dem Internetboom abgeschlossen hatte. Der Sargdeckel der Wildwirtschaft war geschlossen. Währenddessen verramschten die Buchhändler bei Dussmann, Bouvier und anderswo auf ihren Wühltischen den *New-Economy-Duden* – mit dem Aufkleber »preisreduziertes Mängelexemplar«. Aber war unsere Vision wirklich ein Mängelexemplar?

Was bleibt

Während die Nemax-Nation noch grollt und sich die Wunden leckt, haben die Gründer längst ihre Bilanz gezogen. René Kaute, wieder in heimischen Gefilden angekommen, fasst seine Erfahrungen mit einem bekannten Kölner Karnevalslied zusammen:»Das war einfach 'ne superjeile Zick (supergeile Zeit)!«, lacht der ehemalige Dooyoo-Mann. Und genau so sehen das fast alle Wildwirtschaftler, trotz der vielen Nackenschläge und persönlichen Schicksale. Ihre Erfahrungen aus dem Lebenslauf zu streichen – auf diese Idee würde keiner kommen. Und obwohl er zugibt, »müde« zu sein, besteht auch der ehemalige Super-Jungunternehmer Peer-Arne Böttcher darauf:»Die Zeit war ein Gewinn«.

Selbst Jens Leinert, der Pleitier mit sechsstelligen Schulden, resümiert:»Das war's wert!« Beim Thema »Was bleibt«, kommt er richtig in Stimmung:»Mensch, wir haben in fünf Jahren so viel gelernt wie andere in einem ganzen Leben!«, poltert Leinert über einen Kneipentisch im Frankfurter Univiertel. »In der Zeit sind

Unternehmer geboren worden.« Es spricht einiges dafür, dass er damit Recht hat.

Schaut man sich nämlich die Biografien der Internetgründer nach dem Crash an, fällt auf: Nur die wenigsten sind in den warmen Schoß der spießigen Großkonzerne zurückgekehrt. Snacker-Frau Sima von Hoensbroech hat eine eigene Werbeagentur gegründet, René Kaute von Dooyoo zieht eine Kette von Coffee-shops hoch, Peer-Arne Böttcher ist selbstständiger Berater (siehe dazu auch das Kapitel »Was machen sie heute?« am Ende dieses Buches). Zu Sachbearbeitung auf hohem Niveau bei Siemens konnten sich die meisten Macher nicht durchringen. Die Boomzeit hat sie verdorben, zu unternehmerischen Wiederholungstätern gemacht. Ein Leben ohne eigene *company*, und sei es auch nur eine Ich-AG, können sich die Pioniere nicht mehr vorstellen. Der Crash mag das Kapital vernichtet haben, das Unternehmer-Virus vermochte er nicht auszurotten.

Auch Jens Leinert arbeitet weiter in der Wildwirtschaft. Nur wegen eines Fehlschlags dem Web den Rücken zu kehren? Niemals. Voller Verve erzählt der 38-Jährige von der alten Zeit und seinen neuen Geschäften. Man merkt: Die Sache ist ihm wichtig, frei nach Bryan Adams: »Those were the best days of my life.« Die New-Economy-Version des Titels müsste natürlich *The Summer of '99* heißen. Gäbe es diesen Song, würde Jens Leinert seinen CD-Player sofort auf *repeat* schalten. Eindringlich blinzelt er hinter seiner Brille hervor: »Ihr wollt ein Konjunkturprogramm? Ich sage: Gebt den Venture Capitalists nochmals das Geld! Ich bin sofort wieder dabei!«

Das sagen sie übrigens alle. Selbst Wolfgang Macht von den Netzpiloten, der Idealist mit seinem gescheiterten *Experiment*, gesteht ohne zu zögern: »Ich glaube, ich würde mich noch mal reinstürzen.« Und das, obwohl er für seine Rekonvaleszenz zwei Jahre gebraucht hat, wie er berichtet. Zwischendurch sei er sogar in eine »Rohkost-Vitaminkram«-Phase hereingerutscht. Doch das Unternehmer-Virus sei trotz aller Enttäuschungen auch bei ihm für immer gesät.

Führen – Leisten – Leben – so heißt der Titel eines Bestsellers, den ausgerechnet der Ober-Miesmacher Malik geschrieben hat. Was will der Mann? Genau das haben die Gründer doch gemacht! Für viele war die Internetzeit ein Schnellkurs in Sachen Führen, Leisten und Leben. Okay, später wurde ein buchstäblicher Crashkurs daraus. Aber was soll's! Unterwegs wurden aus Studenten, Journalisten, Germanisten und sogar Schülern vollwertige Unternehmer, die sich neben den hoch bezahlten MBAs und Eliteuni-Absolventen dieser Welt nicht verstecken müssen. Selbst wenn Monster-Manager Falk von Westarp die Sache etwas nüchterner bilanziert: »Klar haben die Leute Erfahrungen gesammelt. Aber sie werden vielleicht nie wieder in der Position sein, sie anwenden zu können.«

Das ist übrigens ein Gedanke, mit dem sich viele erst abfinden müssen. Die »Bedeutungslosigkeit« sei schon schwierig, gibt Wolfgang Macht zu. Zu Boomzeiten gaben sich bei seinen Netzpiloten Journalisten die Klinke in die Hand. Ein italienisches Magazin namens *Millionaire ekó* hatte den Szenetypen von der Hamburger Schanze sogar mal auf dem Cover abgebildet. Jetzt muss er wieder kleine Brötchen backen, »Schrauben hier und da andrehen«, wie er es nennt, fällt Macht merklich schwer.

Aber vom Blick zurück im Zorn ist bei den Gründern nichts zu spüren – auch nicht bei Oliver Sinner. Er ist schon vor einiger Zeit bei SinnerSchrader ausgestiegen, hält zwar noch Anteile, aber überlässt das Management den anderen. »Was bleibt, ist ein sorgenfreies Leben«, resümiert der Mann ohne Socken trocken, während er sich im Wintergarten seiner Hamburger Villa einen Kaffee einschenkt, »und die Trauer der Leute, die es nicht haben«. Doch selbst die trauern schon lange nicht mehr.

Wir arbeiten jetzt alle bei Dotcoms

»Die Ökonomie steckt in der Klemme – hauptsächlich, weil die Technologie ihren Versprechen nicht gerecht wurde. Bezaubert von schier grenzenlosen Erträgen, finanzierten Banker hunderte

von Unternehmen, die alle dem gleichen dubiosen Markt hinter-
herrannten. Kopflose Investoren stürzten hinterher und trieben die
Kurse in nie dagewesene Höhen. Schon bald brach der Markt
zusammen und verwandelte die neuen Helden des Geschäfts in
Betrüger und Buhmänner. Jetzt regiert Desillusionierung und
niemand weiß, wie es weitergeht.«
Klingt bekannt, oder? Weniger als Sie denken. Der Text stammt
aus dem Jahr 1850. Der Ort ist England, und die neue Technologie
heißt: Dampflokomotive. Da behaupte noch einer, die Geschichte
wiederhole sich nicht. Heute wissen wir, dass die Eisenbahn trotz
der »Desillusionierung« noch etliche Jahrzehnte Blütezeit vor sich
hatte. Und genauso wird es dem Web ergehen.

Das Internet verändert alles. Kaum ein Satz wurde zu Boomzeiten häufiger bemüht. Damals schwang vor allem Hoffnung in dem
Statement mit, heute wissen wir: Es stimmt. Das Internet verändert wirklich alles. »Wir haben uns auf voller Linie durchgesetzt,
aber ganz anders als geplant«, sagt Ex-Gründer Böttcher. Was er
meint: Die alten Konzerne waren beim Assimilieren schneller als
die Borg aus *Raumschiff Enterprise*. Gemütlich gewartet haben die
alten Herren, bis wir uns in unserer Krabbelstube ausgetobt hatten. Dann kauften sie Know-how, Personal und Ideen der Wildwirtschaft zum Spottpreis ein und machten ab sofort das Internetgeschäft selbst. Ein Indiz: Während im Jahr 2001 jeden Tag über
drei Internetbuden schließen mussten, stiegen die Netzgeschäfte
zwischen großen Unternehmen um mehr als die Hälfte an.

Selbst die Bilanz der ach so schwindsüchtigen Start-ups ist nicht
schlecht. Von allen 1999 in den USA gegründeten Dotcoms sind
rund drei Viertel untergegangen. Diese Überlebensrate ist nicht
schlecht, wenn man bedenkt, dass schon in normalen Zeiten nur
die Hälfte aller Neugründungen die ersten fünf Jahre übersteht.

Dass die neue Wirtschaft nur aus Internetklitschen bestand, ist
ohnehin ein Märchen. Eine Studie der University of Texas hatte im
Jahr 2001 ergeben, dass weniger als ein Zehntel des Internetge-
schäfts von echten Start-ups gemacht wurde. Das Gros des Netz-
verkehrs verursachten und verursachen die Großen. Aus Angst

davor, *ge-amazont* zu werden, stürmte die alte Wirtschaft voller Panik ins Netz, baute Webseiten und digitalisierte ihre Geschäftsabläufe.

Jetzt zahlt sich die Aufholjagd für sie aus: Früher setzte sich ein Siemens-Ingenieur ins Flugzeug nach China, wenn dort eine Maschine ausgefallen war. Heute logt er sich in seinen Rechner ein und repariert via Internet. Volkswagen wickelt schon 80 Prozent seiner Beschaffung über eine Netzplattform ab – und das mit 80 Prozent Zeitersparnis. Der US-Supermarkt Wal-Mart hat mit seiner digitalen Warenverwaltung eine ganze Branche revolutioniert. Wer im Einzelhandel heute nicht auf Web-Business setzt, kann gleich dichtmachen. Auch Quelle schreibt im Internetversand tiefschwarze Zahlen. Was bei Tchibo nicht mehr ins Regal passt, wird profitabel übers Netz verticket. Die neuen Discount-Fluglinien würden ohne Internetbuchung niemals ihre niedrigen Preise anbieten können. Inzwischen trägt das Web stündlich mehr als eine halbe Million Euro zum Umsatz des deutschen Einzelhandels bei. Und auch der Vize-Weltmeister in Sachen elektronischer Handel kommt mittlerweile aus Deutschland – es ist der Hamburger Otto Versand. Jeden zehnten Euro verdient die Firma mit Kunden, die per Internet bestellen. Nur Amazon ist im Netz noch größer.

Sogar in der reinen Internetbranche sind schwarze Zahlen nichts Besonderes mehr. 1,2 Milliarden Dollar hat eBay allein im letzten Jahr umgesetzt. Zugegeben: Nach alten Maßstäben ist das nicht viel. Schon der Gummibärchenhersteller Haribo macht heute mehr Umsatz. Aber was zählt ist: In der Bilanz von eBay gibt es immer noch *Luro* (links unten nach rechts oben)-Kurven – ein Ende des Wachstums ist nicht in Sicht. Ähnlich rosig ist die Lage beim Buchhändler Amazon.

Der Trend ist klar: Unternehmen, die die Krise überlebt haben, werden auch in Zukunft überleben. Wessen Internetgeschäft jetzt läuft, ist arriviert. So wie die niedersächsische Firma Delticom, die ausgerechnet Autoreifen über das Web verkauft. Klingt bekloppt? Keineswegs. In über acht europäischen Staaten hat das Unternehmen bereits Online-Niederlassungen, die Umsätze rollen rein, man schreibt längst Zahlen, die so schwarz sind wie die eigenen Pneus. Genau wie bei der Scout24-Gruppe, die den Markt für Kleinanzeigen im Netz souverän beherrscht. Autoscout, Immobillienscout, Friendscout – von Autos über Jobs bis zu Bekanntschaften reichen die Rubriken der firmeneigenen Portale. Jedes Jahr wächst der Umsatz um 30 Prozent – gigantisch. Und selbst die ehemaligen Lachnummern der Dotcom-Ära lachen zuletzt. Tierfutter per Internet vertickern? Damit macht die US-Firma Petsmart mittlerweile einen guten Schnitt. Die Deppen und Glücksritter sind aussortiert, jetzt dominieren Profis das Geschäft, die mit der spitzen Feder durchrechnen und die Luftschlösser von einst auf den betriebswirtschaftlichen Boden der Tatsachen herunterholen.

Old Economy, New Economy – dieser große Graben ist längst zugeschüttet. »Es geht doch gar nicht darum, dass die alte die junge Garde besiegt hat oder umgekehrt«, meint auch Herb Kelleher, eine amerikanische Business-Legende. Trotz seiner 70 Jahre war der texanische Geschäftsmann immer schon ein bisschen New Economy. In seiner Firma Southwest, der weltweit ersten Discountairline, stand Spaß stets an erster Stelle. Jeans und Jeanshemd sind sein Dresscode, die alkoholgeschwängerten Firmenfeiern schon legendär. Herb, wie ihn fast jeder nennt, ist kein Philosoph. Wenn der raubeinige Kettenraucher erzählt, dann drehen sich seine Geschichten meist um Whisky oder Frauen oder beides. Doch zum Thema New Economy traf er in einem Interview im Juli 2001 den Nagel auf den Kopf: »Die Old School hat gewonnen, weil sie ins Regelbuch der Jungen gespinkst hat«, sagte Herb. Mit den Werten der Start-ups werde in den kommenden Jahrzehnten überall Business gemacht. Für den großen alten Mann aus Texas steht fest: »In Zukunft arbeiten wir alle bei einem Dotcom.«

Ein Toast auf die Toten

Wozu das alles? Was bleibt von uns übrig, außer preiswerten gebrauchten Servern und einem »bizztro« bei Siemens? Solche Fragen stellten sich viele Ehemalige der Wildwirtschaft. Sie hat der Crash in eine Sinnkrise gestürzt – aber nur kurzfristig. Denn mittlerweile treten die ehemaligen Start-up-Unternehmer wieder selbstbewusst auf. Sie wissen um ihr Erbe. Und das hat zunächst einmal gar nichts mit Technik zu tun. »Die ganze Personalarbeit ist durch die New Economy vorangekommen«, meint Oliver Sinner. Wie man Mitarbeiter in Zukunft führt und motiviert, das hätten die Internetbuden vorgemacht. Und tatsächlich: unternehmerisches Denken, flache Hierarchien, anregende Arbeitsumgebung, erfolgsabhängige Bezahlung – all das wurde in Start-ups ausprobiert und später dann von Großkonzernen übernommen. Okay, die Aktienoptionen, die man an die Angestellten austeilte, sind mittlerweile nur noch so viel wert wie Altpapier. Aber volkswirtschaftlicher Schaden ist dadurch nicht entstanden. Besser, als mit dem Chef um 3 Prozent Gehaltserhöhung zu feilschen, war das allemal.

Wasserpistolenduelle, Dressdown-Exzesse, Kickertischchaos – da haben wir natürlich heftig übertrieben. Aber das Prinzip hat nach wie vor Geltung: *Put People first* – auf den Menschen kommt es an, lautet ironischerweise die Lehre aus der so technikverliebten Dotcom-Ära. In Zukunft entscheiden die Wissensarbeiter über Wohl und Wehe eines Unternehmens. Nicht die Durchführer, sondern die Innovatoren sind das wichtigste Humankapital, predigten die Gründer ohne Unterlass. Und wenn die Menschen etwas leisten sollen, müsse man sie motivieren: Nicht mit der Peitsche und Kontrolle, sondern mit inhaltlichen Herausforderungen und einem zwanglosen Klima, in dem Ideen gedeihen können. Hier waren die Start-ups absolute Pioniere. Erst kürzlich ist in den USA ein Buch mit dem viel sagenden Titel *Leading Geeks* herausgekommen. Die These des Autors: a) Künftig sind alle Mitarbeiter Geeks. b) Manager, die nicht lernen, diesen Menschentypus zu motivieren, können einpacken. Wichtiger Hinweis: »Sorgen Sie für kostenlose Cola am Arbeitsplatz!« Das Vermächtnis der Dotcoms ist aber nicht nur das wegweisende Personalmanagement. Nein, ihr Erbe ist ironischerweise vor allem ein Friedhof – und zwar die Grabstätte der gescheiterten Start-ups, der als schwachsinnig entlarvten Visionen und durchgeknallten Geschäftsideen. Denn ein Spaziergang über diesen reichlich gefüllten Friedhof ist das reinste ökonomische Proseminar. Was hat funktioniert? Was nicht und warum? Wer hat überlebt? Wer in die Dotcom-Annalen schaut, lernt mehr über Wirtschaft als in jedem BWL-Studium. Das Scheitern als Chance, wir haben es realisiert, und damit – dieser intellektuelle Ausflug muss sein – das Poppersche Prinzip der Falsifikation gelebt: Was die Welt vorantreibt, ist die Erkenntnis darüber, was *nicht* geht. Insofern forderte ein amerikanischer Kolumnist seine Leser zu Recht nach dem Crash auf: »Lassen Sie uns einen Toast auf die Toten ausbringen!«

Wissenschaftler wie David Kirsch haben begriffen, welche Schätze die Dotcom-Ära wirklich hinterlassen hat. Aber im Gegensatz zu den Mittelspurfahrern, die nur über ihre verzockte Kohle jammern, hat er gehandelt: Der US-Prof betreibt im Internet ein Archiv für Business-Pläne aus der Internetwirtschaft. Über 1000 Geschäftsideen hat er schon unter www.businessplanarchive.org gesammelt und es sollen noch viel mehr werden. Erst unlängst hat ihm eine Stiftung großzügige Mittel für sein Vorhaben zugesagt. Schon komisch: Kirsch bekommt Geld, um zu archivieren, wie Geld verbrannt wurde. Das findet der Wissenschaftler übrigens nicht: »Das komödiantische Potenzial der Ära hat sich erschöpft«, meint Kirsch, »jetzt sollten wir versuchen, daraus etwas zu lernen«. Meist sind es Kapitalgeber und stille Teilhaber, die beim Prof von der University of Maryland ihre Aktenschränke entrümpeln. Und laut dessen Aussage überreichen sie die Pläne mit der immer gleichen Bedingung: »Hier, Mr. Kirsch – und sprechen Sie mich bloß nie mehr drauf an!«

Die Wildwirtschaft war wie eine Petrischale voller Bakterien, die man in einen Brutkasten gesteckt hat. Immer schneller vermehrten sich die Einzeller, immer vielfältiger wurden die genetischen Mutationen. Neue Bakterien entstanden und gingen in rasantem Tempo wieder ein. Gleichzeitig siebte die Natur im Rekordtempo die Besten, die Überlebensfähigen aus. Wie schnell lief diese Auswahl ab? Schnell, denn Temperatur und Nahrungsangebot waren optimal. Auf die Welt übertragen: Stimmung und Geld waren perfekt für Unternehmensexperimente ohne Ende.

Dass der Rundgang über den Start-up-Friedhof so prall gefüllt und lehrreich ist, ist allein unser Verdienst. Denn mit unserer *Need for Speed* haben wir etwas ganz Ungewöhnliches geschafft: Wir haben die Geschichte komprimiert. Der Chef des Chipherstellers Intel, Andy Grove, brachte die Sache im Sommer 2001 auf diesen Nenner:»Wir haben fünfzehn Jahre Entwicklung in fünf gepackt!« Da wir ja heute alle Geeks sind, könnte man auch sagen: Wir haben die Geschichte *gezipt*. Ein bekannter deutscher Trendforscher würde das Ganze wahrscheinlich sogar *history-zipping* nennen.

Fest steht: Das Konzept *Internetzeit* war mehr als eine Sprechblase. Alles lief wirklich im zigfachen Tempo ab. Und dass das gelang, lag nicht nur an den Internetfirmen selbst. Wir alle hatten einen Zahn zugelegt. Wir steckten schnell und hemmungslos unser Geld in die Börse und finanzierten so unzählige von unternehmerischen Experimenten. Wir holten im Rekordtempo das Medium Internet in unsere Häuser und bescherten der Netzwirtschaft einen Markt für ihre Produkte (in nur vier Jahren wurden 50 Millionen Menschen ans Internet angeschlossen. Bis so viele Menschen ein Telefon hatten, dauerte es 39 Jahre). Wir kauften Internet-Magazine, neue PCs, WAP-Handys, Palmtops – alles in nie zuvor dagewesenen Mengen. So gesehen war und ist das Web das größte und schnellste Konjunkturprogramm aller Zeiten. Jost Stollmann, Multimillionär und Fast-Wirtschaftsminister im Kabinett Schröder, gab damals sogar die Devise aus »Denk schneller«.

Unsere Highspeed-Version der Historie wird lange nachwirken. Welche Folgen sie hat, erklärte Intel-Chef Grove in einem Interview mit dem Magazin *Fortune*, dem hier ausnahmsweise ein wenig mehr Platz zugestanden wird:»Kennen Sie den Spruch ›Das

Internet verändert alles.‹? Ich sage Ihnen: Warten Sie fünf Jahre. Hunderte von Milliarden von Dollar wurden in Telekommunikationsinfrastruktur gesteckt. Heute leiden die Konzerne unter den Überkapazitäten. Aber zukünftige Generation werden davon profitieren: Die gesamte Unterhaltungsindustrie zum Beispiel wird digital über Breitbandanschlüsse laufen (...) Okay, all das wird nicht fünf, sondern vielleicht zehn Jahre brauchen. Aber es wird passieren und wir alle werden davon profitieren.« Amen, Andy. Wir hätten es nicht besser sagen können. Denn der Boom ist noch lange nicht vorbei – er hat gerade erst angefangen. Selbst die Unbelehrbaren mussten das einsehen. IBM-Chef Gerstner, der das Netz ja zunächst als Modeerscheinung abgekanzelt hatte, verkündete unlängst: »Es gibt keine New Economy ... Wir schlagen immer noch dieselbe Schlacht, nur hat mittlerweile jemand das Schießpulver erfunden.« Und nur wir wissen, wie man dieses Schießpulver richtig mischt. Von diesem Wissen werden wir ein Leben lang profitieren.

Wie wir waren

Und was ist mit uns? Wir waren oben, wir waren unten. Jetzt hatte die Achterbahn angehalten, die Sicherheitsbügel wurden zurückgeklappt, wir stiegen wieder aus. Wow, was für ein Ritt! Noch ein paar Minuten schwirrte uns der Kopf, doch dann standen wir wieder mit beiden Beinen auf der Erde. Die Realität hatte uns wieder. An dieser Stelle stößt die Metapher allerdings an ihre Grenze. Denn die Runde auf dem Fahrgeschäft hinterlässt bei den Passagieren, TÜV sei Dank, im Großen und Ganzen keine bleibenden Schäden. Doch wir waren am Ende unser Achterbahnfahrt nicht mehr dieselben.

Große Erwartungen, nein, die hatten wir bis dato nie – weder an uns selbst noch an unsere Zukunft. Die Geschichte hatte uns eine undankbare Rolle zugewiesen: Wir sollten die erste Generation in Deutschland werden, der es nicht besser ging als ihren Eltern. Den

Wohlstand der Alten verwalten, das war unser Plan. Sich durch-
boxen, seinen Platz im Leben erkämpfen, aufsteigen – das interessierte uns dagegen nicht. Für zwei Autos, die Mitgliedschaft im
Fitnessstudio und Habitat-Möbel reichte es allemal. Wozu da noch
kämpfen? Im Grunde genommen reagierten wir auf das Leben mit
einem großen Schulterzucken. Treffsicher schrieb Florian Illies in
seinem Buch *Generation Golf*: »Das Problem der Generation Golf
ist dabei natürlich, dass sie sich mehr Gedanken macht über die
Anzüge der Politiker als über deren Taten.« Das galt nicht nur für
die Politik. Utopien, Ideale, Inhalte waren insgesamt nicht unser
Ding, Indifferenz und Zynismus dagegen oberste Bürgerpflicht.
Statt uns zu echauffieren, betrieben wir, die Extrem-Individualis-
ten, lieber Extrem-Sport, und das natürlich unter keinen Umständen im Verein. Teil einer wie auch immer gearteten Bewegung zu
sein kam nicht in Frage, schon gar nicht einer politischen. Allenfalls mit der Generation Golf konnten wir uns identifizieren. Das
war unsere Partei. Eine Partei ohne Grundsatzprogramm, außer
dass man in Sandalen keine Socken trägt. Das gilt natürlich noch
immer, führt aber vom Thema weg.

Schließlich wurden wir doch Teil einer Bewegung. Die Internet-
Revolution legte uns den Prada-Mantel der Geschichte um. Und
wir hatten, frei nach Loriot, zum ersten Mal »was Eigenes«. Das
war neu. Denn bisher mussten wir alles mit den Alten teilen: Wir
benutzten denselben Stepper im Fitnessstudio, wir fuhren den
gleichen Audi A4 (sah ja auch einfach gut aus), ach ja, und natürlich lebten viele vom Geld der Alten. Und plötzlich kam etwas
daher, das nur wir hatten: das Internet. Unser Wissen, unsere
Jugendlichkeit – das waren auf einmal die Eintrittskarten in eine
neue Welt. In diesem Universum hatten wir das Sagen, und plötzlich ging es um mehr als Besitzstandswahrung. Bisher hatten wir
uns total wohl gefühlt dabei, nach den Regeln der risikoscheuen
Beamtenrepublik Deutschland zu leben: Geld gehört aufs Spar-
buch. Studier' erst mal zu Ende. Du hast einen Arbeitsplatz,
warum also kündigen?

Mit dem World Wide Web galten diese ungeschriebenen Gesetze nicht mehr. Das heißt, sie galten noch, nur hielt sich niemand mehr daran. Plötzlich war es in, mit der eigenen Biografie eine Chicago-Wende hinzulegen. Plötzlich wollte jeder mal »einfach was anderes machen« – übrigens eine der meiststrapazierten Phrasen damals. Schlagartig wollte jeder der Neigung und nicht mehr der Pflicht folgen. Wir waren die Anti-Kantianer schlechthin geworden. Ein Junge, aufgewachsen in einer Villa in Köln Junkersdorf, rasierte sich die Haare ab (»Kahl ist cool«, hatte die *Bizz* schließlich geschrieben), schmiss sein Studium und lernte, wie man Flash-Animationen programmiert. Er hatte keinen Bock mehr auf eine Zukunft zwischen Brigitte von Bochs Landhausterror und Button-down-Hemden von Ralph Lauren. Und das Einzigartige daran war: Es funktionierte! Zwei Wochen und zwei Handbücher später konnte der Junge 600 Euro am Tag als Webdesigner verdienen. »Was anderes machen« – das klappte auf einmal.

Und wir waren wer. Im Stoiber-Team saß die deutsche Dotcom-Diva Loretta Würtenberger, in Davos predigten die amerikanischen Gründer im T-Shirt. Man hörte auf uns, selbst auf den höchsten Ebenen. Galt es im Unternehmen irgendetwas Technisches zu entscheiden, befahl der Vorstand: »Ruf doch mal den Soundso rein, der kennt sich doch damit aus.« Dass der Soundso nur Werkstudent oder was auch immer war, spielte keine Rolle mehr. Wir waren jung, wir hatten Ahnung von Internet. Selbst wenn das gar nicht stimmte, nahmen wir diese Rolle gerne an. Es galt die Gunst der Stunde zu nutzen. Das Netz hatte den Vorsprung des Establishments, der Üfüs, zunichte gemacht. Jetzt hieß es: Vorteil – Generation Becker. Der Ex-Tennisstar trat mit seinen »Ich-bin-drin«-Werbespots ja seinerzeit als Internetbotschafter schlechthin auf.

Natürlich lebten wir in einer Ausnahmesituation. Und selbstverständlich musste der Reality-Check folgen, das war klar. Doch dass er so heftig ausfallen würde, hatte wohl niemand geahnt. Was wird jetzt aus uns? Das Net-Set hat seinen langen Marsch durch die Institutionen angetreten. Ehemalige Visionäre arbeiten jetzt in

Unternehmen, in denen fast nichts ohne das Präfix »Betriebs-« auskommt: Betriebskantine, Betriebsparkplatz, ja sogar Betriebsweihnachtsfeier. Die ehemaligen Wilden schaffen in 400-Mann-Firmen, wo der Chef persönlich noch die Internetzugänge genehmigt. Gefeierte Jungunternehmer sind in Konzernen gelandet, wo die Rechner so alt sind, dass sie die eigene Firmenhomepage nicht aufrufen können. »Plötzlich kommt dir alles so unendlich langsam vor«, sagt eine Umsteigerin.

Ist das alles? Kopf einziehen, anpassen, sich auf den ausgetretenen Dienstwegen weiterschleppen? Sicher nicht. Die ehemaligen Wilden krempeln die alte Wirtschaft gründlich um. *Business as usual* können wir nicht mehr akzeptieren. Keine Experimente? Nicht mit uns! Wir boxen Innovation, Unternehmerdenken und Tempo selbst beim letzten Mittelständler durch. Brückenköpfe von Net-Settern dringen in die Deutschland AG ein. Die Werte der Wildwirtschaft bestimmen künftig die Weltwirtschaft. Nichts wird so sein, wie es war – mit einer Einschränkung: Es wird nicht wieder über Nacht passieren.

Eines ist uns natürlich klar: »Party like it's 1999«, das wird es so bald nicht mehr geben. Die Internetjahre vor der Jahrtausendwende bleiben etwas Besonderes – eine Ära, von der wir noch unseren Enkeln erzählen werden. Wird es jemals wieder Boom machen? Oliver Sinner ist optimistisch: »Wenn morgen einer kommt und den Vorständen etwas erzählt, was sie nicht verstehen, werden sie ihm wieder 2000 Euro pro Tag zahlen.« Vielleicht. Im Moment jedoch hat die Eintrittskarte Jugend ihre Gültigkeit verloren. Aber die Grundlage der Wildwirtschaft bleibt: Unser geliebtes *Anything goes*, früher oder später wird sich die Welt wieder darum drehen. Wir lehnen uns zurück, warten und halten es mit Nietzsche: »War *das* das Leben? Wohlan! Noch einmal!«

Anhang

Was machen sie heute?

Peer-Arne Böttcher ist zu seinen Wurzeln zurückgekehrt. Der Golden Boy des Hamburger Net-Set berät Unternehmen wieder in Sachen PR, als Einzelkämpfer, ohne Angestellte. In seiner Freizeit – das Konzept hat er in sein Leben zurückgeholt – greift der Vorzeigeunternehmer wieder zur Geige; außerdem will er demnächst einen Marathon laufen.

Mahir Cagri erholt sich immer noch von seinem Ruhm. Mittlerweile arbeitet die ehemals »dritterotischste Person auf dem Planeten« wieder als Lehrer in Izmir. Ist ihm die Popularität zu Kopf gestiegen? Vielleicht ein bisschen, jedenfalls schreibt er in einer E-Mail an den Autor: »I know Im first only big bomb of internet.« Was immer das heißen mag.

Andreas Dripkes PR-Agentur läuft weiter gut. »Weltgrößte Events« richtet er nicht mehr so häufig aus, dafür halten die Kunden ihm länger die Treue. Er hofft, dass die Wildwirtschaft zumindest ein Erbe hinterlässt, nämlich »dass Schlipse abgeschafft bleiben«.

Sascha Haenel entwickelt heute keine Superhandys mehr. Er studiert Medizin und hat dem, wie er es nennt, »technischen Kram« abgeschworen. Seine Erfindung hat er an ein Unternehmen verkauft, das noch heute auf der CeBit mit Haenels Ideen auftritt.

Sima von Hoensbroech ist nach ihrem Abenteuer bei Snacker zum Unternehmertum zurückgekehrt. Zusammen mit einer Freundin betreibt sie eine Marketingagentur in Köln namens Trend-Z. Auf die Frage, woher der Name kommt, liefert die heute

35-Jährige eine klassische New-Economy-Erklärung. »Die URL hatte ich noch von früher übrig«, lacht die ehemalige Internet-Gräfin. Diesen Titel hatte ihr ein Branchenverband zu Boomzeiten verliehen.

Auch *René Kaute* von Dooyoo arbeitet wieder selbstständig. Er baut derzeit eine Kette von mobilen Espresso-Bars auf. Unterstützt wird der Ex-Dotcommer von der italienischen Marke Lavazza. Sogar die die *Wirtschaftswoche* hat schon von seinem neuen Unternehmen berichtet.

Christian Leinen hat es doch nicht bis nach Malibu geschafft. Kurz vor dem endgültigen »Leinen los« geriet die amerikanische Spielefirma in eine Krise und stoppte alle Neueinstellungen. Der Sprung in die IT-Wirtschaft ist dem ehemaligen Krankenpfleger trotzdem gelungen. Er arbeitet als Programmierer bei einer kleinen Firma in Bonn – kein buntes Entertainment, sondern solide Business-Anwendungen. Technisch gesehen sei das »weniger anspruchsvoll« als *Alien versus Predator*, sagt Leinen. Die Arbeit mache ihm aber trotzdem »Laune«. Übrigens: Sein Beinahe-Chef aus den USA backt jetzt auch wieder kleine Brötchen. Auf seiner Website bietet der ehemalige Big Boss an, Windows- und Macintosh-Rechner zu reparieren.

Jens Leinert hält der Webwirtschaft die Treue. Auf seiner Visitenkarte steht »Payment – Commerce – Community«. Was genau der 38-Jährige macht, ist nicht so einfach zu erklären, aber nach Aussage des ehemaligen Frankfurter Gründers bringt es »100 000 Gewinn pro Monat« ein.

Wolfgang Machts Netzpiloten ziehen immer noch ihre Kreise durch den Cyberspace. Mittlerweile ist die Belegschaft wieder so klein, dass zum Suppefassen niemand mehr anstehen muss. Ähnlich wie Böttcher engagiert sich auch Macht bei Politik-Digital, einer Plattform für politische Diskussionen und Chats im Netz.

Frank Thomsen hat seinen Abschied von der Bühne genommen – obwohl er auf der Homepage von *The Rush* noch immer »Hier bald neue Termine« ankündigt. Der ehemalige Star vom Virtualienmarkt kümmert sich heute vor allem um seine drei Kinder.

Nebenher arbeitet er an einem »Projekt im Medienbereich«, wie er sagt.

Oliver Sinner schläft heutzutage lange und frühstückt ausgiebig – am liebsten Eier mit Mett obendrauf. Er residiert in einer frisch renovierten Gründerzeitvilla im Osten von Hamburg, zusammen mit seiner süßen Tochter und seiner wundervollen Frau. Aber selbst Nemax-Millionäre bekommen nicht alles, DSL zum Beispiel. Das Interview muss Sinner mehrmals unterbrechen, um am Handy die Hotline-Mitarbeiter seines Providers Hansenet anzupfeifen. Statt DSL an- haben die nämlich sein Telefon abgeschaltet.

Gerrit Schumann muss heute niemandem mehr erklären, was eine AG ist. Mit seiner Aktiengesellschaft macht der abgebrochene Studi mittlerweile über 50 Millionen Euro Umsatz im Jahr. Seit 2002 fährt Element5 sogar Gewinne ein.

Oliver Zeisbergers Barracuda ist wieder ein kleiner Fisch im Agentur-Aquarium. Von ehemals zwölf Mitarbeitern sind noch vier übrig. HauptkundIn ist übrigens immer noch die SPD. Zeisberger trägt weiterhin Puma-Turnschuhe und glaubt an das Konzept *Community*.

Wer wir waren – Danksagung

Der Autor dankt folgenden Net-Settern, ohne deren Unterstützung dieses Buch nicht hätte entstehen können: Peer-Arne Böttcher, Christian Busch, René Classen, Andreas Dripke, Irina Gillies, Judith Gillies, Axel Gloger, Sima von Hoensbroech, René Kaute, Justine Knüttgen, Christa Kleespies, Christian Leinen, Jens Leinert, Wolfgang Macht, Rainer Möricke, Dirk Nolde, Oliver Sinner, Gregor Schrott, Gerrit Schumann, Marc Schwarz, Martin Suttrop, Frank Thomsen, Alexander Wild, Tim Weitzel, Oliver Wendt, Falk von Westarp, Loretta Würtenberger, Martin Zarth, Oliver Zeisberger.

Alles überhaupt nicht spektakulär? In Ihrer Ecke der Wildwirtschaft ging es noch wilder zu? Dann mailen Sie Ihre Geschichten an feedback@wiewirwaren.de. Vielleicht sind Sie bei der Fortsetzung dabei ...

Webadressen

2. wildwirtschaft
Webseite der P-Town Crips: www.angelfire.com/ky/
PTOWNCRIPS/

3. nemax nation

Ab sofort sind wir alle Geeks
Heise-Newsticker: www.heise.de
Slashdot-Forum: http://slashdot.org/
403-String:
  www.cafeshops.com/cp/prod.aspx?p=403forbidden.3717471
Nerd-Modeberatung: www.geekboyservices.com
Ginger/es/Segway: www.segway.com

Ein Herr namens Dotcom
Mahir Cagris Homepage: www.ikissyou.org/mahir
Videoclip Badday: http://rigaut.home.cern.ch/rigaut/badday.html
Videoclip Aliensong:
  www.hash.com/users/navone/HTML/Index.htm
Madcow.doc: www.wiewirwaren.de/daten/madcow.doc
Kaffeekannen-Webcam: www.cl.cam.ac.uk/coffee/coffee.html
Helft Kai: www.helftkai.de
Herr Dotcom: www.tomer.com
Frosch im Mixer: www.joecartoon.com
Letzte Seite des Internets: www.1112.net/lastpage.html

4. crashkurs

Ghostsites: www.disobey.com/ghostsites/index.shtml
Das Spiel Burn Rate: www.burnrategame.com
Internet-Ausschalter: www.TurnOffTheInternet.com

5. schlusspunktde

Businessplan-Archiv: www.businessplanarchive.org

Index

Index

Index